페어 플레이어

페어 플레이어

무례한 세상에서 품격을 지키며 이기는 기술

데이비드 보더니스 지음 | 김수민 옮김

FAIR PLAY ER

웅진지식하우스

“모든 좋은 것들은 (…) 품위에서 나오고,

품위는 기술에서 나오며, 기술은 쉽게 얻어지지 않는다.”

_ 노먼 매클린Norman Maclean

C O N T E N T S

PART 2 선택

Chapter 07

전쟁의 승리자

대니 보일과 완벽한 밤

2012년 여름, 런던 동부에서 대니 보일Danny Boyle은 세계 곳곳에서 5억 명이 넘는 시청자들이 지켜볼 올림픽 개막식을 기획 중이다. 개막식은 7월 27일 금요일에 생중계될 예정이다. 공중 쇼와 이동 카메라, 신설된 경기장의 지붕에서 작업하는 기술자와 지상의 무대 운영자, 수백 명의 댄서와 노래하는 사람들, (공중과 지상에서) 자전거를 타는 사람들, 거대한 침대와 활활 타오르는 성화대, 살아 있는 동물들, 높이 솟은 공장 굴뚝, 어마어마한 음향 장치, 여러 종류의 연기 발생기, 기계 기사, 애니메이션 제작자, 드럼 연주자, 마차, 영상 화면, 그리고 미스터 빈으로 유명한 로완 앳킨슨Rowan Atkinson과 런던 심포니 오케스트라의 협연(왜 안 되겠는가?). 반복 연습만이 이 모든 계획을 완벽하게 이루어지게 하리라.

세세한 기술적 문제들은 어렵지 않게 해결할 수 있다. 그는 이런 일에 능숙하고, 빠듯한 예산으로 아카데미상 수상작 〈슬럼독 밀리어네어〉를 제작한 경험도 있다. 하지만 한 가지 문제가 있었다. 바로 모든 행사 내용을 개막식 당일 밤까지 비밀에 부치는 것이었다. 이 방법은 신제품을 출시할 때와 마찬가지로 큰 효과를 낳는다. 그러나 개막일이 가까워질수록 점점 더 많은 사람이 몰려들 수밖에 없다. 공식 개막일 며칠 전의 최종 리허설에서는 사람들이 올림픽 경기장을 가득 메울 것이다. 그리고 런던의 타블로이드 신문은 수단과 방법을 가리지 않고 개막식 연습 사진을 찍으려 들 것이 분명했다.

보일은 사려 깊은 사람이다. 그의 어머니는 그가 영화감독으로 성공하는 모습을 보지 못하고 세상을 떠났으나, 인간의 선함에 대한 그녀의 믿음은 아들의 마음에 깊이 새겨져 있었다. 무례한 사람이 되지 않는 것은 그의 자존심과 연결된 문제이기도 했다. 올림픽 조직위원회장이 그에게 물었다. "어떻게 정보가 새 나가지 않게 할 건가요?" 그가 답했다. "그냥 정중하게 부탁해야죠."

이런 사고방식을 가진 사람이 어떻게 1년 내내 함께했던 1만 명 중 단 한 사람도 정보를 흘리지 않게 만들 수 있었을까?

‖ 혹독하게 굴지 않고도 성공할 수 있을까? ‖

나는 언제나 이 단순한 질문에 매료되었다. 처음에는 '아니요'라는 답이 명백해 보인다. 도널드 트럼프 같은 사람이 대통령에 당선되고 정권을 잡았을 때는 좋은 사람이 언제나 승리한다고 말하기 어렵다.

회사는 이를 보여주는 좋은 예다. 개구리가 위협적으로 보이도록 울음주머니를 부풀리듯이 사무실에서 행해지는 무례한 언사는 화자가 더 높은 지위에 있거나, 더 해박하거나, 그저 놀라울 정도로 대단한 집안 출신임을 암시한다. 자문회사나 은행, 정치계에서 고속으로 승진하고 싶어 하는 신입 사원이 (모든 문화권에서 볼 수 있는 심리학적 반응으로서) 자신보다 지위가 높은 사람에게는 살짝 순종하듯 미소 짓는 한편 지위가 낮은 사람에게는 고압적으로 구는 요령을 배운다면 출세는 거의 보장되었다고 할 수 있다.

논리는 흠잡을 데 없어 보인다. 자신이 원하는 것을 얻기 위해 지름길을 택할 의향이 있는 사람이 (거리낌 없이 고함치고 속이고 훔치는 등 무슨 짓이든 할 수 있다면) 그렇게 하지 않는 사람을 앞지르는 것은 당연해 보인다. '좋은 사람이 꼴찌 한다Nice Guys Finish Last'는 말이 왜 생겨났겠는가.

그렇다면 무슨 일이든 해내기 위해서는 약자를 못살게 굴거나 권모술수를 부려야 한다는 걸까? 내가 진행한 연구 조사에 따르면, 답은 '아니요'다. 솜씨 좋게 어느 한쪽으로 치우치지 않는 방향으로 이끄는 더 나은 길이 있다. 적절하게 기술을 활용해 공정하게 일을 처리할 때 멋진 결과를 성취할 수 있다. 이것이 엠파이어스테이트 빌딩을 약 1년 만에 완공하고, 영국 사교계 데뷔를 앞둔 온화한 성품의 여성을 냉혹한 전장에서 찬사받는 게릴라 전사로 만든 힘이었다. 더 나은 정보와 더 멋진 창의력, 더 진실한 연대가 존재한다. 이런 접근법이 확산되면 우리의 일상생활이, 나아가 사회가 편안해지는 것은 덤이다.

나는 지금까지 수년간 옥스퍼드대학에서 진행한 강의를 비롯해 첨단기술 회사와 병원, 은행, 법률회사, 특수 군부대, 여타 기관에서 조사를 이어가며 한 가지 사실을 지속적으로 확인했다. 흔히 못된 사람이 성공한다고 여기지만, 원칙을 지키며 지혜를 발휘하는 사람이, 치열한 경쟁에서 결국 이기고 최고의 자리에 오르는 경우도 많다. 단지 괴물 같은 사람이 더 주목받기 때문에 잘 드러나지 않을 뿐이다.

과거에도 이처럼 더 좋은 방식을 증진하려는 노력이 있었다. 성경에서는 말한다. "사람이 만일 온 천하를 얻고도 자기 영혼을 잃으면 무엇이 유익하리요(「마가복음」 8장 36절)." 이기심을 극도로 부추기는 사회에서 민주주의가 다시 한번 위협받는 오늘날, 이것은 특히 더 시급한 문제다.

올바른 방식으로 성공하려면 대개 시간이 오래 걸린다. 하지만 엄청난 혜택이 따라온다. 특히 업무의 질이 달라진다. 그런데 말로 조언하기는 쉬우나 실행에는 절묘한 솜씨가 요구되므로 누구도 여러분에게 모든 세부사항을 가르쳐줄 수는 없다. 학문이 아니라 기술에 더 가깝다.

그리스의 철학자 플루타르코스 이후로 많은 작가가 인지했듯이 전기傳記는 이러한 기술을 익히는 데 필요한 경험을 많이 알려준다. 나는 우리가 방심하지 않도록 이 책에 악당도 충분히 담았지만, 대부분 공정한 방법으로 인생에서 성공을 거둔 평범하고 품위 있는 사람에게 초점을 맞췄다.

이 책의 앞 절반에서는 주변을 살피고, 행동을 취하고, 위험을 방지하면서 개인의 삶과 일터에서 공정함을 솜씨 좋게 발휘한 여섯 개의 상세한 사례를 살펴본다. 여기에는 엠파이어스테이트 빌딩과 게릴라 전사는 물론이고 텍사스의 항공기 조종사와 프랑스 마취과 의사, 〈왕좌의 게임〉 프로듀서도 포함된다. 처음으로 "좋은 사람이 꼴찌 한다"라고 말한 장본인도 살펴볼 것이다(그의 보복적 성향이 그를 확실한 악당의 자리에 올려놓았지만, 그는 결국 꼴찌를 했다). 수많은 긍정적인 이야기야말로 품격을 지키는 방식이 통한다는 증거다.

성공으로 가는 과정에서 윤리적으로 고려해야 할 중요한 요소들이 많다. 그중 실생활에서 흔히 모두가 동의하는 합의 하나가 있다. 예를 들어보자. 영화감독 하비 와인스타인Harvey Weinstein은 할리우드에서 정상의 자리에 오르기 위해 약자를 짓밟고 괴롭힌 것으로 유명하다. 반면 〈왕좌의 게임〉의 유능한 책임 프로듀서인 버나데트 콜필드Bernadette Caulfield는 가장 공정한 인물로 잘 알려져 있다. 이론의 여지가 없는 '선善'이나 '공정'의 정의는 몰라도 괜찮다. 우리가 선호하는 사람이 반드시 성인聖人이어야 할 필요도 없다. '어떻게 하면 와인스타인이 아닌 콜필드와 같은 방식으로 성공할 수 있을까?'

이기심은 파멸을 불러오기도 한다. 이기심은 원한을 낳을 뿐만 아니라 꼭대기에 앉은 사람들이 정말로 봐야 할 것을 보지 못하게 만들기 때문이다. 와인스타인의 경우처럼 오랜 시간이 지난 후에야 패착이 드러나는 때도 있다. 직업의식이 투철한 기자들이 마침내 와인스타인의 본모습을 밝혀내자 그로 인해 고통받았던 사람들은 몰락하는 그를 보며 위안을 얻을 수 있었다.

앞에서 개인의 사례를 살펴본다면 후반에는 가능한 한 가장 큰 규모로 모든 교훈을 통합했을 때 일어날 수 있는 일에 초점을 맞춘다. 여기서 나는 행동을 자신의 의지대로 통제할 수 있다면, 어떻게 가장 가혹한 상황에서도 공정성과 품위를 잃지 않고 심지어 모든 제약을 유리하게 바꾸는지 보여주겠다. 대표적인 인물은 바로 제2차 세계대전 당시 미국 대통령이었던 프랭클린 루스벨트다. 그는 악한 사람이 되지 않고도 세상이 마주했던 가장 거대한 악을 물리칠 수 있었다.

물론 언제나 이런 식으로 문제를 해결할 수 있다는 보장은 없다. 이는 결코 마법이 아니다. 그러나 종종, 그것도 놀라울 정도로 자주 효과가 있다. 힘을 과시하거나 폭압적으로 굴어야만 위대해질 수 있는 것은 아니다. 단순하고 공정하게 품격을 갖추며 이기는 방법도 있다.

그저 기술적으로 잘 다루면 된다.

어쩌면 내 말을 믿기 어려울지도 모르겠다. 그래서 지금부터 품격 있는 방법이 얼마나 값진 성공을 가져올 수 있는지 확실히 맛볼 수 있는 이야기를 들려주겠다. 2012년 런던올림픽 개막식을 준비했던 대니 보일의 경험은 우리가 앞으로 탐험할 모든 사례의 축소판이라고 할 수 있다. 어쩌면 이 책 전체가 이 사례에 압축되어 있다.

‖ 베일에 싸인 런던 올림픽 개막식 ‖

보일은 수천 명에 달하는 자원봉사자의 마음가짐을 긍정적으로 바꿔야만 올림픽까지 자신의 계획을 비밀리에 진행할 수 있음을 깨달았다.

그는 이 점에서 남들보다 앞서 있었는데, 영화를 찍을 때 항상 제작진을 존중으로 대해왔기 때문이다. 여유로운 식사 시간을 보장했고, 추가 근무수당을 꼬박꼬박 지급했으며, 그들의 전문지식에 기초한 판단을 존중했다. 그는 '모두가 함께한다고' 할 때 말로만 그런 게 아니라 실제로 그렇게 믿고 실천했다.

올림픽 조직위원회는 개막식을 준비하면서 모든 카메라폰을 압수하고 엄격한 비밀유지 합의서를 작성했다고 일러주었다. 보일이 즉각 대답했다. 직원들의 휴대전화를 압수하지 않을 것이며 모두가 서명해야 하는 비밀유지 합의서 따위는 없을 거라고 말이다.

위원회는 모든 참가자를 유급으로 채용하기를 원했다. 그러면 급여를 지급하지 않겠다는 협박으로 참가자들을 통제할 수 있었다. 그러나 보일은 (촬영기사와 소프트웨어 기술자 등 전문기술이 필요한 분야를 제외하고) 거의 모든 역할을 무급 자원봉사자로 채우기로 했다.

마지막으로 올림픽 조직위원회는 구획화의 중요성을 강조했다. 각각의 참가자가 개막식의 아주 작은 일부만 안다면 이들이 정보를 유출해도 피해가 크지 않을 것이란 판단이었다. 보일은 동의하지 않았다. 그는 큰 행사에서 봉사자들이 혼란스러워하는 모습을 많이 봐왔다. "그들은 어느 시점에서 왼팔을 들어 올려야 한다는 사실을 알았지만, 왜 그래야 하는지는 몰랐죠." 그가 원하는 개막식은 이런 것이 아니었다. 그는 올림픽 조직위원회에 개막식 전체의 흐름과 각자가 맡은 일이 정확히 어떻게 조화를 이루는지 첫날부터 봉사자들에게 보여주겠다고 말했다.

물론 이것만으로는 충분하지 않았다. 보일은 어머니 덕분에 대다수 사람이 선하다고 믿었지만, 모두가 그렇지는 않다는 사실을 잘 알고 있었다. 보일은 잉글랜드 북서부 맨체스터 인근의 아일랜드계 노동자 계급 가톨릭 가정에서 성장한다. 그는 중등학교 생활에 대해 이렇게 말했다. "『안젤라의 재』의 주인공 만큼은 아니었지만, 힘들었죠. 교사들은 가혹했고요." 그의 아버지는 14세에 중퇴했고, 열심히 독학해야 했다. "아버지로부터 (또) 제가 물려받은 것은 적극성과 고집, 끈기였습니다."

이런 기질은 개막식을 1년 이상 남기고 준비가 시작된 상황에서 가장 큰 힘을 발휘했다. 그는 자원봉사자 1만 명을 조직하고 고무시켜야 했다. 그리고 이들 중 단 한 명도 개막식 계획을 외부에 유출하지 않게 만들어야 했다. 결코 쉬운 일이 아니었다. 인간은 순응적이다. 취약하고 변덕스럽다. 봉사자 중 몇몇은 어떠한 상황에서도 신뢰를 저버리지 않을 테고, 사진을 찍지 말라고 요청하면 수개월에 달하는 연습 기간 내내 그렇게 할 것이다. 그러나 대다수는 분위기에 휩쓸릴 것이다.

여기서 경청의 기술이 등장한다. 보일은 우쭐대며 올림픽 조직위원회 위원들을 걸리적거리는 '관료'라고 얕잡아 보지 않았다. 만약 그랬다면 크게 후회할 뻔했다. 양복을 차려입은 전 올림픽 육상선수이자 런던올림픽 조직위원회 위원장인 서배스천 코Sebastian Coe에게 처음부터 멋진 생각이 떠올랐기 때문이다. 그는 '비밀'이라는 단어가 뭔가를 밀쳐내고 빠져나와야 하는 것을 의미하며, 부정적이고 위협적으로 느껴질 수 있다고 보았다. 예를 들어 학대 가해자는 피해자를 위협해 비밀을 지키게끔 한다.

코는 보일에게 입을 굳게 다물어야 하는 엄청난 '비밀'이라는 단어 대신에 '깜짝 쇼'라는 표현을 쓰자고 제안했다. 깜짝 쇼는 개개인에게 참여의식을 느끼게 한다. 이후에 밝혀졌을 때 기쁨과 만족감을 주는 무언가다. 보일이 '관료'를 경멸하는 태도를 보이지 않았기에 코는 이 생각을 자신 있게 제안할 수 있었다.

보일은 코의 제안을 즉각 받아들였다. 그는 "아이들은 깜짝 쇼를 정말 좋아하고, 여기에 부정적인 점은 전혀 없어요"라고 말했다. 이후 런던 대거넘에 위치한 버려진 자동차 공장에서 진행된 첫 연습에서부터 새 올림픽 경기장에서의 전체 최종 연습까지 '깜짝 쇼를 지키자 SaveTheSurprise'라는 선명한 문구가 곳곳에 설치된 스크린에 나타났다.

이는 시작에 불과했다. 보일이 코와 다른 외부 전문가들의 말에 귀를 기울일 정도로 자신의 자존심을 옆으로 제쳐놓았다고 해도 그는 여전히 수천 명의 봉사자가 가진 창의력을 어떻게 끌어낼 수 있을까 하는 문제를 풀어야 했다. 물론 모든 발상을 이들에게 맡길 수는 없었다. 기획을 총괄하는 팀이 없으면 혼란이 생기기 때문이다.

그는 제공의 기술을 사용했다. 그가 제공한 것은 바로 모두가 갈망하는 존중과 신뢰였다.

먼저 그는 핵심 기획팀이 상관이 아님을 모두에게 명확히 했다. 이들은 값비싼 양복을 입고 저 높은 곳에 서서 발밑의 부하들에게 이래라저래라 지시하는 존재가 아니었다. 대신에 마감 시한이 촉박할 때는 건설 책임자가 다른 사람들과 마찬가지로 현장에 나와 망치질을 했고, 의상 책임자도 봉사자들 사이에 섞여 직접 바느질하는 일이 흔했다. 비가 올 때면 보일도 야외에서 봉사자들과 함께 연습이 차질없이 진행되도록 도왔다.

모두가 알다시피 보일이 무보수로 일한다는 사실도 도움이 되었다. 또 그가 자주 혼자서 봉사자들 사이를 돌아다닌 것도 효과가 있었다. 그가 참모들에 둘러싸여 현장 사람들과 멀어지는 일은 일어나지 않았다.

봉사자들은 장비 개선과 드럼 연주와 음향 설계에 대한 새로운 접근법 등 유용한 생각을 그에게 끊임없이 쏟아냈다. 또 운동장 관리와 산업의 역사, 소셜미디어와 세트 설계, 현대무용 안무에 대해서도 의견을 제시했다. 보일은 이들이 낸 수백 가지 아이디어를 기획에 참고했다.

이 이야기가 이상주의적으로 들리겠지만, 앞서 언급했듯이 보일은 순진하기만 한 사람이 아니었다. 그는 세 번째 기술에 대한 경험이 아주 풍부했는데, 바로 방어였다. 그는 발생할 수 있는 위험을 알았다.

예를 들어 〈슬럼독 밀리어네어〉에서 함께 작업했던 인도의 영화감독 러브린 탠댄Loveleen Tandan은 따뜻하고 친절했으며 그에게 인도에 대해 알려주는, 없어서는 안 되는 존재였다. 그러나 촬영이 한창일 때, 그녀가 가장 필요한 순간에 그만 하차하고 다른 영화를 찍겠다고 했다. 그녀가 떠나면 보일의 프로젝트는 엉망이 될 수밖에 없었다.

보일은 그녀의 의도를 이해했다. "모든 인도인이 이렇게 합니다. 더 많은 돈을 받기 위한 협상 전략이죠." 그도 그녀처럼 했던 때가 있었다. 경쟁이 치열한 분야에서 선전하기 위해서는 돈이나 성공을 향한 건전한 열망이 필요하다. 이 문제를 해결하는 비결은 탠댄의 기분을 불필요할 정도로 상하게 하지 않으면서 그녀와 맞서는 것이었다. 그녀의 급료는 오르지 않았지만, 보일은 탠댄을 그녀가 받을 자격이 있는 자리인 공동 감독으로 승격시켰고, 양측 모두가 만족했다.

런던에서 보일은 준비작업에 투입된 약 1만 명의 자원봉사자들을 통솔해야 했으나 사실 지원자 수는 1만 5000명이 넘었다. 영화계에 오랜 세월 몸담았던 그는 이들 중에 관심을 받으려고 자신이 본 모든 것을 떠벌리고 싶어 할 사람들도 포함되어 있음을 알았다. 그는 1만

5000명 중 정보를 유출할 가능성이 큰 사람들을 걸러내기 위해 과거에 BBC에서 알게 된 유능한 조수들을 데려왔다. 이들은 탈락한 지원자들을 가혹하게 내치지 않았다. 그저 정중하게 지금은 그들이 필요하지 않다고 말했을 뿐이다.

이런 태도가 중요하다. 합격한 1만 명의 봉사자들이 탈락한 지원자들이 안전요원에게 쫓겨나는 장면을 보았다면, 이들은 4년 전 엄격하게 통제되었던 베이징올림픽 개막식의 공연자들처럼 되었을 것이다. 베이징올림픽 공연자들은 숙련되었으나 기계처럼 움직였고, 창의력을 발휘해 공연에 이바지할 생각이 조금도 없어 보였다. 보일의 진보된 형태의 방어 기술은 봉사자들의 참여를 더욱 끌어올렸다.

방어는 여기서 한발 더 나아갔다. 올림픽 조직위원회가 자원봉사자들이 의상을 자비로 구매해야 한다고 말했을 때, 그는 말도 안 되는 소리라고 일축했다. 봉사자들은 개막식 공연을 위해 수백 시간을 쏟고 있었다. 의상은 이들이 받는 거의 유일한 물질적 보상이었다. '모두가 함께 관대하게'라는 견해를 고수했던 보일은 위원회의 주장에 맞서 뜻을 굽히지 않았다. 봉사자들이 의상비를 내는 일은 일어나지 않으리라. 위원회는 그가 자리에서 물러나기를 원했을까? 지루하고 천편일률적 공연이 아닌 특별한 무언가를 원했을까?

의상을 공짜로 받은 봉사자들은 고마운 마음을 개막식 준비에 고스란히 쏟아부었다.(보일은 화내는 일이 거의 없고, 있더라도 곧바로 사과했다. 이는 올림픽 조직위원회가 크게 기분이 상하는 일은 없었다는 의미다.)

감쪽같이 변장해 잠입한 자가 있을 가능성은 여전히 존재했다. 런던의 타블로이드 신문은 속임수 기술로 유명하고, 수천 명이 드나드는 터라 봉사자 사이에 '스파이, 즉 《이브닝 스탠더드》나 《데일리 메일》 기자들이 있을 수 있었다. 무엇보다 성화대가 가장 신경 쓰였다.

올림픽 성화대는 대체로 거대한 석조 또는 금속 구조로, 차갑고 거창했다. 보일은 좀 더 인간미가 풍기기를 원했다. 영국 디자이너 토머스 헤더윅Thomas Heatherwick은 꽃잎이 달린 여러 줄기가 사방으로 활짝 펼쳐져 있다가 세워지면서 하나로 뭉쳐지고 꽃잎마다 불을 내뿜는 작품을 만들어냈다.

현장에서 이 장치를 시험해볼 필요가 있었다. 보일과 올림픽 조직위원회는 정보 누출을 막기 위해 전통적인 전략을 선택했다. 제임스 본드의 첩보 작전을 방불케 하는 스타일로, 새벽 3시가 막 넘은 시간에 올림픽 주 경기장으로 성화대를 이송하도록 하고 날짜는 개막식 당일과 가깝게 정했다. 이때는 군대가 이미 경기장 주변을 비행 금지구역으로 지정한 뒤일 터였다. 언론사 헬리콥터가 사진기자를 태우고 근처까지 접근하지 못하게 원천 차단하는 방법이었다.

그런 다음에 막판에 정보 유출의 유혹을 받는 사람이 있을 수 있음을 고려해 보일은 가장 상세한 개막식 최종 계획안을 노트북 한 대에만 저장하고 늘 곁에 뒀다. 또 보안요원이 출입문을 지키고, 외부인이 들락거리지 못하게 막았다.

개막식 날 밤, 모든 계획이 바라던 대로 이루어졌다. 돈으로 사지 못할 봉사자들의 열정이 더해져 장대하고 근사하며 올림픽에 걸맞은 공연이 펼쳐졌다. 예측할 수 없는 세부 요인들이 너무나 많았기 때문에 하나의 만능 접근법 따위는 없었다. 하지만 보일은 중요한 일을 제대로 해내는 데 필요한 핵심 열쇠를 쥐고 있었다.

첫 번째 열쇠는 **경청**이다. 보일은 개막식을 '비밀'이라고 부르기보다는 '깜짝 쇼'라고 부르는 것이 더 현명하다는 서배스천 코의 생각을 수용했다. 또 그는 (쓸데없는 자존심을 세우지 않고) 드럼 연주와 조명, 음향 설계에 대한 의견을 가능한 한 객관적으로 참작하며 도움을 받아들였다.

두 번째 열쇠는 **제공**이다. 보일은 봉사자들의 열정을 끌어내고 부흥시키는 설교사였고, 이들에게 수많은 청중 앞에서 위대한 섬나라의 이야기를 들려주는 전무후무한 기회를 주었다. 이들의 사소한 행동 하나하나를 모두 관리하는 대신에 이들을 합리적으로 감독하며 자유를 주었다. 그리고 이 방식은 다양한 봉사자의 창의적인 생각은 물론 이들의 열정이라는 보상으로 돌아왔다.

마지막으로 **방어**가 있다. 특히 이 영역에서 '기술'이 쓰인다.

지원자들을 가려낼 감식안 있는 캐스팅 담당자, 올림픽 조직위원회의 허튼소리를 일성에 제압하는 터프가이, 언론사 헬리콥터를 따돌리는 비밀정보국의 수장, 기회를 엿보는 호사가들로부터 현장 출입구를 사수할 만큼 세상 물정에 밝은 랭커셔 출신 사나이… 보일은 이 모든 역할을 해낼 수 있을 만큼 실질적인 인생 경험이 풍부했다.

보일은 캐스팅 담당자 올림픽 조직위원회 얼간이들, 영국 신문사 헬리콥터를 따돌리는 정보기관 MI6의 수장, 기회를 엿보며 어슬렁거리는 호사가로부터 현장의 출입구를 지킬 만큼 세상 물정에 밝고 경험이 많았다.

휴대전화를 압수하지 않고 비밀유지 합의서가 작성되지 않은 가운데 내부에서 어떠한 정보도 유출되지 않았지만, 보일은 기자들이 잠입해 있음을 알아챘다. 그러나 이들을 색출하지 않음으로써 그는 자신이 이들을 신뢰하고 있음을 간접적으로 보여주었다. 이 행동은 근사한 결과를 만들어냈다. 기자들 역시 '깜짝 쇼를 만들자'를 자신의 임무로 믿게 되었다.

"정확히 같은 가치를 공유하지 않을 수도 있어요." 그가 그때의 기억을 떠올리며 말했다. "하지만 여전히 같은 편에 설 수 있지요. (…) 이들은 어느 것도 기사화하지 않았어요."

마침내 개막식이 생중계되었을 때 보일이 바랐던 깜짝 쇼가 완성되었다. 제임스 본드를 연기한 대니엘 크레이그Daniel Craig가 엘리자베스 여왕을 버킹엄 궁전에서 헬리콥터로 모시고 가는 영상이 어느 순간 눈앞의 실제 상황으로 바뀌었고, 그녀가 (또는 아마도 여왕처럼 분장한 스턴트맨이) 낙하산을 타고 주 경기장에 착륙한 다음에 귀빈석으로 걸어 올라갔다. 같은 구역에 앉아 있던 윌리엄과 해리 왕자가 돌아서서 뒤에서 등장하는 할머니의 모습을 보았을 때 이들은 놀라움을 감추지 못했다. 이들조차도 엘리자베스 여왕의 등장을 전혀 몰랐을 만큼 보일은 철통 보안에 성공했다. 모두가 동의했다. 완벽한 밤이었다.

‖ 대니 보일의 교훈과 코로나 시대의 리더십 ‖

이 책을 집필하고 있을 때 중국의 우한은 거의 알려지지 않은 공업도시였는데, 책의 편집을 마무리할 즈음에는 코로나바이러스로 인한 사회적 봉쇄가 전 세계로 확산되기 시작했다. 책이 출간될 때쯤 여러

분은 코로나로 인한 많은 변화에 대해 지금의 나보다 더 많은 것을 알고 있을 것이다. 독자가 저자보다 더 잘 아는 상태에서 읽힐 예측을 한다는 것이 흔한 일은 아니다.

앞으로 읽게 될 이야기는 여러분이 '이미' 겪은 일들과 그래도 어떻게 보면 이 책을 주장에 관한 이상적인 시험대일 수도 있다(나중에 후회할 짓을 저지르는 것일 수도 있고). 관련해 중요한 교훈을 줄 수 있을까? 보일의 경험이 무엇을 보여주는지, 그리고 이로써 무엇을 예측해볼 수 있는지 살펴보자.

- **경청하기(listening)**

– 교훈

보일의 방식은 자존심을 내세우지 않는 것의 중요성을 보여준다. 리더는 계속 상황을 통제하고 제시되는 의견을 걸러낼 필요가 있다고 해도 정보가 아래에서 위로 흐르기를 바라는 겸손함이 필요하다. 다시 말해 명령 계통에서 그들보다 지위가 낮은 전문가의 제안에서 얻을 것이 있다고 믿어야 한다.

– 예측

우리는 이런 겸손한 태도를 지닌 국가 지도자들이 앞설 기회를 얻는다고 예측할 수 있다. 이들은 코로나바이러스와 같은 전염병이 어떻게 퍼지는지, 이러한 위기 상황에 어떻게 가장 잘 대처할 수 있는지에 정확하고 신속하게 반응한다. 자신의 우월성을 고집하는 지도자들은 그렇지 못할 것이다.

- **제공하기(giving)**

  – 교훈

자원봉사자들은 보일의 관대함에 크게 감사했고, 이것이 결속과 신뢰, 창의성을 낳는 결과로 이어졌다. 아량을 이용하려는 사람도 있었으나 보일은 (앞으로 보게 될 모든 품격 있게 성공한 사람들처럼) 이들을 계속 주시할 만큼은 세상을 잘 알았다.

  – 예측

여기서는 예측이 쉽다. 국가의 지도자가 신뢰나 아량이 부족하다면 이 국가는 이런 종류의 헌신적인 반응을 얻지 못할 것이다. 대신에 사람들은 억울해하거나, 불만에 차 있을 것이다. 그리고 지급된 재정과 다른 지원에 대한 감시와 조사가 제대로 이루어지지 않으면 나중에 부정이 분명하게 드러나면서 더 많은 비난이 쏟아질 것이다.

- **방어하기(defending)**

  – 교훈

마지막으로, 방어하고 보호하고 외부 위험을 다루는 문제에 있어서 보일은 선을 넘지 않으면서도 자원봉사자들과 자신의 프로젝트를 확실히 지켜내는 기술을 가지고 있었다. 그는 반대자들과 맞서면서도 비난하지 않았고, 정확한 전략으로써 정보의 유출 가능성을 막았다.

  – 예측

방어할 줄 아는 국가 지도자들은 방어를 위해 격리를 선언할 수도 있지만, 필요한 범위 내로 대상을 지정하고, 적절하게 이루어지도록 하며, 면밀하게 관리할 것이다. 그들은 여전히 협력으로 많은 것을 얻을 수 있고, 국외의 사례를 통해 배울 수 있다는 생각을 밀어붙일 것이다. 반면 정반대를 경험하는 나라들도 있을 것이다. 외부인과 반대자들을 맹렬히 차단하고 비난하는 지도자를 가진 국가는 국경 너머에서 벌어지는 일에서 얻을 수 있는 모든 통찰을 날려버릴 것이다.

이 책의 후반부는 이런 다양한 반응이 크게 두 집단을 형성하는 경향이 있음을 보여준다. 한 집단은 적대적이고 증거에 등을 돌리며, 습관적으로 '우리 대 그들'이라는 배타적이며 절대적 접근법을 가진 지도자 아래에 있게 될 것이다. 또 다른 집단은 이와 반대다.

어디서 어떤 전략을 따르게 될지 미리 말해줄 수는 없다. 그러나 나는 장기적으로 보았을 때 긍정적인 측면으로 더 많이 선회한 국가들이 더 나은 결과를 얻는다는 데 돈을 걸겠다. 장기적이라고 해도 그다지 '긴 기간'이 아닐 수 있다. 자연재해가 일어났을 때는 피드백이 빠르게 이루어지고, 평범한 상황에서는 숨길 수 있었던 약점이 곧 드러나기 때문이다.

이제 물러서서 구성 요소들이 어떻게 조합되는지 살펴보자.

PART 1

기술

앞서 대니 보일의 사례에서 나쁜 인간이 되지 않고도 성공할 수 있음을 보았다. 시간이 좀 더 걸릴 수 있고 경험도 필요하지만, 이 책을 받치는 기둥인 세 가지 기술(경청하기와 제공하기, 방어하기)을 능숙하게 사용한다면 공정한 방식으로 이길 수 있다. 이 세 가지 기술을 잘 실천하기 위해서는 공통적으로 갖춰야 할 한 가지가 있다. 바로 '품격'이다.

그렇다면 공정한 방식은 어떻게 성공을 불러오는 걸까? 먼저 우리는 다양한 곳에서 각 기술이 어떻게 사용되었고 어떤 결과를 낳았는지 깊숙이 파고들며 하나씩 살펴볼 것이다. 공정성의 역할과 이점에 대해 제대로 이해한다면 자신이 몸담고 있는 곳에서 무얼 하든 잘해낼 수 있는 기틀이 잡힐 것이다.

CHAPTER

01

경청하는 사람들

최고의 베테랑들은 어떻게 길을 잃었나

'휴먼 에러'를 인지하고 대비하라

"저는 '뭐라고? 어쩌다?'라고 생각했어요. 망연자실했죠."

‖ 실패로 끝난 모의 수술 ‖

몇 해 전 프랑스의 어느 대형 병원, 마취과 전공의들을 대상으로 정기시험이 있을 예정이었다. 승진한 지 얼마 안 된 병원 최초의 여성 마취과장 이베트 듀랑Yvette Durant이 시험을 준비하고 있었다. 모두가 예상할 수 있는 시험이었다. 외과 의사가 (인체 모형으로) 수술을 진행할 때 문제가 발생하고, 주어진 시간 안에 원인을 진단하고 해결하면 되었다. 도움을 한 번 받을 수 있지만, 그러면 점수가 깎였다.

이날 듀랑에게 손님이 방문했다. 영국의 유명한 의대 부속병원 마취과 전문의인 그는 시험 전에 듀랑에게 제안 하나를 했다. 강한 영국식 악센트가 섞인 프랑스어로 정중하게 설명했고, 듀랑은 그의 제안을 받아들였다. 마취과 전공의들이 어떻게 대응할지 궁금해졌다. 두 사람은 필요한 준비를 마친 후 마취의들을 불렀다.

시험이 시작되었다. 마취의들은 인형 '환자'의 수술을 준비했고, 환자가 숨을 쉴 수 있게 후두마스크식도를 막고 기도로만 산소가 들어가게 하는 장치-옮긴이를 사용할 계획이었다. 이 마스크는 좁은 성문(목의 윗부분에서 성대가 열리는 지점)을 지나서 기도 또는 기관까지 깊숙이 내려가지 않고 후두부의 성문 윗부분에 딱 들어맞는 관이었다.

그런데 후두마스크가 제대로 맞지 않았다.

마취과 수석 전공의는 듀랑이 이런 상황을 미리 계획한 줄 알고 다른 마스크를 달라고 요청했다. 그러나 새로 받은 마스크도 다르지 않았고, 이제 그는 맞는 마스크가 없는 상황에서 어떻게 대처하는지를 듀랑이 시험하고 있다고 생각했다. 수석 전공의는 '환자'의 턱과 목 부분의 긴장된 근육을 이완하기 위해 약물을 더 투여했다. 이러면 해결될 것이다.

대개 시험은 이 정도에서 끝이 났다. 그래서 듀랑이 수석 전공의에게 "이 방법도 효과가 없군요"라고 말했을 때 그는 당황했다. 이때 영국 방문객이 듀랑에게 고개를 끄덕였고, 듀랑은 환자의 상태를 알리는 모든 모니터의 알람을 켰다. 우레와 같은 경고음이 요란하게 울렸고, 수석 전공의는 부아가 치밀기 시작했다. 한 개의 알람이 울리고 문제를 해결하는 시험은 있었지만, 동시다발로 울리는 알람은 처음이었다.

다행히도 그는 이런 위급 상황에 대처하는 절차를 알았고, 기관내 삽관을 시도했다. 폐에 공기를 주입하기 위해 좁은 성문을 통과해 더 밑에 있는 기도까지 관을 더욱 깊숙이 삽입하는 시술이다. 이 방법이라면 효과가 있으리라.

그러나 듀랑과 영국 방문객이 인형의 성문을 막아놓은 상태였다.

쇼크로 인해 근육이 긴장된 상황을 재현한 것이다. 마취의는 아무리 노력해도 관을 삽입할 수 없었다. 감점을 감수하고 어시스트에게 도움을 청했지만, 반복적으로 관을 이리저리 조작해봐도 제 위치에 넣을 수가 없었다.

이 시점에서 (미리 듀랑과 방문객의 지시를 받은) 한 간호사가 호흡을 유지해주는 다른 방법을 제안했다. 성문보다 훨씬 아래의 목 앞부분을 절개하는 기관 절개술이었다. 수석 전공의는 곧바로 그녀를 조용히 시키고는 끝에 광섬유 카메라가 장착된 더 좋은 삽관용 관이 필요하다며 소리쳤다. 그녀가 급하게 이 장비를 가져왔지만 이마저도 소용이 없었다.

별다른 진전 없이 시간만 흘렀고(수석 전공의와 어시스트는 점점 이성을 잃어갔다), 마침내 듀랑은 알람 하나만 남기고 모두 껐다. 방 안이 갑자기 조용해졌다. 체내의 산소포화도를 측정하는 모니터에서 느린 (지나치게 느린) 삐 소리만 들렸다. 이것이 실제 수술 상황이었다면 환자는 심각한 뇌 손상을 입거나 사망했을 것이다.

시험은 끝났고, 마취의들이 불평을 쏟아냈다. "비현실적입니다!" 현실에서 기관내삽관법이 실패하는 일은 거의 없고, 주변이 지나치게 시끄러웠기 때문이다. 그리고 이 시험이 (기관내삽관법에 문제가 생겼을 때 간호사가 제안했던 방법인) 기관절개술 실력을 평가하기 위해 설계되었다면 필요한 도구를 찾기 어렵게 옆방에 두는 것이 아니라 수술실 보조 테이블에 정렬되어 있어야 했다는 것이다.

듀랑은 마취의들의 불평을 들어준 다음 시험에 관해 설명했다.

‖ 길을 잃으면 지도를 왜곡하기 시작한다 ‖

10년도 더 전에 영국에서 일어난 유명한 의료사고에서 정확히 이런 순서로 문제가 발생했다. 사망한 환자는 일레인 브로마일리Elaine Bromiley라는 젊은 여성으로, 흔하게 하는 부비강 수술을 받기 위해 병원을 찾았다. 그녀의 남편인 마틴 브로마일리Martin Bromiley가 어린 두 자녀를 데리고 함께 왔다. 수술실로 들어가는 그녀에게 손을 흔들어준 뒤, 식료품을 사려고 아이들과 마을로 돌아갔다.

얼마 후 병원에서 전화가 걸려와 아내가 잘못되었다고 했을 때 "저는 '제기랄, 뭐라고? 어쩌다?'라고 생각했어요. 망연자실했죠. 온 세상이 뒤집혔어요." 병원에서 필요한 조사를 만족할 만큼 철저하게 하지 않으리라는 걸 안 브로마일리는 외부 전문가를 고용했다. 그리고 세세한 의학적 문제뿐만 아니라 수술 과정에서 발생했을지도 모르는 의사소통의 문제도 살펴보았다.

브로마일리가 이렇게 대응한 이유는 그가 여객기 조종사였기 때문이다. 항공업계에서는 이와 유사한 사고들에 관해 심도 깊은 조사가 이뤄져왔고, 그 결과 조종실에서 정보가 원활히 공유되게끔 하는 절차상의 체크리스트가 마련되었다.

브로마일리는 수술실에서 발생한 상황을 보여주는 보고서를 읽었다. 수술팀은 모든 측면에서 반대로 했다. 유명한 마취과 전문의가 기본 절차에 따라 유연한 소재의 후두마스크 삽입을 시도했다. 그러나 삽입에 실패하자 일레인에게 근육을 이완시키는 주사를 놓고 다시 시도했다.

다음 단계도 실패했을 때 마취의는 안면 마스크를 이용해 일레인의 폐에 산소를 공급하려고 했다. 이 방법도 통하지 않았고, 수술을 시작한 지 6~7분이 지난 상황에서 기관내삽관을 결정하고 도움을 요청했다. 수술을 준비 중이던 이비인후과 전문의와 근처에 있던 또 다른 마취과 전문의가 급히 합류했지만, 이들 중 누구도 관을 삽입하지 못했다.

공기를 들이마시지 못하면서 일레인의 산소포화도 수치가 떨어졌다. 산소포화도 수치가 정상이면 이를 측정하는 모니터에서 흘러나오는 소리가 안정적이지만, 수치가 지나치게 떨어지면 삐 소리가 나며 주변의 관심을 끈다. 앞의 시험 상황에서처럼 크고 지속적으로 울렸다. 삐… 삐이이… 삐이이이이.

세 사람 모두 경험 많은 의사 였음에도 누구도 이를 알아채지 못했다. 이들의 관심은 온통 망할 관을 삽입하는 일에 집중되어 있었다. 다른 데 관심을 둘 여유가 없었다. 자신의 한계를 알지 못했기에 끝까지 관에만 집착했다. 모니터는 관심 밖이었고, 삐 소리는 희미하게 들렸다. 심지어 환자의 몸도 (이들이 관심을 집중한 부위를 제외하고) 거의 눈에 들어오지 않았다.

의사들의 실수는 타격이 컸다. 2분이 지났을 때만 해도 일레인의 상태는 괜찮았다. 그저 의식이 없을 뿐 뇌는 손상되지 않았다. 그러나 그녀의 피부는 이미 파랗게 변하고 있었다. 아무도 일레인의 이상 반응을 알아채지 못한 채 산소 수치가 낮게 유지되면서 점점 뇌에 영향을 미치기 시작했다. 뇌 조직이 자극을 받을 때 발생하는 흔한 부작용으로 그녀의 팔이 마치 자신을 보호하려는 몸짓처럼 얼굴을 향해 올라갔다.

세 의사는 이 움직임마저 보지 못했다.

모든 상황을 지켜본 사람은 (삽관에만 집중하지 않았던) 간호사들이었다. 간호사 한 명이 옆방으로 급히 뛰어가 기관절개술 도구를 챙겨왔다. 목의 아랫부분을 절개하면 삽관 문제를 해결할 수 있었고, 산소를 곧장 환자에게 공급할 수도 있었다. 그러나 간호사가 의사들에게 도구를 보여주었을 때 의사들은 무시했다. 의사들은 중요한 문제를 해결하느라 매우 바빴고, 어떤 것도 그들을 방해할 수 없었다.

처음 마취를 시작했던 의사가 계속해서 이런저런 시도를 했으나 어느 것도 효과가 없자 (훗날 인정했듯이) 자포자기하며 상황에 대한 '통제력을 완전히 잃었다.' 세 의사는 누가 책임을 질지를 두고 나지막한 목소리로 맹렬히 언쟁을 벌였다.

셋 중 전반적인 상황을 보는 책임자가 없었다.

나중에 들어온 마취과 전문의는 정확한 상황을 파악하기 위해 후두경후두 질환을 진단할 때 사용하는 거울-옮긴이 사용을 선택했다. 앞서 시도한 방법들과 크게 다르지 않았지만, 그를 멈추게 하거나 최상의 방법을 찾아줄 담당자가 없었다. 그가 후두경을 집어넣었으나 충분한 깊이까지 넣을 수 없었다. 그래서 다른 후두경으로 다시 시도했다. 역시 실패했다. 이비인후과 전문의가 바통을 넘겨받았고, 훨씬 유연한 광섬유 후두경을 삽입하려고 했으나 이번에도 실패했다.

20분이 지나고 의사들은 점진적으로 산소 흡입을 가능하게 해주는 후두마스크를 시도했다. 이후의 녹음 기록은 일레인의 몸이 얼마나 고통 받았는지 말해주었다. 아주 잠깐 산소 수치가 거의 안전한 수준까지 올랐었는데, 의사들은 내부를 더 잘 볼 수 있기를 바라며 유연한 광섬유 관찰경을 다시 삽입하는 데만 온 신경을 집중하느라 일레인 상태의 변화를 놓쳤고 또다시 산소 수치가 불안정하게 흔들리는 것을 알아차리지 못했다.

35분이 지났을 무렵 의사들은 일레인을 깨우기로 했다. 관에 지나치게 집착한 나머지 심지어 '의식이 있는 상태에서' 기관내삽관을 시도하자고 한 명이 중얼거렸다. 간호사 중 두 명이 즉각 외쳤다. "안 돼요!" 간호사들은 의사들이 환자의 산소 수치가 떨어지는 것을 무시하면서 이미 환자에게 어떤 손상을 입혔는지 알고 있었다.

일레인은 끝내 깨어나지 못했다. 그녀는 혼수상태에 빠졌고, 다시는 의식이 돌아오지 않았다.

브로마일리는 아내의 사고에 대한 병원의 최종 보고서를 전부 읽고 나서 생각했다. '이건 전형적인 인적 요인human factor: 한 시스템에서 작용하는 인간 요소(심리, 행동, 신체 및 인지 기능 등)의 총칭-옮긴이 문제야. 집착 오류fixation error: 팀 리더가 특정한 치료나 진단법에 사로잡혀 있는 경우-옮긴이, 시간 지각time perception: 시간의 경과나 길이를 물리적인 측정수단에 의하지 않고 주관적으로 파악하는 것-옮긴이, 위계 때문에 발생했어.' 사람들은 처음 상황 지각 능력을 잃으면 모호하게 불편함을 느낀다. 무언가가 잘못되었음을 알지만 착오를 바로잡지 못한다. 점점 더 심각한 실수를 저지르게 되고 자신이 하는 일을 못 하게 막는 사람에게 분노를 터트린다.

GPS가 개발되기 전, 사람들은 지도를 잘못 읽었을 때 길을 잃은 것이 아니라고 자신을 설득하기 위해 익숙해 보이는 랜드마크에 집착하는 경향이 있었다. 서바이벌 전문가들은 이것을 '지도 왜곡하기bending the map'라고 부른다. 일레인의 의사들이 경험한 현상이 여기에 해당한다. 세 의사는 후두경과 광섬유 관찰경을 이용해 부분적인 성공의 기미를 보자 자신들이 제대로 된 방향으로 가고 있다고 속단했다.

브로마일리는 항공업계에 종사하며 이런 현상을 잘 이해하고 있었다. "집착은 스트레스에 대한 일반적인 반응입니다." 그가 말했다. "인적 요인 훈련은 어느 시점에는 이런 행동 패턴을 깨고 새로운 결정을 내려야 한다는 것을 가르쳐 주죠." 의료계는 이 점에서 훨씬 뒤처져 있었다.

예를 들어 웨일스에서 발생한 사례를 들 수 있다. 집도의가 고령 환자의 손상된 신장을 떼어내기 시작했을 때 수술 방에 함께 있던 여성 인턴이 실수를 알아차렸다. 그러나 의사가 남성인 데다가 나이가 더 많았기 때문에 (게다가 그의 실력에 필적하는 젊은 의사들, 특히 젊은 여의사는 없었기 때문에) 그녀의 의견은 받아들여질 리가 없었다.

한 가지 문제에 집착하기 시작하면 감각이 받아들일 수 있는 정보는 줄어든다. 전문의가 특정 문제에 집착하면 다수의 간호사나 전공의가 제공해줄 수 있는 정보도 마찬가지로 줄어든다.

일레인 브로마일리의 의사들은 그저 절차일 뿐인 호흡관 삽입에 집중했다. 주사와 후두경, 광섬유 관찰경, 유도선 등을 이용한 조치에 매달리느라 더 큰 목적을 잃어버렸다. 의사들은 환자의 생명을 유지하는 일에 집중했어야 했다.

브로마일리가 일하는 항공업계에서도 이런 경우가 많았다. "(항공기 추락 사고에서) 블랙박스 증거를 살펴보면 부하 직원이 실수를 알아차리고도 입을 닫거나 무시했음을 알 수 있습니다. 흔히 일어나는 일이죠." 비행기 조종실을 수술실로 바꿔본다면? "상황에서 한 발 물러나 수술실 가장자리에 서 있는 사람이 (…) 흔히 가장 잘 볼 수 있죠." 지식은 결코 어느 한 완벽한 존재의 전유물이 아니었다. 모두에게 흩어져 있었다.

‖ "아집을 버리고 들어라" ‖

브로마일리가 수술팀과 기관내삽관에 대해 알게 된 세부 사항들은 의술에 국한된 것이었지만, 일레인의 희생으로 얻은 교훈은 일반적인 상황으로 더 확장할 수 있다. 인간 지각에는 한계가 있다. (집중하면서 동시에 폭넓은 시야를 유지하기 어렵다.) 따라서 편협하고 잘못된 시각을 갖지 않으려면 타인의 도움을 받아들이는 겸손함을 가져야 한다.

이를 선불교식으로 요약하자면 '아집을 버리고 들어라'이다. 이를 실천하는 데 필요한 전제조건이 있다. 자신이 듣고 싶은 말이 아닌, 들을 필요가 있는 말을 해주는 사람들을 기꺼이 곁에 두는 것이다.

아리스토텔레스가 일찍이 간파했듯, 부유한 사람들은 자신이 똑똑하다고 확신하지만 사실 똑똑한 사람들이 그들 아래에 모여 있는 것이다. 아프리카민족회의 지도자였던 넬슨 만델라는 이런 오류를 경계했다. 1990년대 초반에 막 석방되었을 때 (그러나 남아프리카공화국에 자유 선거가 아직 도입되기 전에) 그는 석유회사 셸의 시나리오팀이 남아프리카가 직면할 수 있는 문제들을 연구하고 있음을 알게 되었고, 그들에게 의견을 구했다. 시나리오팀이 들려준 연구 결과 중 하나가 특히 정곡을 찔렀다. 다년간 야당이었던 아프리카민족회의는 부유한 백인 기업의 자산을 몰수하는 계획을 세우고 있었다. 그러나 그렇게 하면 높은 인플레이션과 금리로 인해 경제가 무너지는 역효과가 발생할 것이 확실하다는 내용이었다. 만델라는 이들의 말을 경청한 후 당의 정책을 바꾸었다.

10년 뒤에 만델라의 뒤를 이어 대통령이 된 타보 음베키Thabo Mbeki는 셸 시나리오팀의 후신으로 결성된 팀으로부터 남아프리카공화국이 직면한 새로운 문제를 보여주는 보고를 받았다. 부패의 위험을 경고하는 내용이었다. 그러나 (불안해할 만한 여러 이유로 정신이 불안정했던) 음베키는 귀담아듣지 않았고, 감히 자신의 권위에 도전했다며 이들을 비난했다. 그는 재임 기간 내내 자신에게 경의를 표하라고 강요하면서 자신을 오르지 못할 산 같은 존재로 만들었고, 이로 인해 필요한 정보가 상부로 전달되지 못했다. 그의 후임인 제이콥 주마Jacob Zuma의 재임 기간에 앞서 예견되었던 부패 문제가 국가에 해를 입혔다. 전 세계에서 이와 유사한 사례를 찾아볼 수 있다.

항공업계는 더 안전한 비행을 위해 많은 안전 절차를 만들었고, 여러 사람에게 흩어져 있는 다양한 지식이 활용되도록 했다. 예를 들면, 비행 전 팀 전원이 모여 각자 무조건 한 마디씩 말하도록 규정했다. 그저 자신을 소개하는 말이라도 상관없었다. 이것은 어색한 분위기를 깨주면서 비상사태가 발생했을 때 가장 소심한 말단 승무원조차도 눈치 보지 않고 이용할 수 있는 소통 창구를 마련해주었다. 이것만으로도 이들은 아무 준비도 없는 상태에서 위기를 맞지 않아도 되었다.

물론 위계를 올바르게 세웠을 때의 이점은 분명 있다. 실제 수술실은 영화에서 보는 모습처럼 차분하지 않다. 장시간의 수술을 진행하는 동안 집도의와 마취의, 수술 보조의, 마취 보조의, 전기기사, 초음파 전문가, 제조사 직원, 간호사, 간호대 실습생, 약리학자, 전공의, 의대 실습생, 컴퓨터 전문가, 엑스레이 전문가, 병리학자 등 다양한 사람이 필요에 따라 수술실을 들락거릴 수 있고, 이들 중 다수가 서로 친분이 거의 없다. 일레인 브로마일리의 수술에 참여했던 세 명의 의사 중 통솔권을 가진 사람은 누구였을까? 앞서 보았듯이 누구도 아니었다. 세 사람 모두 뒤로 물러서서 누가 수술을 지휘해야 하는지에 대한 문제를 해결하지 못했다.

반면 다른 영국 마취과 의사는 수술팀과 잡담을 많이 하거나 지나치게 친근하게 대했을 때 이들이 자기가 적합하다고 생각하는 도구를 의사는 그다지 선호하지 않는데도 건네주었다고 보고했다. 항상 그렇듯이 지나친 개방은 무질서를 초래한다. 친절하되 지나치게 친절하지는 않은 태도를 보이자 문제는 곧 해결되었다.

‖ 비극을 딛고 이뤄낸 혁신 ‖

마틴 브로마일리의 아내는 사망했다. 그와 같은 처지에 있는 사람들 대부분은 아마도 소송을 제기하거나 격렬히 항의하며 사과를 요구했을 것이다. 또는 절망하며 그저 포기해버릴지도 모른다. 그러나 그는 겸허하게 행동했다.

다시는 이런 일이 발생하지 않도록 하겠다고 다짐했다.

두 자녀를 양육해야 했고, 자신의 괴로움 때문에 아이들의 삶이 암울해지기를 원치 않았다. 브로마일리는 다음과 같이 설명했다. "저는 몇 년이 흐른 뒤, 빅토리아와 애덤에게 비록 엄마는 죽었지만 이 일로 얻은 교훈은 사라지지 않았다고 말할 수 있기를 바랍니다."

브로 마일리는 수술을 진행한 의사들을 비난하지 않았다. 의사들이 이미 이 일로 큰 충격을 받았음을 알았다. "진상 조사에서 (…) 의사 중 누구도 자신들이 취해야 했던 행동을 하지 않은 이유를 이해하지 못했어요." 브로마일리는 의사들에 대해 어떤 감정을 느끼냐는 질문을 받았을 때 오히려 그들이 어떻게 느낄지를 상상해보라고 반문했다.

"그들은 나쁜 사람이 아니에요. 실력 없는 의사도 아니죠. 좋은 일을 하는 좋은 사람들이에요. 다만 보통 사람들이 하는 행동을 했을 뿐이고, 다른 업계에서는 제공하는 훈련을 받지 못하면서 잘못된 길을 걷게 되었죠."

아내의 죽음을 애도하고 아이들을 키우는 가운데 브로마일리는 아내의 수술팀과 다른 전문가들과 협력해 '임상 인적 요인 그룹Clinical Human Factors Group'을 설립했다. 이 단체는 항공업계의 뛰어난 지식을 의료계에 접목하고 새로운 연구를 이끌면서 광범위한 영향력을 발휘했다. 일레인의 수술이 잘못되었을 때 수술을 담당했던 의사들이 이 단체의 프로그램으로 훈련을 받았다. 브로마일리는 "만약 내일 수술을 받아야 한다면 이들을 가장 신뢰할 겁니다"라고 말했다.

듀랑을 방문했던 영국 손님은 의료진들의 습성을 잘 알았고(그는 몇몇 인적 요인 교육을 받았다), 듀랑은 마취의들이 경청하는 태도를 완벽하게 들이기를 바라며 시험을 계획했다. 의사들이 지위를 지나치게 앞

세우고 스트레스를 받는 상황에서 시야가 좁아지지만, 훈련이 이루어진다면 위계질서로 인한 패착에서 벗어날 수 있음을 알게 된 이후 듀랑은 시험에 더 많은 변화를 주었다. 의료진은 폭넓은 관점을 유지하는 데 도움을 주는 습관을 배울 수 있었다. 이것이 듀랑이 의료진에게서 끌어내고 싶은 자질이었다.

이제 듀랑은 시험을 볼 때 도움을 청하는 것이 감점 요인이 되지 않는다고 설명했다. 오히려 과하지 않는 선에서는 점수를 더 주었다. 아집을 버리고 도움을 구하는 태도가 성공으로 이끌 것이다. 듀랑은 이런 사실을 재빠르게 파악했고, 수석 전공의도 이를 이해했다.

남을 존중하고 배려하는 태도는 엄청난 이점으로 작용한다. 부하가 상관을 두려워하지 않고, 누구나 오류를 범할 수 있다는 사실을 인정하며 겸손해질 때, 비로소 집착을 피하는 데 도움을 주는 소통의 창구가 만들어진다.

문제를 일으키는 최대 장본인들은 하나같이 눈 뜬 장님이다. 독재자는 공포에 떠는 공직자들이 자신에게 얼마나 많은 거짓말을 하는지 모른다. 존스홉킨스대학의 연구에서 인터뷰에 응한 의사의 64퍼센트가 수술 시 높은 수준의 팀워크를 보여주었다고 느낀 데 반해 이들과 함께한 간호사는 28퍼센트만이 여기에 동의했다. 이 결과는 문제의 심각성을 잘 보여준다. 자신의 확신에 의문을 제기하는 정보에 충분히 열려 있다고 스스로를 과대평가하는 사람이 얼마나 많은지 말이다.

우물 안에 둥지를 틀고 자신만의 세상에서 가장 중요한 존재가 되어 느긋하게 거니는 것은 편하다. 모두가 자신에게 친절하고 만사가 바라는 대로 흘러가는 그런 곳. 이런 경향은 소셜미디어 속도는 빠른 반면 피드백 회로는 느려진 현대 사회에서 특히 두드러진다. 그러나 현실 세계는 무자비하다. 바윗덩어리가 당신이 가는 길 위로 굴러떨어질 때, 사실이 아니라고 모든 사람에게 동의를 강요한다고 고통스러운 충격을 방지할 수 있는 것은 아니다. 같은 부류의 사람들과 아첨꾼들에 둘러싸인 사람은 결국에는 문제가 발생하는 현실을 막지 못한다. 이 사례에서도 (충동적이거나 편협한 행동이 초래한 결과를 확인할 충분한 시간이 주어진다면) 알 수 있듯, 타인의 말에 귀 기울이는 사람이 성공할 수 있는 더 큰 기회를 얻는다.

추락하는 두 비행기의 엇갈린 운명

—

권력거리를 좁힐수록 집단지성은 강해진다

"뒤로 가서 무엇이 보이는지 확인해주겠습니까?"

‖ 도움을 받겠습니까? ‖

1989년 7월 19일 오후 3시. 유나이티드 항공 DC-10 여객기의 기장 앨 헤인즈Al Haynes는 승객을 가득 태운 채 덴버에서 시카고로 향하고 있었다. 이륙한 지 1시간이 지났고, 탑승객 전원이 점심 식사를 마친 상태였다. 텍사스주 출신으로 편안한 인상을 풍기는 57세의 헤인즈는 의자에 기대어 앉아 커피를 음미했고, 조종간은 그보다 경험이 부족한 젊은 부기장 빌 레코즈Bill Records가 잡고 있었다.

지금까지는 평탄한 여정이었다. 청명한 하늘에는 수직으로 높이 솟아오른 새하얀 적운이 몇 점 떠 있을 뿐이었다.

오후 3시 16분 아이오와 상공을 지나며 부기장 레코즈가 부드럽게 우회전을 시작했을 때, 헤인즈는 이렇게 기억한다. "폭발음 같은 큰 소리가 났습니다. 그 소리가 너무 커서 폭탄이 터진 줄 알았죠."

각자에게 내재한 성격이 밖으로 드러나는 때가 있다. 여기서 들려줄 이야기는 한 개인이 쏟아져 들어오는 정보와 자신을 둘러싼 위계를 어떻게 유용하게 이용했는지를 보여준다. 그는 공정한 태도가 가장 중요하다고 믿었다. 이런 믿음은 엄청난 사태를 제대로 처리하는 데 어떤 도움이 되었을까?

어딘가에서 큰 소리가 난 후 갑자기 항공기가 흔들리면서 상승하기 시작했다. 레코즈가 조종에 애를 먹는 가운데 조종실의 세 번째 승무원인 항공 기관사 더들리 드보락Dudley Dvorak은 자신의 계기판에서 끔찍한 장면을 보았다. 세 개의 유압계통에서 유체면流體面을 보여주는 눈금판이 모두 거꾸로 회전하기 시작한 것이다. 얼마 안 가서 세 개 모두가 0을 가리켰다. 그러고는 바로 (양쪽 측면과 꼬리에 장착된 날개의) 모든 조종면이 꿈쩍도 하지 않았다.

이 시점에서 항공기는 상승을 멈추었고, 약 158.7톤에 달하는 기체가 우측으로 기울어지기 시작했다. 항공기의 각도가 5도에서 10도로, 다시 빠르게 20도를 지나 30도 이상으로 기울었다. 우측에 앉은 승객들의 시야에 창문 너머로 땅이 보였고, 좌측 승객들의 시야에는 하늘만 들어왔다. 이렇게 가다가는 항공기가 뒤집히면서 더는 손쓸 도리가 없어질 것이다.

헤인즈는 조종실에 있는 사람 중 가장 유능하고 경험이 풍부했다. 레코즈는 우측으로 기울어지며 추락하지 않게 조종간을 계속해서 잡아당겼으나 헤인즈는 소용없음을 알았다. 그가 "내가 하지"라고 외치며 조종간을 넘겨받았고, 레코즈는 군소리 없이 물러났다(위계질서가 가진 이점이다). 레코즈는 명령에 따르도록 훈련받았다.

헤인즈도 반사적으로 잠시 조종간을 세게 잡아당겼으나 곧 멈추었다. 레코즈가 해도 소용이 없었다면 그도 마찬가지이리라. 그러나 (…) 올라가는 날개의 추력을 줄이고 떨어지는 날개의 추력을 끌어올린다면 어떨까? 자신의 판단을 믿어야 할 때가 있다면 지금이었다. 드보락의 눈에 기장의 다음 행동은 눈 깜짝할 사이에 일어났다. "(헤인즈는) 조종간에서 손을 떼고 (좌측) 엔진을 재빠르게 작동시켰어요. 그리고 조종간을 잡기 전에 (우측) 엔진 스위치를 올렸죠. 조종간을 다시 잡을 때까지 걸린 시간은 몇 초밖에 되지 않았어요."

처음에는 아무 일도 일어나지 않았다. 거대한 항공기의 운동량이 크기 때문이었다. 하지만 천천히 아주 힘겹게 우측 날개가 다시 올라왔다. 헤인즈는 두 엔진의 균형을 맞췄으나, 회전하는 중에 폭발이 일어났기 때문에 조종면이 움직이지 않으면서 항공기는 계속해서 우측으로 기울어지려고 했다. 조종장치를 조작할 방법이 없었고, 모든 조종사의 악몽이 시작되었다. 헤인즈가 아무런 조작을 하지 않았는데도 기체의 앞쪽이 제멋대로 들어 올려졌다. 30초가량 이 기울기가 유지되면서 중력을 거스르며 밀려 올라가던 항공기의 속도가 떨어졌고, 날개는 지나치게 기울어진 각도에서 양력이 제대로 작용하지 않았다. 이윽고 기체가 흔들리며 앞쪽이 아래로 기울어지더니 항공기가 급강하했다.

롤러코스터를 탄 것처럼 항공기가 오르락내리락하는 움직임을 '장주기 운동phugoid motion'이라고 부른다. 정도가 크지 않다면 심각하지 않지만, 지금은 통제할 수 없는 상태였다. 무엇보다도 하강 폭이 상승 폭보다 더 크면서 상황을 최악으로 몰고 갔다. 헤인즈와 레코즈는 이 움직임을 멈추려고 둘 다 조종간을 잡아당겼고, 레코즈는 힘을 더 실으려고 무릎을 손잡이 밑에 끼워 넣기까지 했다. 그러나 아무런 소용이 없었다. 항공기는 상승하기 시작했던 지점보다 약 457미터 아래에서 하강을 멈추더니 잠깐 수평을 유지한 다음에 다시 자기 멋대로 상승했다. 하지만 이번에도 역시 하강한 거리보다 상승한 거리가 짧았다. 1~2분이 흐른 뒤에 항공기는 다시 457미터 더 아래로 내려갈 것이다.

헤인즈는 이 정도 크기의 항공기가 유압계통이 완전히 고장 난 상황에서 무사했던 적이 없음을 알았다. 불과 4년 전 일본에서 747기의 사례가 있었다. 유압장치가 작동하지 않은 상태에서 장주기 운동을 시작하면서 정신없이 오르락내리락을 반복하며 하강했다. 기체가 통제되지 않으면서 조종사들이 점점 이성을 잃어가는 당시 상황이 블랙박스에 생생하게 담겼다. 30분 뒤에 항공기는 항로를 한참 벗어난 산맥에 추락했고 500명 이상이 사망했다.

이런 참사를 막으려면 기체가 우측으로 계속 기울어지지 않게 하고, 무엇보다도 장주기 운동을 일으키는 원인을 파악해야 했다. 신속하게 움직여야 했다. 어쩌면 추락까지 1시간 남짓 남았을지 모르지만 그 전에 추락할 가능성이 더 컸다.

이때 승무원 한 명이 조종실로 찾아왔다. 메시지를 전달하러 왔다가 눈앞의 상황을 목격하고 말문이 막혀버렸다. "조종사들이 정신없이 분투하고 있었어요. 너무 무서웠죠. 조종장치를 조작하는 데 애를 먹고 있었어요." 승무원이 입을 열었다. 승객 중에 DC-10 여객기의 기장이자 조종법을 가르치는 훈련 교관인 데니 피치Denny Fitch라는 사람이 기꺼이 도움을 줄 의향이 있다고 전했다.

그때는 헤인즈의 인생에서 가장 절박한 순간이었다. 승무원이 조종실로 들어왔을 때 헤인즈는 계기판에서 눈을 뗄 수 없었고, 조종간을 붙잡고 씨름해가며 속도를 조절하고, 공항 관제탑과 통신하고, 부기장과 협력하고, 기상 변화를 예측하고, 항공 기관사에게 지시를 내려야 했다. 승무원이 피치의 의사를 전했을 때 헤인즈는 앉은 자리에서 뒤돌아볼 여유조차 없었지만, 빠르게 응했다.

‖ "비행기에서는 기장 말이 곧 법이죠" ‖

경청하는 태도를 조사하는 사회학자들은 흔히 권력거리power distance, PD라고 부르는 측정법을 이용한다. 권력거리를 통해 상하 관계에 있는 두 사람이 어떤 행동을 기대하는지를 알 수 있다. 권력거리 지수가 높으면 양측 모두 부하가 상사에게 이의를 제기해서는 안 된다고 생각한다. 반대로 권력거리 지수가 낮으면 양측 모두 부하를 낮추어 보지 않으며 서로의 의견을 존중해야 한다고 생각한다는 뜻이다.

1990년대에 이 방법으로 여러 국가의 항공기 승무원을 조사했을 때 러시아와 중국, 인도의 지수가 가장 높고, 상사와 부하 사이의 권력거리가 컸다. 반면 영국과 독일, 스웨덴의 지수가 가장 낮았고, 상사와 부하의 관계는 더 평등한 것으로 나타났다.

그러나 조사 결과는 그저 평균적인 이야기일 뿐이다. 전반적으로는 미국의 조종사들이 평등주의를 지향하는 축에 속한다고 해도 그중 위계를 확고히 해야 한다고 주장하는 사람들이 존재했다. 어느 미국 항공 기관사가 정부 조사관에게 다음과 같이 말했다. "제가 의견을 제시할 때마다 상관 조종사는 '자네의 망할 조언이 필요하면 그때 내가 물어보지'라고 했죠."

1999년 런던 외곽에서 발생한 대한항공 화물기 747기의 추락 사례는 권력거리가 멀 때의 위험성을 잘 보여준다. 기장 박덕규는 헤인즈와 같은 나이(57세)였고, 공군 조종사 출신이었다. 부기장 윤기식은 빌 레코즈처럼 기장보다 나이가 어리고 경험이 부족했다.

런던 스탠스테드 공항에서 밤에 이륙을 준비하는 부기장이 모든 일을 제대로 처리했음에도 기장은 그를 열등한 존재로 취급했다. 전문가들이 훗날 '경멸적' 어조라고 불렀던 말투로 기장이 말했다. "관제탑에서 뭐라고 하는지 확실하게 이해한 다음에 말해!" 기장은 부기장이 대답할 틈도 주지 않고 곧바로 쏘아붙였다. "대답해! 얼마나 지연될지 저들이 묻고 있잖아."

이런 상황에서도 이륙은 문제없이 이루어졌다. 잠시 뒤에 기장이 조종간을 잡고 계획대로 좌회전을 시작했다. 그러나 그는 자신 앞에 있는, 항공기의 기울기를 보여주는 인공수평의artificial horizon가 작동하지 않는다는 사실을 알아차리지 못했다. 항공기가 가속하는 중에 기체의 기울기를 느낌만으로 알기는 어렵다. 기장은 충분히 기울어지지 않았다고 판단하고 기울기를 증가시켰다.

경고음이 울렸다. 제대로 작동하던 부기장의 인공수평의는 항공기가 너무 가파르게 기울고 있음을 보여주었다. 그러나 이륙할 때 야단을 맞은 탓에 부기장은 아무 말도 하지 못했다. 경고음이 다시 울렸다. 부기장의 인공수평의에 나타난 기울기가 점점 위험한 수준까지 올라갔다.

항공기가 지상으로 돌진하기 시작했다. 경고음이 계속 울렸고(총 아홉 번 울렸다) 부기장의 인공수평의에 나타난 기울기는 더욱 커졌다. 이륙하고 1분도 되지 않아 기체의 좌측 날개가 지상과 거의 수직 상태가 되었지만, 부기장은 여전히 기장에게 감히 말을 꺼내지 못했다. 항공기관사가 "경사각이요!"라고 반복해서 외쳤으나 기장은 이 말을 무시했다. 회수한 블랙박스에 녹음된 내용을 들어보면 부기장은 잠시 후 지상에 추락하는 순간까지 침묵을 지켰다. 탑승자 전원이 사망했다.

기장 박덕규를 비판하기는 쉽다. 그러나 이 사고가 발생하기 이전까지는 그의 완고함이 경력에 도움이 되었다. 그는 거듭되는 실전 훈련에서 다른 조종사들을 이끄는 대한민국 공군의 숙련된 전투기 조종사였다. 위계는 쏟아져 들어오는 정보를 종합하고, 부하가 결정을 틀림없이 이행하게 하는 데 효과적이다. 문제는 이런 권력 스타일이 너무 매력적이라서 도를 넘기 쉽다는 점이다. 누구도 이의를 제기하지 않는 서열의 꼭대기 자리에서 내려온다는 것은 무조건적 복종을 받는 대신 다른 사람의 의견을 고려한다는 의미다. 불안정한 사람들은 이를 받아들이기 힘들어한다. '아랫사람'과 상호작용하면서 자신이 쉽게 공격받고 좌지우지될 수 있기 때문이다. 위계질서 꼭대기에서 신과 같은 존재로 남아 있으면 이런 상황을 피할 수 있다.

국가 차원에서도 상반된 모습을 보여주기도 한다. 러시아와 중국(그리고 북한)의 의회는 네모난 교실과 같은 구조로 되어 있다. 맨 앞에 지도자 혹은 독재자를 위한 자리가 있고, 이들에 복종하는 사람들이 자리에 앉아 있다. 이 국가들은 모두 평등 지수가 낮고, 지도자들은 다른 모든 사람이 자신보다 낮은 자리에 있는 것을 당연하게 여긴다. 사람들이 가진 지식의 양은 중요하지 않다.

서양의 민주주의 국가들은 반원 구조를 더 선호한다. 국회의장을 위한 공간이 있지만, 최소한 이론적으로는 국회의원들이 의장 앞에서 덜 수동적이고 복종적이다. 또 서로 대화할 수 있는 여지도 있다.

초기 아이슬란드 의회는 격식에 얽매이지 않는 원형 구조를 가지기도 했다. 독일 통일 전 본에 있던 서독 의회에서 이 구조를 잠시 모방했었다.

헤인즈는 무슨 생각이었을까? 그는 유나이티드 항공에 오랫동안 근무했고 이곳에서는 기장은 항공기 안에서 권위 그 자체라는 개념이 있었다. 그가 즐겨 사용한 표현 "기장 말이 법이죠"를 따르며 성장했다. 시애틀에 살기는 했으나 텍사스 사람임을 그리고 독립적이고 통제권을 가진 남성을 존경하는 텍사스의 전통을 자랑스럽게 여겼다.

그러나 헤인즈는 좀 더 협력적인 방법을 선택했다. 해병대 소속 조종사이자 교관이었던 그는 부기장에서 기장으로 올라가기가 얼마나 어려운지 알았다. 텍사스 A&M대학을 졸업하자마자 입대해서 성공적인 경력을 쌓았다. 그런데도 유나이티드 항공의 DC-10 기종의 부기장에서 기장으로 승진하기까지 9년이라는 세월이 걸렸다. 빌 레코즈는 기장이 앉는 우측 좌석에 앉아 조종했는데, 헤인즈가 레코즈에게 기장의 자리를 경험할 기회를 주었다. 멘토링의 일환이었다. 부하에게 수월하게 승진할 길을 열어줄 수 있다면 안 할 이유가 뭐가 있겠는가?

헤인즈는 유나이티드 항공에서는 기장이 전통적으로 항공기 안에서 권위 그 자체라고 설명했을 때 이것이 시대에 뒤처지는 문화라고 느꼈다고도 말했다. "기장이 우리가 생각하는 것만큼 똑똑하지 않을 때도 있어요." 그는 피치의 도움에 앞서 수습 조종사를 조종실로 부르지 않았다. 이 조종사가 할 수 있는 일이 별로 없었기 때문이다. 그러나 자격을 갖춘 기장이자 조종법 훈련 교관은 얘기가 달랐다. 승무원은 가능한 한 빠르게 1등석을 통과해 돌아갔다. 폭발이 있고 약 10분이 지났고, 시간은 오후 3시 30분을 향해가고 있었다. 승무원은 데니 피치에게 몸을 구부리며 말했다. "조종실로 와달랍니다."

피치가 조종실에 당도했을 때 처음으로 눈에 들어온 장면은 헤인즈와 레코즈가 힘겹게 애쓰는 모습이었다. 조종간을 세게 잡아당기느라 팔뚝의 힘줄이 불뚝 솟아 있었다. 피치는 항공 기관사 드보락의 계기판에서 세 개의 바늘이 모두 0을 가리키는 것을 보았다. 피치는 덴버에서 유나이티드 항공사의 조종사들을 훈련시키는 비행시험에서도 이런 상황은 생각해본 적이 없었다.

헤인즈가 제어판에서 눈을 떼지 않은 채 자신을 소개하자 피치는 골똘히 잠겨 있던 생각에서 빠져나왔다. 헤인즈는 한 손을 어깨너머로 내밀어 피치와 짧게 악수했다. 이들은 이 상황을 무사히 넘기고 같이 맥주나 마시러 가자며 농담을 나눈 뒤 곧바로 작업에 착수했다. 피치는 헤인즈와 레코즈 사이에 쭈그리고 앉았다. 조종실의 블랙박스에 녹음된 내용은 이렇다.

피치 엔진을 잃었군요, 그렇죠?

헤인즈 네, 뭐, 그래요. 터져버렸죠 (…) 할 수 있는 건 다 해봤어요.

이 말은 항공기 조종사가 예의를 차리면서 조심스럽게 조언을 구하는 방식이었다. 박덕규의 대처 방식과는 정반대였다. 헤인즈는 자신이 할 수 있는 일이 그저 장주기 운동이 더 나빠지지 않게 막는 것일 뿐, 이 움직임을 완전히 멈추게 하기에는 역부족임을 알았다. 피치가 다음과 같이 제안했다.

피치 이 시점에서 유일하게 시도할 수 있는 방법은 (착륙) 장치를 내리는 것이고, 이것이 어쩌면 기체 앞부분을 잠깐 내려줄지도 몰라요.

피치의 말과 거의 동시에 다른 목소리가 헤인즈의 주의를 흩뜨렸다. 아이오와주 수시티의 지상 관제탑과 통신하기 위해 무전기를 켜둔 데다 또 다른 승무원이 조종실로 들어왔기 때문이다.

누구든 집중하기 힘든 상황이었다. 헤인즈는 교관인 피치가 이 어수선한 상황을 정리해줄 어떤 묘책을 가지고 있기를 바랐다. 안타깝게도 피치 역시 뭔가를 아는 기색이 없었고, 물어보는 것조차 창피하게 느껴졌다.

위기 상황에서 제아무리 경청하려 한들 우리가 맞닥뜨리는 현실이란 이런 것이다. 정보가 지나치게 많고, 집중이 방해되며, 감정적이 된다. 헤인즈는 그럼에도 최대한 침착하게 대응했다. 조종실로 들어온 승무원에게 착륙 몇 분 전 충격 방지 자세를 취하라고 방송하겠지만, 이후 대피 절차에 대한 세부적 질문은 현실적이지 않다는 사실을 최대한 부드럽게 설명했다. ("비상 착륙 후엔 서 있지조차 못할 걸요?") 그런가하면 피치를 통해서는 더 많은 정보를 좀더 얻고자 시도했다. 조종실에서 날개의 조종면이 움직이는지 확인하기 힘들었기 때문에 헤인즈는 피치에게 객실로 돌아가 살펴달라고 부탁했다("뒤로 가서 상태가 어떤지 확인해주겠습니까?").

‖ 꼭 필요한 정보를 놓치지 않으려면 ‖

긴장감에 휩싸인 시간이었다. 피치가 약 1분 뒤 돌아와 조종실 문을 두드렸을 때 헤인즈는 드보락에게 소리쳤다. "저 망할 문을 열어줘!" 피치가 날개의 조종면이 제대로 작동하지 않는다고 보고했을 때 헤인즈는 마음을 진정시켰다. 소리치는 행위는 아무것도 해결해주지 않는다. 냉철하고 차분하게 생각했다. 피치가 추력장치 손잡이를 대신 잡아준다면 자신과 레코즈는 조종간에만 집중할 수 있을 것이다.

조종사들은 통제권을 쉽게 넘기지 않는다. 피치도 이를 잘 알았기에 헤인즈의 행동에 감탄했다. 그러나 헤인즈에게는 당연한 선택이었다. 자신의 능력을 믿는 사람이라면 타인의 도움을 마다할 이유가 없다. 추력장치 중 하나는 헤인즈의 우측에 있었고, 다른 하나는 레코즈의 좌측에 있었다. 그러니 피치가 두 사람 사이에 선다면 추력장치 손잡이를 한 손에 하나씩 붙잡을 수 있었다. 정신을 분산시키는 엔진 문제가 해결된다면 헤인즈는 끔찍하고도 끈질긴 장주기 운동 문제를 진단하는 일에 집중할 수 있었다. 적어도 아이오와주 땅에 곤두박질칠 위험을 낮출 수 있을 터였다.

피치는 누르기만 하면 모든 상황을 정상으로 돌려놓는 비밀 단추를 알지 못했지만, 유나이티드 항공사가 보유한 모든 항공기의 상세한 정보를 가지고 있는 공학센터는 샌프란시스코에 있었다. 덴버의 모의비행훈련센터에도 없는 지식이 그곳엔 가득했다. 피치는 희망을 품었다. "뒤쪽 어딘가에 회로 차단기 같은 것이 있다면 이들이 알 겁니다." 드보락은 곧바로 샌프란시스코의 기술자들과 대화를 시작했고, 그들이 모든 조종면이 제어 불능인 상황을 제대로 이해하지 못하는 듯했지만 헤인즈는 계속 통신을 주고받게 했다.

객실 승무원들은 비상시에 조종실을 불필요하게 방해해서는 안 된다는 점을 알았다. 조종사들이 '당신의 망할 조언이 필요하면' 같은 태도를 보인다면 더욱 조심하게 된다. 그러나 헤인즈가 언제나, 심지어 매우 바쁠 때조차, 정중하게 행동했기 때문에 이들은 그에게 알려야 할 정보가 있을 때 망설이지 않고 다가갔다. 지금이 그때였다. 승무원 한 명이 조종실로 들어와 혼란스러운 듯 '뒷날개'에 문제가 생긴 것 같다고 전했다.

DC-10 기종에는 뒷날개가 없었다. 따라서 헤인즈는 그녀의 말을 간단히 무시할 수도 있었지만, 명칭을 잘 몰라서 뒷날개라고 했을 가능성을 떠올렸다. 즉, 그녀가 중요한 무언가를 보았을 수도 있었다. 뒤에 유압유hydraulic fluid가 아주 조금이라도 남아 있다면 이것을 앞쪽으로 보내 항공기를 살릴 수 있었다. 헤인즈는 드보락에게 뒤쪽을 살펴보라고 지시했다. 포기하지 않을 것이다. 자신의 비행에서는 있을 수 없는 일이었다.

드보락은 승객들 앞에서 침착해 보여야 한다는 사실을 알고 있었지만, 어린 승객이 유난히 많다는 사실을 깨닫자 도저히 긴장을 감출 수 없었다. 유나이티드 항공사가 어린이나 아기를 동반하는 부모에게 할인 서비스를 제공한 결과였다. 승무원들이 승객들에게 비상착륙에 대비해 안경을 벗고 주머니에서 펜이나 머리빗을 꺼내라고 안내하고 있었다. 부모에게는 아기의 안전을 위해 베개와 담요를 바닥에 쌓으라고 요청했다. 보호자가 착륙 직전 충격 방지 자세를 취하는 동안 아기를 보호하려는 조치였다.

드보락은 경험 많은 공군 항법사였고 비행기를 잘 아는 만큼, 상황이 얼마나 위태로운지도 잘 알았다. 조종실에서 그는 어깨까지 감싸는 안전벨트를 착용하지만, 그럼에도 착륙 시 생존할 확률은 낮았다. 게다가 기체를 전혀 제어할 수 없는 상황이었다. 착륙한다고 해도 옥수수 밭에 내리면 기체가 뒤집힐 것이고, 지금 속도로 활주로에 착륙하는 것은 콘크리트 벽에 날아가 박는 것과 같았다. 그러면 부모들이 간절한 마음으로 쌓은 베개는 아무 소용없을 것이다.

울음을 터트린 아이들이 있었지만, 이 상황을 게임으로 여기는 아이들도 있었다. 세 번째 비상 탈출구 근처에서 한 엄마가 몸을 숙여 베개를 쌓는 동안 아이는 좌석으로 기어 올라와 킥킥거리며 뒷좌석에 앉은 사람에게 신나게 손을 흔들고 있었다.

항공기의 꼬리 쪽 마지막 탈출구 앞에 이르렀을 때 드보락은 균형을 잡으려고 의자를 움켜잡아야 했다. 장주기 운동이 여전히 반복되었고, 항공기의 중간 지점에서 멀리 떨어질수록 똑바로 서 있기 더 힘들었다. 승무원이 그에게 반대편 창밖을 보라고 말했다. 드보락은 잠시 움직이지 않고 그녀를 똑바로 바라보았다. 훗날 그녀는 그가 마지막 인사를 하는 것처럼 느껴졌다고 말했다. 드보락은 승무원이 가리킨 창문 밖을 유심히 바라보았다.

DC-10 기종에는 세 개의 엔진이 있다. 양 측면의 날개 밑에 각각 하나씩 있고, 꼬리에 또 하나가 있다. 이 꼬리 엔진이 작동을 멈추었다. 그 앞에는 커다란 수평안정판horizontal stabilizer이 있는데, 이 안정판의 상당한 부분이 떨어져 나간 모습이 드보락의 눈에 들어왔다. 꼬리 엔진의 깊숙한 부분에서 폭발이 있어야만 가능한 일이었다.

드보락은 항공기의 전기 배선도를 외우고 있었다. 세 개의 독립된 유압계통은 거의 모든 상황을 견딜 수 있게 설계되었지만 세 개 모두가 꼬리에서 만난다는 약점이 있었다. 이곳의 엔진이 폭발했을 때 금속 파편들이 날아가 안정판을 관통하면서 그곳에 있는 유압관을 절단했던 것이다. 계기판에 모두 0으로 나타난 수치는 정확했다. 유압관에는 유용한 유압유가 조금도 남아 있지 않았다. 강한 바람에 모조리 빨려 나갔을 것이다.

기장이 무엇을 해야 할지 결정하는 데 도움이 필요한 순간이 있다면 바로 지금이었다.

조종실로 돌아온 드보락은 자신이 본 것을 보고했다. "좋아요 (…) 꼬리 부분의 피해가 매우 크군요." 이때가 대략 3시 45분경이었다. 폭발이 있고 30분이 지난 시간이었다. 날개와 꼬리의 조종면이 꼼짝도 하지 않았기 때문에 항공기는 우측으로 일련의 커다란 원을 그리며 아이오와주 풍경 위에 갈 곳을 잃고 떠 있었다. 장주기 운동으로 인한 반복적인 상승과 하강은 그 정도가 시시각각 변했지만, 지상에서 겨우 2.5킬로미터밖에 떨어지지 않은 지점까지 도달했다. 이 현상이 시작된 11.2킬로미터에서 엄청나게 하강했다. 항공기를 제어하면서 빨리 활주로나 들판, 고속도로로 진입해야 했다.

헤인즈는 마지막 희망을 샌프란시스코의 기술자들에게 걸었다. 샌프란시스코 센터에는 항공기 제조사가 설계한 모든 시스템과 비행 중 발생한 비상사태들에 대한 포괄적인 지식이 있었다. 헤인즈의 지시하에 드보락은 다시 무전을 취했지만, 그들의 대화는 방금 전에 했던 얘기를 반복하는 수준에서 나아가지 못했다.

드보락(샌프란시스코 센터에) 받을 수 있는 모든 도움이 필요하다 (…) 우리가 할 수 있는 건 다 했다. 더는 어떻게 해야 할지 모르겠다. 항공기를 제어하기 어렵다. 하강 중이다 (…)

그러나 샌프란시스코 기술자들은 유압계통 세 개가 모두 마비된 것이 확실한지 재차 물었다. 드보락이 그렇다고 강하게 대답하자 잠시 무전을 종료했다가 다시 와서 물었다. 정말로 전적으로 확실한가?

헤인즈는 드보락에게 더는 애쓰지 말라고 말했다.

헤인즈 (…) 저들은 잊어요. 통신을 종료한다고 말하고 (…) 엿이나 먹으라고 해요.

‖ 모두가 끝까지 협력할 수 있었던 까닭 ‖

죽음이 임박하다고 느낄 때 사람들은 무엇을 할까? 피치는 평소와 다름없이 행동했다. "하느님, 저는 오늘 오후에 죽게 될 겁니다. 46세에 생을 마감하게 됩니다. 제 아내 (…) 그녀를 너무나도 사랑합니다 (…) 사랑스러운 세 아이도. 유일하게 궁금한 점이 있다면 (…) 아이오와에 추락하기까지 얼마나 걸릴까요?" 드보락은 샌프란시스코와의 통신을 종료하면서 마지막까지 자신의 감정을 입 밖에 내지 않았고, 그곳 기술자들에게 예의를 지켰다. 그들의 마음을 더는 괴롭힐 필요가 없었다.

조종실 안의 분위기는 이랬다. 이들은 처음부터 무슨 일이 벌어질지 알았고, 지상이 점점 더 가까워지고 조종할 수 없는 상황에서도("수 시티 (…) 우리는 직진을 시도하고 있다. 운이 따라주지 않는 것 같다") 침착한 분위기는 바뀌지 않았다. 헤인즈는 승진을 원하는 레코즈 부기장에게 농담을 건넸다. "두고 보라고. 만약 우리가 무사히 착륙한다면 자네의 망할 조종사 면허증을 박탈해주지…." 그리고 잠시 말을 멈추더니 조금 전 한 말을 수정했다. "무사히 착륙하고 나서 자네의 망할 (…) "

여기에는 그저 마지막 순간을 기다리며 시간을 보내는 것 이상이 있었다. 이것은 이들이 기억되고 싶은 모습이었다. 조종실은 폐쇄적이고 특권적인 공간이라 새로운 사람을 경계하기 쉽지만, 헤인즈는 피치를 환영했다. "이제 그는 이 조종실의 네 번째 멤버야"라고 분명히 말했다. 이에 보답하고자 피치는 자신의 역량을 총동원해 항공기를 어느 수준으로라도 다시 제어할 방법을 모색했고, 마침내 해결의 실마리가 보이기 시작했다.

뛰어난 조종사는 훌륭한 기수騎手와 같다. 자신이 원하는 대로 따르지 않는다고 말馬을 윽박지르는 것은 어느 정도 효과가 있을 수 있지만, 함께 보조를 맞춰나가는 것만큼 좋지는 않다. 헤인즈가 피치에게 두 추력장치의 작동법을 알려주었을때 그의 말투는 정중하고 차분했다. 헤인즈도 인간인 이상 잠시 감정적일 수는 있지만 계속 그런 모습만 보였다면 별다른 진전을 보지 못했을 것이다.

피치는 헤인즈가 가르쳐준 대로 멈추지 않고 양손을 조금씩 움직였다. 한 손은 우측 추력장치 손잡이를, 다른 손은 좌측 손잡이를 잡았다. 매번 손잡이를 움직이고 나서 비행기의 반응에 온 신경을 집중하며 기다렸다. 힘든 순간이었다. 손잡이를 움직인 다음에 장주기 운동 중인 항공기의 경로를 바꿀 엔진 출력에 변화가 생길 때까지(20~40초 정도의) 시간 간격이 존재했기 때문이다. 특히 초반에는 장주기 운동을 교정할 때마다 기체가 우측으로 더 심하게 기울어졌고, 기울기를 교정하면 장주기 운동이 악화했다.

그러나 마지막 몇 분에 (드보락이 샌프란시스코와 통신하는 내용을 듣고 지상과 얼마 떨어져 있지 않음을 알게 된 뒤임에도) 피치는 신비한 기분을 느꼈다. "항공기가 제 몸의 일부 같았어요 (…) 제게 가해지려는 자극들을 실제로 느끼거나 보기도 전에 알 수 있었죠."

장주기 운동은 초반에는 거대한 소용돌이 같았다. 기체가 젖혀지면서 상승하더니 아래로 급격히 더 오래 내던져졌다. 피치는 지금 (추력장치 손잡이를 앞이나 뒤로 아주 조금씩 움직이면서) 이것을 약화하는 방법을 감지하기 시작했다. 이 상태에 대항하는 것은 잘못이었다. 숙련된 기수는 자신의 말이 무엇을 두려워하는지 습득하고, 최대한 이를 인정하고 발전시키려고 노력한다. 이와 유사한 방식으로 항공기가 마치 폭발 전에 설정된 균형속도로 돌아가려는 것처럼 느껴졌다. 위로 치솟으며 올라가는 것은 감속하기 위한 시도였고, 곤두박질치며 속도를 높이는 것은 가속하기 위한 시도였다.

피치는 이 현상을 촉진하면서 장주기 운동의 각 구간을 (하강할 때 가속하고 상승할 때 감속하는 직관에 반하는 행동으로) 더 빨리 끝내게 했다. 이는 상승과 하강 시간이 줄어들었음을 의미했다. 또 장주기 운동이 점점 잦아들었다는 의미이기도 했다. 헤인즈의 격려를 받으며 피치는 수시티에서 알려주는 레이더와 항공기 속도, 방향 정보를 이용해 폭발 이후 처음으로 기체를 좌측으로 기울이는 데 성공했다.

‖ 네 동강 난 비행기에서 185명이 살아남다 ‖

이 좌회전으로, 그리고 장주기 운동이 이제 최소한 아주 조금이라도 제어가 되면서 모든 상황이 변했다. 똑바로 가면 수시티 공항이 나왔다. 생존할 기회가 생겼다. 갑자기 할 일이 훨씬 더 많아졌다. 승객들을 준비시키고, 비상용 장비의 위치를 최종 점검하고, 만일의 사태에 대비해 비상착륙이 가능한 고속도로의 위치를 확인했다. 또 착륙장치를 언제 내리는 것이 가장 좋은지를 결정해야 했는데, 이는 항공기 속도를 어느 정도 떨어뜨리지만 더 불안정하게 만들 수 있기 때문이었다. 활주로를 벗어나 들판에 착륙할 경우 항공기가 뒤집힐 가능성이 거의 백 퍼센트에 가까웠다.

헤인즈는 신속하고 체계적인 방법으로 조종석에 있는 모든 사람의 의견을 끌어냈다. 조종실의 통제권을 가진 사람은 그였지만, 모두가 협력했다. 공항에 접근하면서 조종실 블랙박스에 녹화된 파일에는 여러 목소리가 뒤엉켰다.

헤인즈	공항에 최대한 가깝게 접근해야 해… 통신으로 수시티 공항에 약 4분 뒤면 도착한다고 전해.
수시티 관제탑	유나이티드 232편, 진행 방향을 유지할 수 있는가?
레코즈	가능하다, 조금 전부터 유지되고 있다.
피치	활주로가 보여요… 오른쪽 저기요…
헤인즈	활주로가 시야에 들어왔다. 활주로가 시야에 들어왔다… 잠시 뒤에 보자. 도움에 감사하다.
수시티 관제탑	유나이티드 232편, 어느 활주로든 착륙해도 좋다.
헤인즈	(웃음) 특별해지고 싶어서 런웨이로 만들려는 건가?
드보락(기내방송)	2분 남았습니다.
승무원	(승객들에게 머리를 숙이라고 외친다.)
레코즈	좋아요. 이제 갑니다.
드보락	아주 조금만 좌회전합니다.
수시티 관제탑	유나이티드 232편, 북쪽으로 너무 치우쳤다…
헤인즈(관제탑에)	알았다. (조종실을 향해) 끌어당겨…
알 수 없음	좌측 추력장치, 좌측, 좌측…
알 수 없음	맙소사!

마지막 순간까지 이들은 성공할 수 있을 것처럼 보였다. 항공기와 활주로가 직선을 이루었고, 착륙 후 최대한 속도를 줄일 수 있는 거리를 확보하기 위해 활주로 초입부로 진입을 시도하고 있었다. 그러나

정상보다 훨씬 빠른 시속 435킬로미터로 접근했고, 초당 9미터 이상 비정상적으로 빠르게 하강하면서 더 위험해졌다. (레미콘 트럭이 3층 건물에서 떨어져 지상에 부딪힐 때의 속도다.) 피치가 장주기 운동을 줄이는 데 성공했지만, 완전히는 멈추지 못한 탓도 있었다. 항공기는 여전히 균형을 잡지 못했다.

겨우 수백 미터 상공에서(지상에 도달하기 얼마 전) 장주기 운동이 다시 시작되었다. 기체의 앞부분이 아래로 기울어졌고, 가파르게 우회전을 시작했으며, 우측 날개 끝이 활주로에 부딪혔다. 착륙장치가 단단한 콘크리트 바닥에 부딪히며 바닥을 약 46센티미터 깊이까지 파고들면서 부서졌고, 기체가 네 부분으로 쪼개졌다. 미처 배출하지 못한 약 4.5톤 이상의 연료에 불이 붙었다. 111명이 사망했지만, 조종실과 모든 승무원의 노력 덕분에 185명이 생존했다.

아수라장 속에서 항공기의 조종실은 연필 끝처럼 '똑' 하고 부러져 활주로 너머의 콩밭으로 떨어져 나가 있었다. 의료진과 군인 중 누구도 감히 조종실로 달려가 내부를 들여다볼 엄두를 내지 못했다. 한 의사가 기억을 더듬으며 다음과 같이 말했다. "알루미늄판과 전선이 쌓여 있었는데 형체를 알아볼 수 없었죠."

심하게 일그러진 내부에 사람이 살아 있으리라고 상상하기 힘들었다. 그러나 네 명 모두 살아 있었고, 얼마간 도움을 외친 다음에 구조될 수 있었다. 심한 골절과 깊게 베인 상처가 있었지만 놀랍게도 치료할 수 없을 정도로 심각하지는 않았다. 1년도 되지 않아 이들은 다시 조종간을 잡을 수 있었다.

최악의 상황이 닥쳤을 때 헤인즈는 정상적인 제어가 불가능한 상황에서도 침착하게 유압관에 남은 압력을 확인하고 항공기의 하강을 멈출 방법을 찾는 데 성공했다. 당황하지 않았고, 관련 없는 정보를 배제했으며, 공항에 무엇을 대비해야 하는지 알려주었고, 수시티와의 거리를 계속 확인했으며, (피치를 조종실로 불렀지만 불필요한 다른 수습 조종사는 부르지 않으면서) 능숙하게 자신이 가진 자원을 걸러냈다. 그런 다음에 흔들리는 거대한 항공기가 긴 활주로에 거의 수평으로 접근할 수 있게 조작하면서 비상 탈출을 준비할 시간을 벌어주었다.

항공 역사학자인 브라이언 R. 스워프Bryan R. Swope는 이것은 '항공 역사상 비행 중에 벌어진 긴급상황에서 보여줄 수 있는 가장 모범적인 항공술'이라고 평가했다. 이 특정 비행에서 일어난 현상들은 기이했고, 이번과 같은 유압계통의 손상은 흔치 않았다. 런던올림픽 개막식을 준비했던 보일과 마찬가지로 헤인즈에게 사전에 무엇을 준비해야 하는지 알려줄 수 있는 사람은 아무도 없었다. 그러나 그의 행동에 밴 태도가 하나 있었는데, 보일이 품었던 것과 같은 믿음이었다. 일과 관련된 모두가 온당한 대우를 받을 자격이 있다는 믿음 말이다. 런던 올림픽에서는 이 믿음이 계획을 실행하고 수많은 동료의 의견을 경청하게 했다. 고장난 여객기에서는 유용한 생각을 쏟아낼 수 있게 이끌었다.

보일과 헤인즈 모두 공정한 태도와 물렁물렁한 태도가 다르다는 점을 이해했다. 뒤에서 살펴볼 미국의 야구감독 레오 듀로서Leo Durocher는 '좋은 사람이 꼴찌 한다'는 말로 유명했다. 많은 점에서 그의 말이 맞았다. '그저' 착하기만 해서는 다른 사람들이 밟고 지나갈 것이다.

헤인즈와 데니 보일의 태도를 선불교적 스타일로 표현하자면 '자신을 내려놓고 들어라'이다. 위계를 활용하되 그 속에 숨지 말자. 필요

이상의 위계질서는 당신의 눈을 가릴 것이다.

의료계와 항공계의 사례 둘 다에서 오만하거나 무례한 사람은 경청하는 기술이 형편없었다. 자신의 한계를 인지하는 겸손함을 가진 사람이 더 좋은 결과를 낳았다. 물론 겸손함이 지나쳐도 문제다. 통제권은 계속 쥐고 있어야 한다. 그러나 적절한 수준으로 사려 깊게 행동한다면 통제는 제약이 아닌 이점으로 작용할 것이다. 아집에 빠져 필사적으로 통제하려고만 들면 상황을 제대로 파악하지 못하고 실패의 길을 걷게 된다. 지금까지의 내용을 간략하게 요약하면 '자신을 내려놓고 들어라'와 '아집을 버리고 들어라'이다.

이 모두는 좋은 출발점이다. 단, 공정함이 좋은 결과를 낳기 위해서는 공정하게 행동하는 사람뿐만 아니라 이를 받아들이는 사람에게서도 뒤따라야 할 다른 무언가가 있다. 이를 솜씨 좋게 연결하면 더 큰 일을 해낼 수 있다. 다음 장에서 이야기할 내용이 이에 관한 것이다. 웅장한 건물을 짓거나 가장 위험한 임무를 완수하기 위해 전사들의 사기를 충전하는 데 어떤 기술이 크게 영향을 미쳤는지 살펴보자.

CHAPTER

02

제공하는 사람들

불과 13개월 만에 완공된 뉴욕의 102층 마천루

합당한 대우와 치밀한 관리의 결합

"제군들, 적이 실수하고 있다면 서둘러 개입하지 말고 놔두어라."

‖ "장비는 하나도 가지고 있지 않습니다" ‖

1928년 6월, 미국 캔자스주 기업 출신의 건장한 폴 스타렛Paul Starrett은 멋지게 차려입은 기업가 존 제이컵 라스콥John Jacob Raskob과 뉴욕에서 만났다. 겨우 잡은 미팅이었다. 지루해하는 기색이 역력한 라스콥이 스타렛에게 물었다. 34번가와 5번가가 만나는 장소에 새로운 마천루를 지을 계획을 열렬히 설명한 다른 건설사들보다 어떻게 더 잘할 수 있을지를.

답하기 어려운 질문이었다. 스타렛과 네 형제는 이전에 건설 사업을 진행한 적이 있었지만, 이 정도의 대규모 건물을 짓는 데 필요한 장비는 하나도 가지고 있지 않았다. 스타렛의 아버지는 농부이자 목수였고, 어머니는 교사였다. 스타렛은 철물점 창고와 뉴멕시코에 있는 목장에서 일한 경험이 있었다. 언제나 무뚝뚝하고 거칠었으며, 60대가 된 지금은 우울증으로 고생하고 있었고 이를 인정하는 것을 수치스럽게 여겼다. 애써 사교적으로 굴 필요가 뭐가 있겠는가. 스타렛은 계약을 성사시키기 위해 매우 특이한 행동을 했다.

바로 진실을 말한 것이다.

세상물정에 밝은 뉴욕 시민으로서 뻔뻔함에 익숙한 라스콥은 스타렛을 회의적으로 바라봤다. 장비조차 없는(빠른 속도로 건설 중인 크라이슬러 타워와 경쟁하기 위해서는 수십, 수백 개의 특별한 중장비가 필요했다) 시골뜨기가 어떻게 계약을 따낼 수 있다고 생각하겠는가?

라스콥은 조금 전에 던진 질문을 다시 했다. "얼마나 많은 장비를 보유하고 있죠?"

"망할 것이 한 개도 없어요." 스타렛이 말했다. 그는 잃을 것이 없었다. "곡괭이와 삽조차 없죠."

그러나 이 시골뜨기는 라스콥이 자신을 내보내기 전에 (적어도 훗날 폴 스타렛의 설명에 따르면) 자신이 한 말의 장점을 설명했다. 스타렛은 누구도 이런 어마어마한 일에 필요한 장비를 보유하고 있지 않다고 했다. 스타렛 형제는 굴착기에서부터 현장에 설치할 가마까지 필요한 모든 장비를 구입할 계획이었다. 그리고 건설 프로젝트가 완료되면 장비들을 되팔아 그 돈을 라스콥과 다른 투자자들에게 돌려주겠다고 했다.

"그게 이익이 된다고요?" 라스콥이 되물었다.

스타렛은 확실하다고 답했다. 그리고 다른 건설사는 품질이 떨어지는 중고 장비를 빌려 투자자들을 속이려 한다고 설명했다. 스타렛의 방식대로 하면 건물 완공은 물론 상태가 좋은 장비도 남는다. 라스콥은 (숨을 깊게 들이마셨을까?) 스타렛의 솔직한 제안을 받아들였다.

그가 내린 최고의 결정 중 하나였다. 까다롭지만 솔직한 스타렛이 진실을 이야기하자 놀라운 일이 일어날 여지가 만들어진 것이다.

건물은 예정된 장소에 13개월 만에 지어졌다.

컴퓨터나 AI가 등장하기 전의 일이었다. 당시는 제도사가 T자와 나침반을 이용해 손으로 청사진을 그리고, 속기사가 타자기와 종이에 지시사항을 작성해서 배포하던 시대였다. 13개월은 그저 철골을 세우는 데 걸린 시간이 아니다. 완공까지 걸린 시간이다. 그 자리에 이미 서 있던 거대한 월도프-아스토리아 호텔을 철거하고(그리고 이때 나오는 트럭 수천 대 분량의 돌무더기를 치우고), 설계하고, 건설하고, 새 건물의 마감을 하고, 창문과 바닥 작업을 무려 약 1년만에 모두 끝내면서 뉴욕시를 대표하는 마천루 엠파이어스테이트 빌딩을 탄생시켰다.

스타렛은 어떻게 불가능해 보였던 일을 해낼 수 있었을까? 엠파이어스테이트 빌딩을 짓던 시대의 노동자들은 일반적으로 형편없는 대우를 받았다. 임금이 기껏해야 하루에 7달러였고 오르지도 않았다. 근무시간에 따뜻한 음식을 먹고 싶으면 지상으로 내려와 음식 판매대나 식당을 찾은 다음에 다시 위로 올라가야 했다. 심지어 기중기를 오르내리며 밥을 먹는 데 걸린 시간만큼 임금이 깎였다. 안전사고를 예방하는 지침은 거의 없었고, 수많은 노동자가 기중기에서 떨어져 목숨을 잃었다.

폴 스타렛의 우울증은 의사가 치료할 수 없었다. 스타렛은 자신의 우울함을 '나를 만족시켜주는 활동에서 멀어져 방황하며 불행한 기분'이라고 묘사했다. 그러나 힘없는 사람들이 공정하게 대우받는 것은 스타렛에게 매우 큰 의미가 있었다. 겉으로는 무뚝뚝해 보이던 그가 유일하게 고수하던 신념이었다. 건설 기간 동안은 스타렛의 어두움이 더욱 짙어지지 않을 수 있었다.

라스콥은 스타렛이 전에 몇몇 건물을 완공한 경험이 있다는 사실을 알았지만, 이제야 그가 어떻게 계약을 성사시킬 수 있었는지를 더 자세히 알게 되었다. 이전 건설 프로젝트 중 하나에서 스타렛은 언제나처럼 퉁명스럽게 유명 건축가의 설계에 반대했다. 일반 사무원들이 햇빛을 못 받는 설계였기 때문이다. 다른 프로젝트에서는, 괴팍하기는 하지만 이번에도 역시 사려 깊게 회사의 사환과 잡부들에게 일일이 건축 설계도를 살펴보게 했다. 완공된 건물에서 모든 하급 직원들이 편리하게 작업할 수 있는지를 미리 확인하기 위해서였다.

스타렛과 형제들은 엠파이어스테이트 빌딩 건설에서도 이런 배려를 잊지 않았다. 안전을 위해 (엘리베이터나 화물용 승강기의) 바닥 덮개에 생긴 모든 틈을 찾아내 예방 조치를 하도록 직원들을 배치했다. 바람이 너무 많이 불어서 작업할 수 없는 날에도 하루 일당을 전부 지급했다.

그리고 스타렛은 현장의 모든 노동자에게 기본임금의 두 배 이상인 일당 15달러를 주고, 건물이 올라갈 때마다 층마다 보조금을 받는 양질의 식당을 마련할 계획이었다.

라스콥이 냉혈한은 아니었으나 스타렛의 행동을 이해하지 못했다. 라스콥은 1920년대 미국에서 성공을 거둔 사람이었다. 사업을 할 때 필요 이상의 비용을 지불하지 않는 것이 상식이었다. 스타렛의 계획이 (존중하는 태도는 고마움으로 보답받는다는 생각이) 실제로 효과가 있었을까?

스타렛과 형제들은 경제학자들이 '효율임금'시장균형 임금보다 높은 수준의 임금을 지급하면 생산성을 높일 수 있다고 보는 이론의 임금-옮긴이이라고 부르는 임금을 제공할 계획이었다. 임금을 더 주고 잘 대우해주면 더 능력 있고 의욕적인 직원을 얻을 수 있다. 진보적 성향의 경영대학원에는 이런 사례 연구가 넘쳐난다. 그러나 우리는 우주에 다수의 선진 문명이 존재할 가능성이 있다는 설명을 들었을 때 물리학자 엔리코 페르미Enrico Fermi가 한 말을 떠올려볼 수 있다. "그렇다면 왜 아무도 안 보이는 거죠?" 진보적인 회사 운영 방식이 효과적이라면 왜 모든 조직이 그것을 채택하지 않을까?

그 이유는 고마운 마음을 갖게 하는 것이 성공을 향한 유일한 방법은 아니기 때문이다.

‖ 이스턴 항공의 몰락 ‖

한편 라스콥은 엠파이어스테이트 빌딩 공사가 한창 진행 중일 때 이스턴 항공Eastern Air Travel이라는 규모가 작은 지역 항공사에도 투자했다. 이 회사의 초대 CEO이자 제1차 세계대전에 참전했던 유명한 조종사 에디 리켄배커Eddie Rickenbacker는 스타렛과 기질이 비슷했다. 수시로 불평과 욕설을 하다 보니 사려 깊은 면이 가려지기 일쑤였다. 리켄배커는 정비공들에게 (업계 최초로) 주 40시간 근무를 보장했고, (역시 최초로) 임금을 회사 수익과 연관시키고, 연금제도를 도입했다. 1973년에 그가 사망했을 때는 이처럼 직원을 배려한 정책으로 이스턴 항공은 미국에서 세 번째로 큰 항공사로 성장해 있었다.

그러나 1986년에 프랭크 로렌조Frank Lorenzo가 책임자가 되고 난 뒤부터 사정이 바뀌었다. 그는 스타렛과 달리 불공정이 낳는 모든 상황을 만들어냈다.(더 많은 최근 사례를 놔두고 이 사례를 선택한 까닭은 시간이 지난 지금 무슨 일이 있었는지가 너무나 명확하기 때문이다.)

로렌조는 중산층 가정에서 성장했다. 아버지는 술집을 운영했다. 이들이 살던 집은 실제로 이스턴 항공사의 여객기가 매일 날아다니는 뉴욕 라구아디아 공항의 항공기 착륙 진입로 아래에 있었다. 그러나 리켄배커가 비행에 매료되었다면(그는 다음과 같이 적었다. '하늘을 올려다보고 흰 구름 사이에서 태양이 밝게 빛나는 모습을 볼 때 나는 저 위로 올라가면 어떤 기분일지 생각했다 (…) 발아래의 지구를 내려다보는 기분을.'), 로렌조는 이런 풍경에 진력나 있었다. 대신 돈에 마음이 쏠렸다. 돈은 많을수록 좋았다. 이 같은 생각을 가진 사람들이 많지만, 그에게는 돈을 손에 넣는 그만의 방식이 있었다.

로렌조는 (무뚝뚝하고 거친 성격의 스타렛이나 리켄베커와는 다르게) 미남에다 편안한 인상을 주었다. 이런 겉모습에 사람들은 로렌조를 배려심 많고, 정직하며, 정중한 사람이라고 여겼다. 그러나 실제 본성은 주기보다 앗아가는 쪽이었다.

제일 먼저 이스턴 항공 직원들의 봉급을 앗아가기 시작했다. 항공사 정비공과 지상 근무 직원들부터 임금을 삭감했다. 그런 다음에 회사 자산을 쪼개기 시작했다. 먼저 랜딩슬롯landing slot: 공항에서 특정 시간에 항공기를 이착륙시킬 수 있게 승인해준 권리-옮긴이을 팔았고, 그다음에 항공기, 마지막으로 바로 앞의 전임자가 개발했던, 업계를 선도하던 예약 시스템을 처분했다.

그가 이렇게 해서 얻은 이익을 새 항공기나 새로운 항로를 구입하는 데 사용했다면 상황이 그렇게 나빠지지는 않았을 것이다. 항공업계는 힘든 분야다. 사우스웨스트 항공 창립자인 허브 켈러허Herb Kelleher는 "라이트 형제가 오늘날 살아 있다면, 형 윌버는 비용을 줄이기 위해 동생 오빌을 해고해야 했을 것이다"라고 말했을 정도다. 그러나 로렌조는 조금도 건설적인 방향으로 나아가지 않았다. 오히려 그는 지주회사를 차린 다음에 회사 자산을 처분해 얻은 수입의 상당 부분을 이곳으로 보냈다. 그는 자신이 큰 영향력을 행사하는 회사에 예약 시스템을 낮은 가격으로 매도하고는 이스턴 항공으로부터 이 시스템의 사용료를 받아 거의 5억 달러의 이득을 보았다.

로렌조는 자신의 행위가 탄로 나면 어떤 심판을 받을지 알았다. 마키아벨리가 말했듯이, 교활한 행동에 능숙한 사람은 (…) 자신의 교활함을 은폐하는 방법을, 즉 한 가지 행동을 가장하고 또 다른 행동을 감추는 방법을 알아야 한다. 이스턴 항공은 서비스의 질이 하락하고, 항공기 수리 시간이 줄었다. 연방항공청 조사에 따르면, 정비율은 미국 주요 항공사 중 꼴찌였다. 이런 사실을 감추기 위해 로렌조는 계속해서 공식 인터뷰를 통해 계속해서 진심으로 자신의 회사를 우려하는 모습을 보여주었다.

로렌조의 실제 계획은 이스턴 항공의 직원들이 분개해서 파업에 돌입하게 하는 것이었다. 회사가 파산해도 그는 당시 로널드 레이건 대통령이 통과시킨 새로운 법률을 적용해 퇴직금 없이 전 직원을 해고하고, 더 낮은 봉급으로 새 직원을 고용해 다시 시작할 수 있었다. 심지어 직원들이 모아온 연금을 지급하라는 '이전' 회사와의 합의를 깨트릴 수도 있었다.

안타깝게도 로렌조는 아첨꾼들에 둘러싸여 있었고, 이들 중 누구도 연방법과 사내 분위기가 어떻게 변하고 있는지를 제대로 인식하지 못했거나, 그에게 경고할 만큼 용감하지 않았다.

로렌조는 자신의 계획을 성공시키기 위해 조종사들을 계속 근무하게 하면서 지상 근무직원과 정비공, 기계기술자조합을 자극할 필요가 있었다. 이렇게 하면 항공사는 파산 보호 조치가 완전히 시행되기 전 짧은 기간 동안에도 계속 돈을 벌 수 있었다.

로렌조는 조종사들을 자기편으로 만들기 위해 동영상 메시지를 보내기로 했다(인터넷상에서 음악이나 동영상을 실시간으로 재생하는 스트리밍 기술이 발달하기 전이었다). 휴스턴 자택의 소파에 앉아 있는 동영상 속 그의 모습은 친근감을 주고, 신뢰할 만한 사람처럼 보였다. 그는 (그의 말에 따르면) 기계기술자조합이 어떤 이유로든 파업을 단행해 회사가 파산할 경우, 이스턴 항공은 법원에 조정을 신청하거나 조종사의 임금을 깎지 않겠다는 합의서를 들어 보였다. 그런 다음에 카메라 앞에서 합의서에 진지하게 서명했다.

동영상 이야기가 퍼져나가면서 기계기술자조합의 변호사들은 자신들에게 굴러들어온 운에 깜짝 놀라며 기뻐했다. 로렌조는 조종사들을 오도하고 있었다. 당시의 법에 따르면, 파산 선고는 이전의 모든 보장을 무효로 했다. 기계기술자조합의 변호사들은 이 말을 퍼트렸다. 로렌조는 겉모습과 다르게 친절하거나 신뢰할 수 있는 사람이 아니었다. 합의서가 아무짝에도 쓸모없음을 알면서도 조종사들이 합의서에

서명하기를 원했다.

동영상을 내보내고 며칠 뒤에 기계기술자들이 파업을 시작했을 때 이스턴 항공의 (거의 모두가 보수적인 공화당 지지자인) 조종사들은 이들과 행동을 같이했고 이후 승무원들도 합류했다.

이때가 1989년이었다. 직원들이 로렌조에게 맞서 단결하면서 파업은 3월에서 4월로, 다시 5월로 이어졌다. 그리고 가장 높은 수익을 올릴 수 있는 계절인 여름이 시작되자 로렌조는 안절부절못했다. 이런 속도라면 파업하는 동안 그의 수입이 곤두박질칠 것이었다.

로렌조는 사람들이 속는 것을 얼마나 싫어하는지 몰랐다. 분노는 고마움의 뒷면으로 그만큼 강력한 힘을 지녔다. 이것이 사기꾼들이 자신이 하는 일을 숨기는 솜씨가 좋아야 하는 이유다. 2008년 금융위기 때 처벌받지 않고 빠져나간 은행가들이 전 세계인의 공분을 산 적이 있다. 청 왕조 때 받은 서구의 괴롭힘에 대한 중국의 분노는 한 세기가 지난 지금도 사라질 기미가 보이지 않는다.

이스턴 항공의 파업이 있기 불과 몇 년 전인 레이건 행정부 시기에는 조종사와 기계기술자, 승무원들의 분노가 중요하지 않았을 것이다. 법이 여전히 로렌조를 지켜주었고 그의 속임수가 통했을 것이다. 그러나 레이건의 후임인 조지 H. W. 부시 대통령은 파업 중인 직원들에게 도움이 되는 새로운 법률을 제정했다. 파업이 시작되고 거의 반년이 지나 마침내 로렌조의 바람대로 항공사가 파산했을 때 그가 챙길 돈은 남아 있지 않았다.

이 모든 과정에서 완전히 다른 방향으로 접근할 수도 있었다. 로렌조가 이스턴 항공을 파괴하고 있을 때 다른 항공사는 직원들과 싸우지 않고 로렌조의 전임자(유명한 우주비행사였던 프랭크 보먼Frank Borman)가 이미 시작했던 예약 시스템의 혁신과 더 나은 항로 개척, 향상된 고객 서비스를 통해서 기록적인 수익을 달성하고 있었다. 아첨꾼들에 둘러싸여 하늘 높은 줄 모르던 로렌조는 이를 완전히 놓쳤다.

결국 쓰러진 사람을 발로 차는 위대한 전통에 따라 마이클 밀켄Michael Milken이 로렌조에게 반대하고 나섰다. 그는 정크본드junk bond: 수익률이 아주 높지만, 위험률도 큰 채권-옮긴이의 왕으로 나중에 사기죄로 감옥에 간 인물이다. 마르크스주의와는 일반적으로 거리가 있는 《월스트리트 저널》마저 로렌조가 항공사를 지나치게 많이 짜내 자기 잇속을 챙겼다고 주장했다. 심지어 미국의 우파 정치인 뉴트 깅리치Newt Gingrich마저도 로렌조를 맹비난했다(이를 보면 로렌조에게 연민을 느낄지도 모르겠다).

최후의 발악으로 로렌조는 주요 투자자들을 속이려고 했고, 결국 이스턴 항공은 분해되었다. 이후 스칸디나비아 회사가 로렌조가 어떤 식으로든 경영에 관여할 수 없다는 조건을 명시하며 가장 큰 부분을 매수했다. 로렌조는 미국 산업계에 다시는 발을 붙이지 못했다. 곳곳에서 외면당하고 절망적으로 일자리를 찾는 신세로 전락했다.

‖ 신뢰가 형성되자 아이디어가 쏟아져 나오다 ‖

1930년 뉴욕으로 되돌아가보자. 엠파이어스테이트 빌딩 건설자 폴 스타렛이 로렌조와 정반대 방향으로만 갔다면, 즉 그가 모두에게 순진하고 너그럽게만 대했다면 그도 실패했을 것이다. 그러나 스타렛은 뉴욕 건설업계에서 다년간 살아남았고, 인간본성의 선함에 대한 믿음을 깨부수는 숱한 일들을 겪어왔다. 그가 건설 프로젝트를 시작하면서 적용한 원칙은 '제공하되 감독하라'로 요약할 수 있다.

건설 현장은 사기를 치기 좋은 곳이다. 예를 들면 공사 감독은 건설 노동자 100명에 대한 청구서를 보내놓고 94명만 공급할 수 있다. 노동자들은 도구를 태연하게 빌리고는 절대 돌려주지 않았다. 그리고 뉴욕 전역의 납품업자들은 벽돌과 볼트, 유리, 그리고 인간이 아는 거의 모든 부품에 들어가는 원가를 절약하는 전문가다. 엠파이어스테이트 빌딩 건설의 구매 문서 원본을 보면 이 사실을 알 수 있다.

라스콥이 만난 마지막 건설업자가 스타렛이었다는 점은 기회로 작용했다. 스타렛은 입찰에 참여한 건설사들이 계략을 꾸밀 것임을 알았다. 그의 친구이자 기획 위원회 소속인 로버트 C. 브라운Robert C. Brown이 다른 건설사들이 장비 부족을 약점으로 강조할 것이라고 알려주었을 때 그는 자신의 인터뷰 순번이 마지막이 되게 해달라고 부탁했다. 논박하기에 가장 이상적인 순서였다.

일단 공사가 시작되면 모든 속임수를 차단하기 위해 도와줄 사람이 필요하다. 스타렛은 캐나다인 기술자 존 바우저John Bowser를 고용했다. 그는 바우저를 건축을 숭고하게 생각하는 낭만적인 인물로 기억했다. 심지어 바우저는 먼 훗날 자신의 묘에 엠파이어스테이트 빌딩 모양의 석회석 묘비를 세우는 꿈이 있었다. 그러나 열한 살에 집을 떠나 세상을 떠돌며 건설 현장을 전전했기에 모든 종류의 속임수에 통달한 인물이기도 했다. 이 당시의 자료를 보면 바우저는 '요령과 무한한 인내심'은 물론, 기록 담당자의 섬세한 표현대로 '단호한 성격'이 결합한 인물이었다.

이러한 요소들은 복잡하고 새로운 프로젝트에서 너그러움이 효과를 발휘하는 데 필요하다. 노동조합이 고용한 노동자 수를 정직하게 보고하도록 바우저는 직원을 고용해 공사 현장의 노동자를 오전에 두 번, 오후에 두 번 직접 방문하게 했다. 이는 말처럼 쉬운 일이 아니었다. 많은 노동자가 지상에서 약 300미터 높이의 철골 위에서 하루를 보냈기 때문이다. 그러나 바우저의 기록을 보면 그의 태도가 단호했음을 알 수 있다. '이 방법이 공사 감독에게서 앗아간 것은 가짜 장부 작성의 유혹이었다.'

또 그는 재고 관리를 위해 장비가 제자리에 있는지 건물 위로 올라가 확인하는 회계 부서를 만들었다.

컴퓨터가 없던 시대에 모두 까다롭고 실험적인 작업이었다. 모든 지시사항을 손으로 작성한 다음에 타자기로 치고, 문서를 철해 정리해야 했다. 필요한 물품이 모노레일과 전차, 증기선으로 끊임없이 공급되었다. 세부 사항이 매우 중요했다. 분류하기 어려운 창문 테두리 장식용 크롬-니켈과, 수직 칸막이용 크롬-니켈을 구별해야 했고, 대리석 조각이 든 (1만 4990개가 아닌) 1만 5000개의 포대 개수를 센 다음에 (중복해서 세지 않게) 표시해야 했다. 이 밖에도 처리해야 할 작업이 많았다.

만만하게 굴어서는 안 되었다. 철저한 조사를 통해 노동자들이 공정하게 행동한다는 확신이 있어야만 지속적으로 노동자들에게 공정할 수 있었고, 원하는 것을 줄 수 있었다. 노동자들이 바우저에게 모욕감을 느끼지 않으면서도 속임수는 사전에 차단해야 했다. 스타렛은 이런 문제를 적절하게 처리했다.

그가 초반에 한 모든 약속이 지켜졌다. 건물이 올라갈 때마다 보조금을 받는 식당이 각 층에 만들어졌다. 노동자들은 이곳에서 점심으로 따뜻한 양배추절임과 스튜, 탄산음료, '무알코올' 맥주(금주법에 따라 술 판매는 불법이었다)를 사서 현장에서 먹었고, 때때로 맨해튼 거리에서 높이 떠 있는 들보 위에서 먹기도 했다.

보일이 올림픽 개막식을 준비할 때와 마찬가지로 창의적인 생각이 쏟아져 나왔다. 노동자들은 벽돌을 외바퀴 손수레에 담아 흔들거리는 널빤지를 따라 힘들게 미는 이전의 방식 대신에 철로를 깔아 현장으로 나르는 방식을 제안했다. 이로 인해 8시간마다 많게는 10만 개의 벽돌을 나르면서 공사 속도를 크게 끌어올릴 수 있었다. 전기기사들은 물건이 도착했음을 알리는 방법을 일반적인 종 당김줄 대신에 유선 신호 시스템으로 바꾸자는 의견을 내놓았다.

엠파이어스테이트 빌딩에는 이 밖의 획기적인 생각의 흔적이 여전히 남아 있다. 보통은 이런 대형 구조물의 외장으로 사용할 거대한 바위의 모서리를 다듬기 위해 숙련된 공예가들을 고용했는데, 다듬어지지 않은 상태의 돌을 그대로 채석장에서 가져와서 접합부에 얇은 금속판을 대고 볼트를 깊이 박아 이으면 시간을 절약할 수 있다는 의견이 있었다. 건설 인부들이 이 작업을 완벽하게 해냈고, 그 결과 회색 석회석 가장자리에 반짝이는 가늘고 긴 스테인리스 조각이 튀어나온, 유명한 아르데코 양식의 건물 앞면이 완성됐다.

스타렛과 바우저는 자신들이 나누어준 것보다 훨씬 더 많이 되돌려 받았다. 이것이 고마움이 가진 마법이었다. 이 건설 프로젝트의 많은 하도급 업체들도 서로를 신뢰할 수 있음을 알게 되었고, 목표를 조기 달성할 수 있는 강한 토대가 마련됐다. 이 정도 규모의 건설 프로젝트에서는 최초에 속했다. 제철소는 철골구조용 H빔을 언제까지 준비해야 하는지 정확히 알았다. 마찬가지로 엘리베이터 전선 공급업체와 바닥에 필요한 시멘트 생산업체, 구조공학자와 기계공학자, 수백 명의 다른 관련자들이 자신들이 해야 하는 일을 믿고 할 수 있었다.

이런 공사 현장에서 일반적이던 노동자들의 높은 이직률이 낮아지면서 스타렛은 신규 노동자에 대한 재훈련 비용도 절약했다. 노동자들은 높은 임금과 좋은 대우 받기를 그만두고 싶어 하지 않았다.

스타렛은 여전히 거의 미소를 짓지 않았고, 자신의 결정을 무뚝뚝하게 내뱉었다. 그러나 이것은 문제가 되지 않았다. 누군가를 존경하기 위해 그 사람을 좋아할 필요는 없다. 우리를 공정하게 대하고, 자신의 능력을 보여준다면 그것만으로 충분하다. 누구나 '공정함'이라는 단어에 담긴 의미를 이해한다. 사람들을 다그칠 때도 지나쳐서는 안 되는 적절한 수준이 존재한다. 스타렛은 공정하게 행동할 것을 (많은 사람이 그렇듯이) 고귀한 목표로 삼았을 뿐 아니라, 여기서 더 나아가 실제 행동으로 선택할 만큼 품위가 있었다. 잘생기고 편안한 인상의 로렌조는 겉으로는 더 친절했지만, 그가 위선자임을 깨닫자 사람들은 그에게서 등을 돌렸다. 오히려 까다롭고 퉁명스러운 스타렛의 주변에는 많은 사람들이 오래 남았다.

강 건너 뉴저지에서 훨씬 적은 임금을 받으며 엠파이어스테이트 빌딩과 비슷한 건물을 짓던 철공들이 파업을 단행했을 때 스타렛의 노동자들은 합류할 이유가 없었다. 스타렛과 형제들은 더 이상 미국 산업계에서 외면당하거나 쓸쓸히 일자리를 찾지 않아도 되었다. 오히려 이들은 미국에서 선도적인 건설업자가 되었다.

‖ 실리콘밸리 혁신의 밑바탕 ‖

고대의 유대교 랍비 힐렐Hillel이 2000년 전에 쓴 글에서 이 모든 것에 대한 통찰을 얻을 수 있다. 힐렐은 본질적으로 연관된 질문 두 개를 던졌다. "내가 나를 위해 존재하지 않는다면, 누가 나를 위해 존재하는가? 또 내가 나만을 위해 존재한다면 나는 무엇인가?"

두 질문에는 어느 한쪽으로 치우치는 것이 옳지 않다는 의미가 담겨 있다. 우리는 자신을 옹호할 필요가 있다. 그러지 않으면 이 거친 세상에서 망가질 것이다. 그러나 이렇게만 한다면, 즉 자신만을 위해 존재한다면 우리는 어떤 사람인 걸까? 스타렛 형제는 중간 지점을 선택했고, 존중과 배려로써 상대의 속임수를 방지하는 일이 매우 중요하다는 사실을 알았다.

이는 20세기에 마천루를 건설한 일뿐만 아니라 더 광범위하게 적용될 수 있다.

오늘날 '신뢰'를 유지해야 하는 인터넷 사이트는 이런 원칙들에 열심히 공을 들이고 있다. 세부 사항만이 바뀌었을 뿐이다. 이베이에는 직원 간에 점수 매기기와 이 점수를 조작하지 못하게 막는 다른 통제 방법들이 있다. 위키피디아에도 검수자 집단에 적용하는 유사한 메커니즘이 존재한다. 뿐만 아니라 조작된 내용을 새로 작성하기보다 이

전으로 복원해주는 되돌리기 버튼 같은 기술이 있어 관리가 더 용이하다. 두 회사 모두에서 속임수로 이득을 보지 못하게 무대 뒤에서 엄청난 관료주의적 절차가 작동한다(한마디로 가차 없는 존 바우저의 인터넷 버전이다). 웹사이트 관리자들도 이들처럼 하려고 노력하고 있다.

실리콘밸리가 혁신의 아이콘이 될 수 있었던 이유는 이런 메커니즘을 광범위하게 운영했기 때문이다. 소프트웨어 기술자와 기업인들은 그들 업계에 모두가 (적어도 대부분이) 따라야 하는 합리적인 원칙들이 존재한다는 사실을 안다. 다시 말해, 약속이 지켜지지 않았을 때 자신을 보호하기 위해 개인이 시간을 낭비하지 않아도 된다는 의미다.

다른 방식으로 분노가 쌓이기도 한다. 소련의 붉은 군대Red Army가 1980년대 후반에 동유럽에서 철수했을 때 거의 반세기 동안 지속되었던 소련에 대한 동유럽 국가의 충성심이 눈 깜짝할 사이에 사라졌다. 소련은 아무것도 제공하지 않았고, 그래서 돌려받을 것도 없었다. 폴 스타렛은 달랐고, 공사 현장에서 고마움이 낳은 에너지로 보상받았다.

어떻게 그녀는 원주민 부족의 마음을 움직였을까

도움이 아닌 힘을 제공하라

"우리가 어떻게 당신을 저버릴 수 있겠어요?"

‖ 퇴각하던 군대를 도운 젊은 여성 ‖

1942년 여름, 영국의 윌리엄 슬림William Slim 장군은 인생 최악의 시간을 보내고 있었다. 일본군이 슬림의 군대가 주둔하고 있던 미얀마를 급습하면서 수천 명의 영국과 인도 병사들이 목숨을 잃었고, 살아남은 자들은 불명예를 안고 퇴각해야 했다. 이들은 친드윈강을 건너기 위해 미얀마의 국경까지 죽을힘을 다해 도망쳤다. 슬림은 일본군의 맹공으로부터 병사들을 지키고, 이들을 뒤따르는 피난민 중 일부라도 구하려고 서둘렀다. 우기가 시작되기 전에 강에 도착하지 못하면 죽음을 피하지 못할 것이 분명했다.

인도의 언덕 마을 임팔에 가까스로 도착했을 때 슬림의 군대는 수개월 전 퇴각하기 시작했을 때보다 소수만이 살아남은 상태였다. 그는 "전략상 우리는 완전히 압도당했습니다"라며 당시의 패배를 인정했다. 일본군에 대한 믿을 만한 정보가 거의 없었고, 언제 어디서 공격해올지 알 수 없었다. 제2차 세계대전 중 프랑스 덩케르크에서 철수작전을 지휘했던 지휘관들처럼 슬림도 모든 중장비를 뒤에 남기고 떠날 수밖에 없었다.

슬림이 이끄는 병사 대부분이 말라리아와 밀림에서 생긴 상처로 고통받고 있었다. 쾌적한 숙소가 절실했지만 임팔의 영국 장교들은 슬림의 병사들을 겁쟁이 패배자로 취급했다. 병사들은 폭우가 쏟아지고 주변이 온통 진흙탕인 곳에 세워진 막사에서 부대끼며 생활해야 했다.

이후 2년간 슬림은 자신의 부대를 탈바꿈시키고 미얀마로 다시 공격해 들어가기 위해 단련했다. 그러나 1944년 초 일본군이 선제공격을 가하면서 그를 다시 당황스럽게 만들었다. 일본군이 미얀마에서 인도로 가는 주요 도로로 진격하기 위해 친드윈강을 건넌 것이다.

얼마 후 코히마 인근의 거대한 군수품 창고와 임팔의 주요 분기점이 적의 손에 넘어갈 위험에 처했다. 이곳을 빼앗긴다면 인도 전역이 위협을 받았다. 미국은 슬림의 주둔지역을 통해 반일 저항군을 지원하는 중국에 군수물자를 공수보급하려 했다. 중국 저항군이 없다면 일본은 태평양에서 미국에 대항하는 더 많은 병력을 얻게 될 것이었다.

슬림의 본부로 메시지가 전달되었다.

"적군을 저지하기 위해 소총과 탄약을 최대한 빨리 보내주기 바람."

이 군사 물자가 '바우어 양'에게 보급된다는 소식을 들은 한 장교는 이를 재밌는 농담쯤으로 여겼다. "하하, 정말 웃기네요. 누가 이런 장난을 꾸민 거죠?" '그레이엄 바우어'라는 성을 쓰는 런던 출신 젊은 상류층 여성이 예전에 이 지역을 여행하지 않았던가?

부대에 오래 있었던 다른 장교들이 그에게 입을 다물라고 말했다. '바우어 양(나가 힐스에서는 간편하게 바우어로 불렸다)'은 뛰어난 전투 요원 중 한 명이었으며, 현재 적의 전선 후방에서 작전을 수행 중이었다. 바우어는 나가 힐스Naga hills에서 메시지를 보냈다. 그곳은 얼마 전까지 인간 사냥꾼들이 돌아다녔던 수풀이 빽빽하게 우거진 밀림으로, 일본군 침입로가 될 가능성이 높았다.

어떻게 (실제로 런던 사교계에 데뷔했던) 젊은 여성이 홀로 이런 환경에서 살아남아 이들을 도울 수 있었을까? 그녀의 이야기는 심오한 방식의 제공하기 기술이 얼마나 많은 것을 만들어낼 수 있는지, 그리고 그 기술을 체득하기까지 어떤 내적 변화를 겪어야 했는지를 보여준다.

‖ 자신이 속할 세계를 선택하다 ‖

어설라 바이올렛 그레이엄 바우어Ursula Violet Graham Bower는 1914년 잉글랜드 해안가 마을 하리치의 부유한 부모 밑에서 태어났다. 아버지는 영국 해군 사령관이었다. 그는 딸과 함께 하이킹을 즐겼고, 어설라에게 사격술을 가르쳐주었다. 어설라는 소총과 엽총, 자동 권총 등 아버지가 구할 수 있는 모든 총기 다루는 법을 배웠다.

한편 어머니는 여자아이를 양육하는 방식에 대해 남편과 관점이 달랐다. 바우어가 어머니를 떠올리며 말했다. "어머니는 사교계에 데뷔하는 매우 매력적인 딸을 원했죠. 그녀 세대에서는 이런 것을 바랐어요. 춤을 추고 테니스를 치고 (…) 뭐 그런 거요. 그러나 그녀가 얻은 딸은 나였죠."

사교계에 어울리지 못하는 딸은 수치였기 때문에 그레이엄 바우어 부인은 (상류층에서 흔히 그렇듯이) 자녀 양육을 거의 유모의 손에 맡겼고, 또 편리하게 멀리 사는 할머니에게 딸을 보내기도 했다.

기숙학교는 부모에게는 자유를 주고, 자녀에게는 사회활동의 기회를 제공해 양측에 도움이 되었다. 영국 소녀들을 위한 명문 기숙학교인 로딘학교에 입학한 어설라는 학교에서도 어머니를 실망시켰다. 배우는 걸 즐겨 16세에 라틴어 과목에서 1등을 했고, 영어와 프랑스어, 역사 과목에서도 높은 점수를 받았다. 어설라는 대학에 가고 싶었고, 학교에서는 옥스퍼드대학도 가능할지 모른다고 했다. 그러나 어머니는 이를 터무니없어했다. 어설라가 말했다. "어머니는 내가 직업을 가지길 원하지 않기 때문에 나에게 돈을 쓰는 것은 좋은 생각이 아니라고 했어요. 물론 이는 진실이 아니죠." 어설라는 자신이 아닌 남자 형제가 대학에 가게 될 것이라고 들었다. "크게 항의하지 않았지만 모든 게 절망스러웠어요. 그저 젖은 우산처럼 우울했죠."

집으로 돌아왔지만 상황은 나아지지 않았다. 어머니는 강제로 런던의 사교계 데뷔 파티에 여기저기 데리고 다녔다. 사교계의 여성들은 연약하고 호리호리해야 했는데 아버지와 하이킹을 즐긴 그레이엄 바우어는 그렇지 못했다. 날씬하지 않은 몸매를 옷으로 가려보려고 노력했지만 어머니의 도움 없이는 불가능했다. 어머니는 딸이 갈수록 더 못마땅했다. 하루는 자신이 생각하기에 그럭저럭 괜찮아 보이는 옷을 입고 계단을 내려오는 바우어에게 어머니가 소리쳤다. "옷이 그게 뭐니?!" 어설라는 자신과 어울리지 않는 세상에서 완벽해야 한다는 끝없는 압박을 받았다.

그녀가 무엇을 할 수 있었을까? 가족이 대학에 갈 자금은 주지 않았지만, 자동차를 살 돈은 충분했다. 그녀는 고급 스포츠카 애스턴마틴을 구매해 아마추어 경주 대회에 참가하고, 기계학을 배워 직접 자동차를 수리해 모두를 놀라게 했다.

아버지는 정말 멋지다고 생각했지만, 바우어는 이것이 오래가지 않을 것임을 알았다. 부유한 백인 남편을 만나기를 바라며 어머니가 그녀를 인도로 보내기로 했을 때 체념하듯 동의했다.

바우어는 1937년 8월에 임팔의 산간 피서지에 도착했다. 이 지역의 영국 여성들은 새로 온 부유한 집안의 여성이 자신들과 어울리기를 간절히 바랐지만, 그녀에겐 이들의 삶이 말도 못 하게 지루해 보였다. 여성들은 딱히 하는 일 없이 빈둥거리거나, 골프장에서 모임을 하거나, 일주일에 두 번 폴로 경기를 관전하며 시간을 보냈다. 몇몇 남성들은 좀 더 모험적인 오리 사냥을 했는데, 이들은 누가 바우어와 결혼하게 될지를 두고 떠들뿐 그녀가 명사수라는 사실에는 관심이 없었다. 그녀를 자신들의 취미활동에 초대하는 일도 일어나지 않았다.

이곳 생활이라고 해서 런던보다 더 나은 점은 없었다. 이토록 먼 곳까지 왔는데, 뭔가 흥미로운 일들이 더 있어야 했다.

임팔 인근에 나가 힐스라는 지역이 있었다. '티베트에서부터 뻗어 나온' 산줄기들이 낮은 고도에서 울창한 밀림을 이루었다. 바우어는 나가 힐스로 어색한 첫 탐험을 떠났고, 유럽인들과 함께 이동하는 가운데 무언가 예상하지 못한 일을 경험했다. "산마루에 올라 풍경을 바라보다가 갑자기 발걸음을 멈추었어요." 계곡에 깔린 안개가 햇빛을 받자 불규칙적으로 피어올랐다. "발밑으로 처음 본, 숲이 우거진 언덕들 너머로 산줄기와 산마루가 끝없이 펼쳐졌고 저 멀리 하늘 속으로 녹아 들어갈 때까지 이어졌어요."

"이 광경은 나를 강하게 끌어당겼어요. 육체를 초월해 이 세상의 것이 아닌 힘으로 말이에요."

나가 부족민들은 외부인들을 매우 경계해 대화를 나누기 어려웠다. 영국은 불과 두 세대 전에 이들의 땅을 정복했다. 식민지 관료들은 원주민들에게 '공짜' 곡물을 제공하고는 나중에 총을 겨누며 과도한 이자와 함께 갚으라고 요구했다. 이런 일이 수년간 지속되면서 마을 전체가 궁핍해졌다.

임팔로 돌아온 바우어는 '멍하고 피곤하고 어리둥절했으며 자신에게 무슨 일이 일어난 것인지 이해가 가지 않았다.' 유럽인들은 그녀에게 일상적인 사교활동을 기대했지만, 그럴 수 없었다. 바우어는 스물세 살이었다. 몇 주가 지나면서 그녀는 '아직은 나가 힐스로 떠나지 않았지만, 이미 자신이 속한 세계에서 스스로가 분리되었음'을 느꼈다.

우리는 삶을 의미 있게 만들기 위해 무엇을 할까?

이 질문은 바우어에게 일어난 변화의 핵심이자, '통과의례rites of passage'라는 표현을 만든 인류학자 아르놀드 방주네프Arnold Van-Gennep가 흥미를 느낀 주제였다. 그는 사람들이 변화를 경험할 때 일반적으로 3단계를 거친다는 것을 발견했다.

먼저 사람들은 이전에 자신들이 알던 세상과 분리된다. 그런 다음 정의되지 않은 막연한 세계로 들어간다. 시간이 사라진 것처럼 느끼는 불확실한 중간적 상태다. 그러고 나서야 세 번째 단계에서 시간 초월 구역을 떠나 세상과 다시 연결된다. 분리-전이-통합의 세 단계를 모두 거치고 나면 마침내 변화한다.

바우어는 영국을 떠나면서 첫 단계를 완료했다. 멀리 떨어진 인도와 미얀마의 국경 지대에서 시작한 삶이 변화의 두 번째 단계였다. 모두가 그녀에게 바랐던 세 번째 단계는 결혼해서 아이를 낳고 안정을 찾는 것이었다. 그러나 그녀 자신에게는 그것으로 충분하지 않았다. 최소한 아직은 아니었다.

대신에 어떤 삶을 살아야 할까?

첫 탐험 후로 깊이 생각해볼 시간이 없었다. 가족의 성화로 본국에 돌아가야 했기 때문이다. 전처럼 자동차 경주에 참여하고 카페에 앉아 사교 모임을 갖던 삶으로 돌아가려 애썼다. 그러나 불가능했다. "나는 돌아가야만 했어요." 케임브리지대학과 (그녀가 여전히 열망했던) 옥스퍼드대학 교수들과 함께 나가 지역에 사는 사람들을 연구하는 계획을 세웠고, 다시 배를 타고 인도로 갔다.

나가 힐스에서의 두 번째 탐험은 쉽지 않았다. 임팔의 유럽인들은 그녀를 조롱하기 시작했다. "많은 사람이 혀를 차면서 3일 뒤에 실신 상태로 집으로 돌아갈 거라 장담 했죠." 그러나 몇 주가 지나고 몇 달이 흘렀다. '대나무와 코끼리풀, 나무가 자라는 푸른 밀림' 속에서 바우어는 변화하기 시작했다. 처음에는 바우어가 식민 당국을 대표했기 때문에 나가족과 가까워지지 못했다. "(나가) 부족과 영국 정부 사이에 오해와 공포, 의심, 불신의 벽이 있었습니다." 마침내 언덕 위 마을인 라이송에서 그녀는 (그 지역을 방문한 정부 직원이 받아 적는 가운데) 영국 식민지 법의 보호를 포기하겠다고 서약했다. 나가족이 될 수는 없었으나 전적으로 나가족의 법을 따르기 시작했다.

이후 모든 것이 달라졌다. 아플 때 치료를 받거나 신문을 읽을 수 없었고, 폴로 게임을 관전하면서 따분하지만 편한 영어로 대화를 나눌 수도 없었다. 벽을 산산이 부수는 우박을 동반한 폭풍우가 쳐서 집 지붕이 날아간 적도 있었다. 낮에는 습도가 잔인할 정도로 높았고, 초반에는 옷을 벗을 때 훔쳐보는 젊은 남성들로부터 자신을 지켜야 했다. 그러나 상관없었다. 그녀는 그곳에 남았고(통과의례의 최종 단계다), 마침내 부족은 그녀를 받아들였다. "라이송에 처음 도착했을 때는 이곳에 동화되지 못했어요. 나가족의 경계심이 흐릿해지고, 벽이 허물어지면서 (마침내) 나는 그들 쪽에 서서 뒤돌아보게 되었죠."

바우어는 나가족이 사용하는 티베트-버마 언어를 배우기 위해 더 열심히 노력했다. 서로를 존중하는 마음이 커졌고, 그녀의 헌신을 보면서 나가족도 마음을 열기 시작했다. 마을을 통과하는 물살이 센 강을 건널 때 미끄러운 디딤돌을 딛는 방법과 전통 의술, 시적인 부족의 구전 지식을 가장 잘 전달해줄 수 있는 원로들을 찾는 방법 등을 가르쳐주었다.

바우어와 나가족은 진심으로 서로를 존중했다. 메뚜기 떼가 작물에 심각할 정도로 큰 피해를 주어서 기근이 닥쳤을 때 바우어의 도움은 그저 식량을 구하는 일에만 그치지 않았다. 그녀는 자신들이 살아가는 터전에 대한 나가족의 뛰어난 지식을 (그리고 마을 간에 작물이 어떻게 공급되는지를) 이해했고, 과거에 그랬듯 모든 지역에 빚을 지게 할지 모르는 정부 관료로부터 부족을 보호하는 데에도 도움을 주었다.

‖ 나가족 전사들의 신뢰와 헌신 ‖

1942년 일본군이 나가 힐스의 코앞까지 다다랐을 때 바우어는 격추된 전투기 조종사를 수색하는 등 연합군에 도움을 주기 위해 소규모 정찰대를 조직했다. 이 일로 슬림의 장교들이 바우어의 존재를 처음으로 알게 되었다. 1944년에 새로운 위험이 닥쳤을 때(일본군은 인도를 위협하는 것에 그치지 않고 실제로 진격해 들어왔다) 슬림은 바우어의 정찰대와 유사하지만 훨씬 더 큰 규모의 제대로 무장한 조직이 필요했다. 그러나 이 조직을 이끌 지도자를 찾는 일은 어려웠다. 이 지역의 많은 영국 민간인과 관료는 수십 년간 유지된 군사적 우월성을 믿고 자만에 빠져 있었지만 정작 일본이 전투에서 거듭 승기를 잡자 대부분 자신을 돌보는 데만 급급했다.

바우어는 1942년에 자신이 구성한 정찰부대로 초기 임무를 수행했을 당시 이미 그들과 다르다는 것을 보여주었다. 일본군이 인도로 쳐들어온 1944년에 기꺼이 앞장서서 임무를 수행했을 때는(그녀는 '적을 찾기 위해 전진한다'는 메시지를 보냈다) 자신이 얼마나 뛰어난지 증명했다.

외부에서는 바우어의 성공 확률을 높게 점치지 않았는데, 그녀의 말을 빌리면 "일본군이 해일처럼 몰려오는데 우리만 다른 아군보다 약 320킬로미터 앞서 있었기" 때문이다. 슬림은 바우어가 제공할 수 있는 모든 정보가 필요했다. 그는 모든 긴급상황에서 그녀를 지원하라고 지시를 내렸다. 다른 정찰조나 매복조와 함께 그녀의 부대는 V 포스V Force라고 불렸던 게릴라 조직에 편입되었다.

바우어는 라이송에서 정찰대를 조직하고 첫 전보를 보낸 이후 해고

되지 않은 것에 그저 기뻐했다("나는 저들이 핑계를 댈까 봐 항상 우려했어요"). 그러나 임무를 잘 수행하려면 자신의 작전을 바꿀 필요가 있다는 사실도 알았다. 일본군이 진군할 가능성이 있는 수많은 길을 포함해 최소 2000제곱킬로미터에 달하는 밀림을 수색해야 했다. 자신이 잘 아는 라이송의 몇몇 나가족 친구의 도움만으로는 충분하지 않았다. 슬림을 제대로 도와주기 위해서는 100명 이상의 병력이 필요했다.

부대를 재건하는 2년 동안 슬림의 장교들은 대규모 다민족 군사를 단결시키는 방법들을 고안해냈다. 여기에는 교육 프로그램과 진급 계획, 훈련 캠프장이 포함되었다. 슬림의 신병들은 하사관들이 (민족과 종교를 불문하고) 모두에게 똑같이 소리를 지르고 (상당히 안전하게) 기관총이 머리 위로 발사되는 가운데 진흙탕을 신나게 포복했다. 이에 반해서 바우어에게는 훈련 캠프장도, 하사관도, 기관총도 없었고, 헌병이나 군법회의도 없었다.

다만 그녀에게는 (스스로도 온전히 이해하지 못했던 수준의)신뢰가 있었다. 이 위험한 수색 작전을 수행하기 위해 신병을 모집했을 때의 일이다. 합류하기로 한 가장 뛰어난 나가족들이 갑자기 '24시간 휴가'를 요청했다. 바우어는 여기서 끝이라고 생각했다. "살아 돌아올 확률이 아주 낮아서 나와 함께 자살 임무를 수행하자고 부탁할 수 없었어요. 그래서 '좋아요, 가세요'라고 말했고, 이들을 다시 볼 수 없으리라 생각했죠." 이들이 일본군의 공격에서 자신을 안전하게 지키는 방법이 마을로 돌아가 전쟁이 끝나기를 기다리는 것이라고 믿는다고 해도 어쩔 수 없었다.

그러나 그들은 약속 시각에 맞춰 돌아왔다. 대부분 어린 자녀가 있었고, 자신이 죽었을 때를 대비해 가족의 후견인을 지정하기 위해 마을에 갔다 올 시간이 필요했을 뿐이었다. "(부족민 중 한 명인) 남키아가 '무슨 생각을 한 거예요? 우리가 어떻게 당신을 저버릴 수 있겠어요?'라고 말했을 때 정말 놀랐어요." 바우어는 이들의 진심을 의심한 데 대해 몸 둘 바를 몰랐다.

그녀의 '제공하기'는 나가족에게 강요하려 하지 않았다. 그들에게 권한과 힘을 주려 했다. 이를 선불교 스타일로 표현하자면, '그들이 제공할 수 있도록 제공하라' 정도가 되겠다. 그리고 그것은 가장 의미심장한 행동으로 이어졌다. 엠파이어스테이트 빌딩 건설 현장에서 우리가 본 배려와 보답의 수준을 넘어서는 것이었다. 그녀는 그들에게 목숨을 바쳐달라고 요청하고 있었다.

그때쯤에 젊은이들로 구성된 소규모 영국 부대가 그녀가 요청한 물자를 가지고 저지대에서부터 올라왔다. 이들은 지쳐 있었다. 바우어가 당시를 떠올리며 "수류탄이 든 상자가 아름답게 보일 거라고는 생각해본 적도 없었어요"라고 말했다. "그때까지 받아본 선물 중 가장 근사했어요." 소총과 탄약도 있었다.

총기를 손에 넣은 바우어의 나가 전사들은 일본군이 진군할 만한 길을 찾는 데 도움을 주었다. 바우어는 세 개의 주요한 길이 만나는 지점 위의 언덕으로 정찰대를 인솔했다. 언덕 꼭대기로 올라가면서 기력을 많이 소모했지만('무섭게 흐르는 땀, 더 높이 그리고 더 높이… 불타는 더위'), 그녀는 부대원 누구에게도 포기하는 모습을 보이고 싶지 않았다. 마침내 목표 지점에 도착했다. "우리는 (…) 약 일주일 동안 모든 노력을 총동원해야 했습니다. 여러 부류의 피난민과 스파이가 있었죠. 누가 어떤 인간들일지는 주님만이 알았고, 우리는 문제를 해결해야 했습니다."

바우어와 나가 전사들은 약탈자와 무단이탈자를 체포하고 무기를 빼앗았다. 그러나 약탈자들이 거대한 갱단을 이루고 있을 때는 총을 쏘는 것 말고 다른 대안이 없었다. 스텐총이라는 이름의 경기관총만으로도 결과는 끔찍했다.

"(시체) 조각들을 모아 묻어야 했어요. (처음에는) 절대로 그런 일을 할 수 없을 줄 알았는데, 마을이 약탈을 당하자 분노가 치밀어 조금도 개의치 않게 됐죠. 우리가 이 일을 엄중하게 다룬다는 말이 돌자 약탈 행위가 줄어들었습니다."

사람의 목숨을 빼앗을 각오를 하지 않았다면 바우어는 실패했을 것이다. 그렇다고 자신의 힘을 마구 휘둘렀다면(그녀가 어떤 식으로든 나가족을 위협하거나 지배하려 했다면) 24시간 휴가를 갔던 전사들은 돌아오지 않았을 것이다.

슬림도 이런 종류의 관계를 이해했고, 이것은 그가 가진 위대한 장점 중 하나였다. 그는 1942년에 최악의 퇴각을 맞닥뜨렸을 때, 야영지에서 제대로 먹지도 쉬지도 못하는 병사들을 아랑곳하지 않고 편안하게 지내던 장교들을 무섭게 질타했다. "너희는 먹지도 마시지도 자지도 담배를 피우지도 심지어 앉지도 못한다. 이 모든 것을 부하들이 하는 것을 너희 눈으로 직접 보기 전까지는. 이 말에 따르지 않으면, 내가 너희를 끝장내 주겠다." 슬림은 여기서 잠시 말을 멈추었다. 그리고 공정한 대우가 만들어낼 수 있는 가장 중요한 결과를 이야기했다. "(하지만) 너희가 부하들을 위해 이렇게 한다면, 그들은 세상 끝까지라도 너희를 따를 것이다."

그가 이끄는 제14군Fourteenth Army: 제2차 세계대전 당시 영연방 국가의 부대로 구성된 다국적군-옮긴이 본부에서 바우어와 연락하기 위해 가끔 연락 장교를 추가로 배치했지만, 기대한 만큼 항상 도움이 되지는 않았다. 1942년부터 이곳에 있었던 병사들조차 바우어가 작전을 수행하던 울창한 밀림을 매복 공격과 눅눅한 냄새, 공포감으로 떠올렸다. 그녀는 이들을 안심시키기 위해 일본에는 밀림이 없어 일본군이 밀림에 대해 잘 모른다고 설명했다. 기술이 있다면 바우어가 나가족에게서 배웠듯이 습득한 것이었다. 예를 들면 적이 뒤에서 나타났다고 포위된 것은 아니었다. 재빠르게 측면으로 공격한다면 그들을 포위하게 된다.

바우어는 나가족에게 생존에 관한 어떠한 지시도 내리지 않았지만(이 지역에서 이들보다 더 노련한 사람은 지구상에 없었다), 전사들이 최소한 45미터 더 멀리까지 정찰하고, 그녀가 끝에 서는 대형을 이루며 보통 때보다 더 멀리까지 전진하도록 나가족의 사기를 북돋아주었다. 일부는 창을 들었지만, 대다수가 기관단총으로 무장했다. 바우어는 쿠크리 칼(네팔의 구르카족이 사용하는 단검)을 차고 탄약까지 짊어졌기 때문에 더 작은 스텐총을 사용했다.

정찰은 피곤한 임무였다. "한번은 길이 갑자기 밑으로 꺼졌어요. 수풀 사이에서요." 바우어는 이렇게 회상했다. "갈지자형으로 울퉁불퉁하고 비틀리고 기울어지는 내리막길이었죠. 밑으로, 밑으로, 밑으로, 급경사를 이루며 휘어졌어요." 고도가 달라질 때마다 지형도 빠르게 변했다. "축축하고 후텁지근한 공기가 저희를 에워쌌습니다. 사방에 뎅기열의 매개체인 외줄모기가 가득했고, 대나무 가운데 엄청나게 큰 대마죽이 자라고 있었죠."

정찰을 나간 어느 날 선두에 섰던 정찰병이 바로 앞에 있던 대규모 일본군 속으로 모퉁이를 돌아 돌진함으로써 바우어가 가르쳐준 대형이 유용함을 증명했다. 뒤돌아 달리면 도망칠 기회를 얻을 수도 있었지만, 그러면 중무장한 일본군을 준비가 안 된 동료들에게로 안내하는 셈이었다. 그는 재빠르게 계산을 마치고 측면으로 뛰어가 자신의 눈에 제일 먼저 들어온 병사를 향해 총을 쏘았다.

일본군이 즉각 반격을 시작했고, 그는 각오했던 대로 목숨을 잃었지만, 총소리는 후방에 있던, 여전히 눈에 보이지 않는 다른 전사들에게 경고가 되었다. 바우어가 강조했던 간격 덕분에 나가 전사들은 길에서 몇 미터 멀리 떨어질 수 있는 시간을 벌 수 있었다. 밀림이 유난히 무성했기 때문에 전사들의 모습은 이제 눈에 띄지 않았고, 자신들이 본 나가 전사가 혼자였다고 여기면서 접근한 일본군은 차례차례 습격을 받았다.

정찰 전략을 수정하며 바우어는 자신이 더 잘 안다는 생각을 버리고 나가족과 협력해야 한다는 사실을 이해했다. 그 결과 (일부는 고정된 자리에 있고, 일부는 돌아다니는) 정찰병과 연락병의 기하학적으로 기발한 시스템이 구축되었다. 이 시스템으로 바우어는 최상의 속도로 적군에 대한 정보를 얻을 수 있었다.

‖ 그들 스스로 제공하게끔 하라 ‖

바우어는 우리가 지금까지 본 모든 교훈을 적용했다. 아집을 버리고 경청하면서 나가족으로부터 배웠다. 나가족의 조언은 바우어가 인류학 연구에 계속 정진하게 했고, 전쟁 중에는 정찰 시기와 장소를 선택하는 데 도움을 주었다. 바우어는 대체로 너그러웠지만, 가끔 자신을 훔쳐보는 마을 남성이나 전투 후에 무장한 약탈꾼 집단에게는 자신을 얕잡아 보게 놔두지 않았다.

이 모든 것은 그녀의 헌신으로써, 그리고 나가 전사들이 스스로 행동하도록 만듦으로써 가능했다. 이것('스스로 제공하게 하라')이 정찰을 효과적으로 수행하고, 세부적인 정보를 얻고, 탈출한 포로와 조종사를 구조하는 데 기여한 자발성을 만든 방법이었다. 바우어는 이제 나가족과 진정으로 연결된 것처럼 소통했다.

일본군은 문자 그대로 그녀의 목에 100루피의 현상금을 걸었다. 그녀는 자신의 목이 아직 잘리지 않았으니 일본군이 자신에게 100루피를 빚졌다고 말하면서 웃어넘겼다.

인근 지역에 포진한 V 포스 캠프 위치가 많이 노출되었음을 안 바우어는 라이송에 계속 머무를 수 없었다. 도망친 장교들도 있었지만, 불행하게도 그러지 못한 사람들도 있었다. 유일한 마을 입구가 가파른 언덕 위에 있었기 때문에 그녀를 꼼짝 못 하게 만들 완벽한 덫이 되었다. 바우어와 선발된 경호원들은 작은 나무에 구멍을 파서 은신처를 만들고 잠을 자면서 주기적으로 이동했다.

고단한 생활이 이어졌고, 특히 비가 억수같이 쏟아지던 어느 시기에는 "모두들 신경이 너덜너덜해졌고 (…) 성질 나쁜 아이들처럼 쏘아 붙이거나 말다툼을 했어요." 바우어는 말라리아에도 걸렸다. 그녀는 자신의 노력이 군대의 정보와 정찰 임무의 작은 부분에 지나지 않음을 알았다.

그러나 바우어의 네트워크를 통해 입수되는 (일본군이 있는 위치 못지않게 중요한, 이들이 없는 위치에 대한) 정보는 확실히 신뢰할 수 있었고, 슬림과 그의 장교들이 병력을 안전하게 재배치하는 데 도움을 주었다. 이윽고 코히마와 임팔의 포위가 풀렸고, 1년 안에 슬림의 군대가 친드윈강을 건넜으며, 일본군을 미얀마에서 완전히 몰아내기 위해 진격해 들어갔다. 바우어는 영국 왕실에서 주는 훈장인 MBE를 받았고, 밀림 생존 기술을 영국 공군과 다른 사람들에게 가르쳤으며, 전쟁이 끝난 뒤에는 나가족의 건강과 다른 문제들을 계속해서 도와주면서 다시 인류학 연구를 시작했다. 바우어는 동료 V 포스 장교와 결혼했다.

1945년 후반에 바우어의 대담한 행동이 크게 과장되어 (강렬한 색채의 만화책 『밀림의 여왕Jungle Queen』을 포함해) 세계의 언론을 통해 퍼져나가면서 그녀가 잠깐 유명세를 탄 적이 있었다. 당시 수백만 명 구독자를 보유했던 《타임》은 잉글랜드 윌트셔에 사는 바우어의 어머니를 찾아가 특별한 딸의 이야기를 들으려고 했다. 그레이엄 바우어 부인은 곰곰이 생각했다. 딸의 인생은 한 번도 쉬운 적이 없었고, 안 좋게 들릴 만한 말을 보태도 바뀔 것은 없었다. 마침내 입을 연 그녀는 자기 딸을 이해하는 데 중요한 것은 '그 애가 가만히 앉아 있지 못했다'는 점이라고 말했다.

수년 전 런던에서 생활했을 당시에 바우어는 어머니의 폄하에 정신이 피폐해져 있었다. 그러나 오래전 이야기였다. 바우어가 만든 새로운 세상에서는 용서가 위안을 주었다. 어머니는 나쁜 뜻이 없었다. 그저 자신이 배웠던 대로 행동했을 뿐이었다.

그러니 어머니가 바우어의 원동력이 무엇인지 여전히 이해하지 못한 채 그저 딸이 가만히 앉아 있지 못했다는 것만 기억한다고 말했을 때 이 말이 바우어에게 큰 의미가 있었을까? 그렇지 않았다. 더는 아니었다. 바우어는 아무렇지 않게 답장을 썼다. "그러셨어요, 어머니? 기가 막히네요!!!!"

자신을 환영해준 나가 힐스에서 어설라 바이올렛 그레이엄 바우어는 마침내 마음의 평안을 얻었다.

바우어가 얻은 마음의 평안은 품위 있는 태도와 공정한 행동이 낳은 결과물이다. 우리의 행동은 환경(조종석이나 수술실, 공사 현장, 고립된 언덕 위 마을)에 따라 달라진다. 공정함이 가진 이상적인 힘은 우리가 매번 맨땅에서 시작하지 않아도 되게 해준다는 것이다. 이 힘은 실제로 인상적인 결과로도 이어진다. 경청하는 사람들은 앞으로 무슨 일이 일어날지를 내다보는 힘을 얻는다. 제공하는 사람들은 초고층 빌딩의 공사 기간을 단축하고, 위험한 환경에서 성공적으로 작전을 수행해낼 수 있는 '보답'을 얻는다.

여기서 거저 주어진 것은 없다. 공정함은 훈련이 필요한 기술의 영역이며, 특정 분야에 대한 상세한 지식이 항상 필요한 까닭이다. 경청하는 사람은 지나치게 개방적이거나 폐쇄적인 것 사이에서, 제공하는 사람은 지나친 이기심과 느슨한 감시 사이에서 길을 찾아야 한다.

누군가는 평범한 일상생활에서 바우어의 제공하기 방식이 얼마나 필요할지 궁금할지도 모르겠다. 어쨌든 바우어는 나가족의 땅으로 홀로 들어갔고, 애초에 부족들이 자신에게 협조하도록 휘두를 수 있는 정치력이나 군사력이 없었다. 그러나 명백한 위계질서를 가지고 있는 거대한 도시에서 기업과 기관들이 오랜 시간이 걸리는 간접적인 접근법을 선택해 시간을 허비하라고 설득할 수 있을까? 그냥 처음부터 내가 원하는 대로 하도록 강요하면 되는 것 아닌가?

여기서부터 세 번째 기술인 방어하기를 자세히 살펴볼 필요가 있다. 20세기 중반의 야구장을 방문해 제공하기 기술을 어떻게 효과적으로 사용할 수 있는지 알아보자.

CHAPTER

03

방어하는 사람들

경기를 포기한 선수에게 감독이 건넨 한마디

—

방어하되 선을 지킬 것

"이게 무슨 짓이에요, 레오? 이게 무슨 짓입니까?"

‖ 좋은 사람이 꼴찌 한다? ‖

1946년 7월에 호전적인 성격으로 유명한 브루클린 다저스 야구팀의 레오 듀로서 감독은 벽돌로 지어진 오래된 홈구장에서 일단의 기자들과 함께 앉아 있었다. 이들은 상대 팀인 뉴욕 자이언츠의 선수들이 타격 연습을 하러 더그아웃경기가 진행되는 동안 감독, 선수, 코치들이 대기하는 장소-옮긴이에서 나오는 모습을 지켜보았다.

듀로서는 말하기를 좋아했다. 그는 자이언츠의 선수들을 손짓으로 가리키며 "모두 좋은 사람들이에요. 경기에서 패하고, 집으로 돌아가 근사한 저녁을 먹겠죠"라고 말했다. 그의 옆에 있던 《저널 아메리칸Journal American》의 프랭크 그레이엄Frank Graham 기자는 듀로서가 계속 말하게 놔두었다. "모두 좋은 사람들이죠, 저들은 꼴찌를 할 겁니다." 그레이엄은 기삿거리가 될 만한 이야기를 찾았다고 생각하면서 속기 실력을 발휘했다. 다음 날 《저널 아메리칸》 신문에는 편집기자가 그레이엄의 기사 위에 듀로서의 말을 압축해서 적으면서 유명한 문구가 탄생했다. "좋은 사람이 꼴찌 한다."

이 문장에 담긴 의미는 강렬했다. 정중하고 공정하며 온화한 태도는 모두 좋지만, 이는 부모님이 당신이 결혼했으면 하고 바라는 따분한 배우자의 모습을 연상시킨다. 위기에 처하거나 사업을 시작할 때는 좀 더 세게 밀어붙이는 사람이 곁에 있기를 바라는 것이 당연하다.

그러나 이쯤 되면 이 말이 사실이 아님을 알아차릴 수 있을 것이다. 어떤 상황에서든 상냥한 사람은 만만하게 보일 수 있다고 하지만, 공정하다는 것이 반드시 온순해야 함을 의미하는 것은 아니다. 오히려 잘만 적용하면 약자를 괴롭히는 강자를 대부분 눌러버릴 수도 있다. 듀로서와 그의 강력한 적수인 길 호지스Gill Hodges의 격돌 사례가 이를 증명한다.

스포츠클럽에서 쉽게 괴롭힘의 대상이 될 법한 왜소하고 고집스러운 남자였던 듀로서는 자신이 하던 대로 행동하거나 최소한 자신이 생각한 대로 행동했다. 그가 흔하지 않은 프랑스계 캐나다인 이름을 가졌다는 점과 선수 시절에 실력 있는 타자와는 거리가 멀었다는 사실은 그의 고집을 꺾는 데 도움이 되지 않았다. 전설적인 홈런왕 베이브 루스가 듀로서를 두고 그는 담배를 떨어뜨려도 바닥을 맞힐 수 없다고 한 말은 유명했다.

듀로서가 가진 능력은 뛰어난 반사신경과(그는 민첩한 내야수가 되었다) 무엇보다도 소란 일으키기였다. 선수 시절에는 부정행위를 일삼았는데 특히 슬라이딩할 때 베이스를 막아서는 선수의 팔을 야구화로 깊게 찍어 누르는 기술을 유용하게 써먹었다. 그는 다음과 같이 말하기를 좋아했다. “저는 제 할머니라도 2루를 막아선다면 쓰러뜨릴 겁니다.”

이후에 감독이 된 듀로서는 심판을 위협했고, 기자를 협박했으며, 투수에게 상대 타자의 머리를 향해 빠른 공을 던지라고 부추겼고(지금과 같은 야구 헬멧이 없던 시절에 이는 목숨을 위협하는 행동이었다), 상대 팀의 작전 수신호를 읽기 위해 망원경을 몰래 설치했다.

프랭크 그레이엄에게 좋은 사람이 꼴찌 한다고 말했던 그해에는 모든 일이 잘 풀렸다. 듀로서가 이끄는 브루클린 다저스는 거의 6개월에 걸친 야구 시즌에 자신들이 속한 내셔널 리그에서 1위를 했다. 브루클린 다저스를 응원하는 팬들은 육체노동자 계층이 많았고, 듀로서의 방식에 열광했다. 노동자들은 고상하고 점잖은 태도의 가면 뒤에 숨어서 물려받은 특권을 누리는 부유한 맨해튼 사람들에게 분노했고, 누구든 이 질서를 깨는 사람을 지지했다.

그러나 다음 해에 듀로서는 도를 넘는 행동으로 해고되었고(선수들과 카드 게임을 하면서 승부를 조작한 일이 있었다), 다른 팀들을 전전하며 때로는 크게 성공하기도 때로는 실패하기도 했다. 그러다가 마침내 1960년대 중반에 시카고 컵스의 감독을 맡게 되었다.

이 자리가 그의 경력을 승리로 장식하게 해줄 기회가 될까? 시카고 컵스는 최근 경기력이 형편없었지만, 뛰어난 선수들과 열성 팬들을 보유하고 있었다. 한편 같은 리그에 속한 경쟁팀 뉴욕 메츠는 창단 첫해인 1962년에 120경기 패배라는 기록을 달성했고, 이후로 매년 꼴찌나 꼴찌에서 두 번째로 시즌을 마무리했다.

듀로서는 선수들을 밀어붙이고, 혹사하고, 장광설을 늘어놓았다. 그의 방식이 효과가 있었던 걸까? 1969년 시즌에서 컵스는 초반부터 선두 자리에 올랐고, 수개월 동안 상승세를 이어갔다. 8월 중순이 되었을 때 이들은 독보적인 선두 자리를 지켰다. 반면 메츠는 아홉 경기 뒤졌고, 시즌이 끝나는 가을쯤에는 시카고와의 간격을 줄이기란 불가능해 보였다.

그러나 듀로서의 도를 넘는 방식이 시카고의 상승세에 마침표를 찍었다.

홍보 대행사는 그를 사랑스러운 괴짜 이미지로 포장하려고 애썼으나 현실은 그렇지 못했다. 듀로서는 어느 날 팬으로부터 모욕감을 느꼈다며 분노했고, 경찰관에게 이 불쌍한 남자를 사람들 눈에 띄지 않는 곳으로 끌고 가게 했다. 저항해도 소용없었다. 경찰관이 곤봉으로 남자를 꼼짝 못 하게 제압하자 듀로서가 그의 얼굴을 주먹으로 때리기 시작했다. 너무 세게 반복적으로 (그의 턱뼈가 부러졌는데도 멈추지 않고) 때리는 바람에 경찰관이 그를 억지로 떼어놓아야 했다. "이게 무슨 짓이에요, 레오? 이게 무슨 짓입니까?"

그의 도를 넘는 행동은 본업에만 국한되지 않았다. 듀로서는 카드 게임 중에 계속 속임수를 써서 우정에 금이 갔고, 애인이나 아내와의 관계도 오래가지 못했다. (한 여성이 상황을 반전시켰는데, 그녀는 듀로서와 결혼하면서 자신이 사실은 다른 남자와 이미 결혼한 상태라는 사실을 알리지 않았다.)

인생을 통틀어 듀로서가 했던 유일하게 좋은 행동은 흑인인 재키 로빈슨Jackie Robinson: 흑인 최초로 메이저리그에 진출한 프로야구 선수로 브루클린 다저스에서 맹활약했다-옮긴이의 입단에 반대하며 진정서를 제출한 브루클린 다저스 선수들을 향해 진정서고 뭐고 나가 뒈지라며 그의 전형적이고 매력적인 태도로 고함을 쳤던 일이다. 그러나 선수들을 들들 볶아 입단하게 한 로빈슨마저 못살게 굴어 얼마 가지 않아 로빈슨도 다른 사람들만큼이나 듀로서를 싫어하게 되었다.

시카고에서 화려하게 경력의 정점을 찍을 수 있었던 1969년 여름에도 듀로서는 선수들을 쉴 틈 없이 몰아붙였다. 중서부의 뜨겁고 습한 여름 날씨에 선수들이 휴식을 달라고 간청했으나 소용없었다. 결국 선수들은 듀로서에게 등을 돌렸다. 3루수인 론 산토Ron Santo를 겁쟁이에다 당뇨병으로 힘도 못 쓴다고 조롱하다가 혼쭐이 나기도 했다. 산토는 훗날 이렇게 기억했다. "그를 붙잡아 목에 팔을 둘렀어요. 그를 죽일 수도 있었죠." 이외에도 듀로서는 팬들을 부추겨 배터리와 금속 대못을 상대편 선수들을 향해 던지게 했다. 이런 일이 너무 자주 발생하자 오히려 상대 선수들은 그 어느 때보다도 열심히 경기에 임했다.

결정적으로 듀로서는 심판들에게 욕설과 모욕을 퍼부었다. 그 정도가 너무 심해서 어느 스포츠 기자는 다음과 같이 썼다. "레오가 컵스 선수들을 심판에 맞서도록 뭉치게 했든 아니든, 심판들을 컵스에 맞서 뭉치게 했다는 점은 확실하다." 과거에 듀로서의 상관이었던 어느 단장은 듀로서가 "나쁜 상황을 최악으로 몰고가는 능력이 탁월했다"라고 회고했다. 결국 그가 이끄는 컵스는 기록적인 연패의 늪에 빠졌다.

우승 깃발은 메츠에게 돌아갔다.

듀로서는 이 상황을 이해할 수 없었다. '좋은 사람이 꼴찌 한다'는 문구가 프랭크 그레이엄의 기사 제목으로 등장한 이후로 그의 머릿속에 박혀 있었다. 듀로서는 이 말을 좋아했다. "사람들이 이 말에 동의하지 않았다면 제목으로 선택되지 않았을 겁니다. 일반적으로 이 말은 사실이죠." 듀로서는 메츠의 길 호지스 감독을 수년 전부터 알았다. 호지스는 듀로서 밑에서 뛰었던 선수 출신이었다. 모두가 호지스를 야구계에서 몇 안 되는 품위 있는 사람으로 여겼다. 그리고 호지스가 우승을 거머쥐었다!

듀로서는 지나치게 과격한 것과 물렁한 것 사이에 존재하는 공간을 보지 못했다. 우리는 당연히 자신을 방어할 필요가 있다. 앞서 보았듯이 '단지' 친절하기만 하면 만만한 사람으로 보일 수 있다. 그러나 듀로서처럼 반대쪽 극단으로 (불균형적으로) 치우치는 것도 실수다. 스타렛의 현장 감독이었던 캐나다인 존 바우저는 이를 완벽하게 이해했지만, 듀로서는 아니었다. 스스로 파멸의 씨앗을 뿌린다는 말이 상투적이기는 해도, 정확히 그해 여름 시카고에서 듀로서가 한 일이었다.

끊임없이 몰아붙이는 훈련 방식으로는 절대로 성공할 수 없다는 결론을 내리려는 것이 아니다. 빈스 롬바르디Vince Lombardi가 선수들을 대하는 태도는 변덕스럽고 잔혹해서 선수 대부분이 그를 혐오했지만, 그럼에도 그는 특출하고 능력 있는 미식축구 코치였다. 쿼터백인 바트 스타Bart Starr는 롬바르디가 그린베이 패커스팀의 감독을 맡는다는 이야기를 들었을 때 심정을 이렇게 표현했다. "저는 매일 교회에 나가는 사람 밑에서 뛰고 싶어 견딜 수 없어졌습니다. 그의 밑에서 2주간 있었을 때 그가 매일 교회에 갈 필요가 있다는 사실을 깨달았었죠."

롬바르디의 전기 작가가 주장했듯이 어쩌면 롬바르디는 건장했음에도 가족을 핑계로 제2차 세계대전 때 입대를 회피함으로써 생긴 열등감을 상쇄하고자 경기장에서 더 강한 남성들을 그 앞에서 움츠러들게 만들려고 했던 것인지도 모른다. 그러나 이런 불안정한 정신은 근본적인 상처를 해결하지 않으면 절대로 사라지지 않는다. 그는 집에서도 경기장에서처럼 쉽게 긴장하고 소리를 지른 것 같았다.

원인이 무엇이든 롬바르디의 방식도 팀을 앞으로 나아가게 하는 하나의 방법이라는 것은 중요하다.

‖ "다친 게 아니라면 전력을 다해 뛰어" ‖

1969년 여름에 듀로서와 호지스가 치른 위대한 경쟁 이야기는 지도자가 어떻게 올바르게 균형을 잡을 수 있는지를 보여준다. 그 진가는 같은 두 팀이 하루 동안에 두 번 경기하는 장시간에 걸친 더블헤더가 끝나갈 때 드러났다. 호지스 팀의 인기 선수인 클레온 존스Cleon Jones는 두 번째 경기가 진행되고 있을 때 포기하고 싶은 마음이 들기 시작했다.

존스는 좌익수였고, 팀 동료들과 멀리 떨어져 있었다. 날씨는 더웠고, 그는 지쳐 있었으며, 메츠는 이미 9점 차로 뒤지고 있었다. 그래서 빠르게 친 공이 그와 가까운 위치로 날아왔을 때 공을 잡기 위해 전력 질주하지 않았다(열정적으로 뛰었다면 타자가 가능한 한 많은 베이스를 밟기 전에 멈추게 할 수 있었다). 대신에 자신의 기분이 어떤지 모두에게 알려주려는 사람처럼 수심에 가득 찬 표정으로 공을 향해 종종걸음으로 걸어갔다. 이미 유명한 선수가 어차피 질 게 뻔한 경기에서 애쓸 필요가 뭐가 있겠는가.

호지스는 그가 애써야 하는 이유를 알았다. 선수들은 존스를 우러러보았다. 최고의 선수 중 하나가 경기를 포기한다면 누가 희망을 가지고 최선을 다하겠는가?

당시에는 감독이 경기에서 외야수를 빼고 싶을 때 해당 선수에게 신호를 보내거나 코치 중 한 명에게 신호를 보내게 시키는 것이 일반적이었다. 호지스는 그렇게 하지 않았다. 소리를 지르지도 않았다. 그가 나약해서가 아니었다. 듀로서는 평생 어린아이처럼 공과 막대기를 가지고 점수를 따기 위해 베이스를 돌아 뛰면서 경기하는 성인 남성들에 둘러싸여 보냈다. 반면 호지스는 광부의 아들이었고, 제2차 세계대전에서 해군으로 복무하며 오키나와 전투에서 싸웠고, 영웅적인 공로를 세워 동성훈장을 받았다.

태평양 전투에서 적합한 방어는 난폭하고 치명적인 방향이었다. 그러나 야구장에서는 방식을 바꾸는 것이 옳았다. 호지스는 다른 방식을 선택했다.

호지스는 심판에게 외쳐 경기를 잠시 중단하게 했다. 그러고는 더그아웃에서 일어나(경기장 전체가 어리둥절했다) 내야를 가로질러 걸어갔다. 집에서 경기를 보고 있던 그의 아내만이 무슨 일이 벌어질지 알았다. "맙소사!" 그녀는 당시를 떠올리며 말했다. "설마 저 사람이…."

호지스는 천천히 투수 마운드를 지나 유격수 자리를 지나쳤다. 그렇게 계속 걸어가더니(사실은 존이 날아오는 공을 향해 걸어갔을 때처럼 산책하듯 거니는 것처럼 보였다) 마침내 숨도 차지 않고 꽤 편안한 상태로 존스와 마주했다. 앞서 비가 왔었기 때문에 외야의 잔디는 흠뻑 젖어 있었다. 존스는 기억했다. "우리 두 사람 모두 발이 발목까지 물에 잠겨 있었죠."

호지스는 느긋했다. 두 사람은 잠시 대화를 나눌 수도 있었지만, 모두가 기다리는 상황에서 그렇게 하는 것은 옳지 않았다. 그래서 호지스는 젖은 잔디 위에서 몸을 돌리며 존스에게 자신과 함께 걷자는 몸짓을 했다. 두 사람은 (관중석에 있는 사람들과 양 팀의 선수들, 심판이 모두 쳐다보는 가운데) 한 걸음 내디딜 때마다 작게 철벅거리는 소리를 내며 경기에 출전할 차례를 기다리는 선수들이 모여 있는 더그아웃으로 함께 걸어 돌아갔다. 호지스는 여전히 편안해 보였다.

이들이 더그아웃에 도착했을 때 (그리고 호지스의 지시에 따라 코치가 존스보다 역량이 훨씬 부족한 대체 선수를 경기장으로 내보냈을 때) 호지스는 본인의 생각을 분명히 보여주었다. "다친 곳이 있다면 내게 말해." 호지스는 이렇게 말한 것이다. "그게 아니라면 전력을 다해." 존스는 이 리그에서 타율이 가장 높았지만, 호지스는 '모든 순간 온 힘을 다하지 않으면 누구든 경기에서 뛰지 못할 것'이라는 점을 모두에게 분명히 했다.

단단히 방어하고 질서를 유지하는 일은 중요하지만 호지스는 모욕적인 방식을 택하지 않았다. 그가 선수들에게 전한 것은 무엇이 올바른 태도인가였다. "클레온(존스)은 억울해하지 않았어요." 또 다른 선수가 두 사람이 외야에서 더그아웃으로 걸어왔던 날을 떠올리며 말했다. 실제로 존스는 거의 곧바로 호지스에게 다가가 "다시 경기에 나가고 싶습니다"라고 말했다. 클레온 존스는 호지스가 선수를 교체한 것에 대해 자신이 마땅히 치러야 하는 일이었음을 깨달았다. 그가 분하게 여길 일은 없었다.

다음 날 호지스는 존스를 다시 경기에 출전시켰다. 존스는 변했고, 팀도 마찬가지였다. 이것이 우리가 찾고자 하는 바로 그 균형이다. 호지스는 자신의 목표를 이루는 데 있어 페어플레이를 했다. 우승을 거머쥐기 위해 팀을 굳건하게 만들었지만, 선수의 자존심을 지켜줄 정도로 사려가 깊었다. 얼마 지나지 않아 메츠는 듀로서의 컵스를 꺾고 리그 디비전 시리즈에서 우승했고, 이후 월드 시리즈까지 진출했다.

월드시리즈에서 메츠는 엄청난 인기를 누리던 볼티모어팀과 맞붙었다. 다섯 번째 경기에서 존스가 타석에 섰을 때 볼티모어의 투수가 공을 몸에 너무 가깝게 던졌다. 존스는 공에 맞았다고 주장했지만, 심판은 받아들이지 않았다. 그때 호지스가 즉각적이고 단호하게 선수를 지지하고 나섰고, 심판이 동의할 때까지 물러서지 않았다. 이 일로 존스는 1루로 나갈 수 있었다. 다음 타자가 홈런을 치면서 메츠는 2점을 땄고, 경기의 흐름이 뒤바뀌었다. 그리고 얼마 뒤 존스가 날아오는 공을 향해 전력 질주해 멋지게 잡아내면서 마지막 타자를 아웃시켰다. 메츠가 월드 시리즈 우승을 거머쥐었다.

‖ 노련한 줄타기로 완성한 〈왕좌의 게임〉 ‖

호지스가 보여준 방식을 한마디로 표현하면 '방어하되 지나치지 마라'일 것이다. 이 역시 더 많은 영역에 적용할 수 있다. 2010년도 화제작 〈왕좌의 게임〉 책임 프로듀서였던 버나데트 콜필드를 만나보자. 심판을 불필요하게 자극하지 않고 팀 동료들끼리 불화를 일으키지 않으면서 아홉 명의 야구 선수를 이끌고 승리를 거머쥐기란 쉽지 않다. 하물며 콜필드는 (지하실과 성, 죽지 않은 자들의 군대를 관리하는 일 말고도) 수백 명의 엑스트라를 포함해 엄청나게 많은 사람이 모여 있는 촬영장에서 협력을 끌어내야 했다. 또 동시에 여러 대륙에서 촬영해야 했고, 세트 담당자와 의상 담당자, 화염방사기 담당자, 예민한 배우, 지칠 대로 지친 배우, 연기 코치, 대본 전달 담당자, 촬영용 콘티 전문가 등 수많은 영화계 종사자들을 통솔해야 했다.

여기에 더해 여러 효과를 담당하는 팀도 있었다. 이 팀은 두 전문가 집단으로 나뉘었는데 서로 경쟁적 관계에 있었다.

가장 큰 집단은 전통적으로 작업을 해오던 특수효과팀이었다. 이들은 이것저것을 폭파하고, 오래된 대문을 벌컥 열고, 눈과 비를 만들어냈다. 이들은 자신들이 거칠고 힘든 작업을 하고 있지만, 자주 무시당한다고 느꼈다. 예를 들어 군사작전 중에 사용할 폭발물을 여러 날에 걸쳐서 성벽 전체에 설치했는데 감독이 막판에 다른 벽을 사용하겠다고 결정했다. 감독은 이들의 작업이 그저 폭발물을 다루기 때문에 누구나 할 수 있는 간단한 일이라고 여겼다.

이들과 경쟁하는 집단은 특수효과팀과 마찬가지로 없어서는 안 되는, 복잡한 컴퓨터 그래픽 이미지 작업을 하는 시각효과팀이었다. 이 작업의 많은 부분이 촬영이 모두 끝난 뒤에 촬영장에서 멀리 떨어진 사무실의 컴퓨터 앞에 등을 구부리고 앉아 있는 수백 또는 수천 명의 직원에 의해 이루어졌다. 그러나 다수의 시각효과 책임자와 관련 직원들은 데이터와 영상을 확보하기 위해 그리고 무엇보다도 나중에 그래픽을 성공적으로 조작할 수 있게 각 장면이 정확한 방식으로 촬영될 수 있도록 항상 드라마 촬영장에 머물렀다.

시각효과팀 전문가들은 자신들이 다른 누구에게도 없는 컴퓨터 기술을 가지고 있음을 알았다. 동시에 사람들이 자신들을 흔히 사회성 부족한 괴짜로 본다는 사실도 알았다. 촬영장에서는 그들을 그저 '진짜' 촬영에 무언가 문제가 있을 때 이를 해결해주는 일을 한다고 생각했다. 정형화된 이미지가 그렇듯이 시각효과팀은 치노 바지를 입고 에스프레소를 홀짝이는 모습으로, 특수효과팀은 청바지를 입고 일을 마친 후 맥주를 마시는 모습으로 알아볼 수 있었다.

콜필드는 이들이 모두 시작 전부터 이미 방어적인 태도를 보였기 때문에 대립이 불가피한 상황임을 감지했다.

예를 들어 과거에는 찌르는 장면을 만들 때 믿고 의지할 만한 특수효과팀에 일을 맡기는 것 외에 다른 선택의 여지가 없었다. 이들은 작은 혈액 주머니를 만들어 옷 밑에 부착했고, 전선이나 무선 신호 또는 압축공기관을 이용해 감독의 신호에 맞춰 피가 인상적으로 뿜어져 나오게 했다.

문제는 배우들이 만족스러운 연기가 나올 때까지 죽는 장면을 여러 번에 걸쳐 촬영하는 일이 비일비재하면서 이들이 의상을 갈아입고 재촬영을 위해 준비하는 동안 일정이 연기되고 비용이 증가한다는 것이었다(임금을 받는 수많은 영화 제작진은 그저 대기해야 한다). 특수효과에 사용한 혈액이 항상 원하는 방향으로 제대로 뿜어져 나오지 않거나 어두운 조명에서 충분히 밝게 드러나지 않을 수도 있었다. 시각효과팀은 이런 원시적인 기술을 이용한 방식을 버리고 모든 것을 후반 제작

때 컴퓨터로 작업하면 촬영 속도를 높일 수 있다고 설명했다.

그러나 콜필드는 듀로서가 아닌 호지스처럼 반응했다. 새로 고용된 사람들은 콜필드가 필요할 때면 확고한 면모를 보여주지만(열심히 일하지 않는 직원은 해고됐다), 자신에 대한 믿음이 있었기 때문에 선을 넘지 않는다는 사실을 알았다. 그녀는 호락호락하지 않을 만큼 충분한 실전 경험도 있었다. "저도 전선이 얼마나 무거운지 알아요." 콜필드가 설명했다. "직원들의 고충을 압니다. 저는 돌리 그립dolly grip: 이동 촬영차의 설치와 운영, 관리를 전담하는 사람-옮긴이과 결혼했거든요."

두 효과팀이 교착상태에 빠졌을 때 콜필드는 이들과 한자리에 앉아 해결책을 제안할 때도 있었다. "어쩌면 양 팀이 서로를 향해 조금 소리를 지르는 것이 도움이 되지 않을까요?" 자신의 제안을 꺼리면 그녀는 좀 더 나은 해결책을 논의했다. 대부분 타협점을 찾을 수 있었다. 예를 들어 특수효과팀이 첫 번째 촬영에서 실제로 피가 분출하는 모습을 연출하고, 시각효과팀이 후반 제작 때 나머지 촬영분을 처리하는 방법이 있었다. 이렇게 하면 배우와 감독이 찌르는 장면을 한 번만 찍으면 되었고, 이후에 촬영 일정을 미루지 않으면서 다양한 변형을 시도할 수 있었다.

설사 타협이 이루어지지 않더라도 콜필드는 즉각적으로 분노를 표출하는 방식은 도움이 되지 않는다고 설득했다. 즉각적인 분노는 그저 상대를 자극할 뿐이었다.

콜필드는 드라마 촬영 내내 이 온건한 방법을 권장했다. 그녀는 다수의 에미상을 수상했고, 함께 작업한 동료들로부터 칭송을 받았으며, 〈왕좌의 게임〉 작가의 표현대로 "(그녀가 감독을 맡은 것이) 이 드라마에서 일어난 가장 좋은 일"이었다.

콜필드와 호지스가 사용한 접근법 중 대부분은 범위를 더 넓혀 적용할 수 있다. 지구상에서 가장 거대한 몇몇 기업도 여기에 포함된다. 기업의 경우 이와 더불어 더 많은 기술이 필요하다.

마이크로소프트의 문이 열린 날

—

활짝 열고 방어하라

"망할 구글을 끝장내버리겠어!"

‖ 이직하겠다는 직원에게 의자를 집어던진 CEO ‖

빌 게이츠가 은퇴한 후 마이크로소프트사의 최고경영자가 된 스티브 발머Steve Ballmer는 키가 더 크고 건장하다는 점만 빼면 레오 듀로서를 완벽하게 재현한 인물이었다. 이들의 방식에는 공통점이 아주 많았다.

체격이 큰 사람 중에는 자신의 신체 조건으로 타인을 위협하지 않으려고 조심하는 사람들이 있다. 한때 미식축구에서 상대 팀 선수를 태클로 방어하는 역할을 하는 라인배커였던 인간성 좋은 배우 테리 크루스Terry Crews가 좋은 예다. 덩치가 산만한 드웨인 존슨Dwayne Johnson도 온화한 성품을 지닌 배우로 잘 알려져 있다. 그러나 (198센티미터에 떡 벌어진 어깨를 가진 거구의 남성인) 발머는 일찌감치 위협이 통한다는 사실을 깨달았다. 상대의 얼굴을 향해 돌진해 자신의 얼굴을 들이밀고 목에 핏대를 세우며 부하에게 소리를 지르는 행동은 자신의 명령을 따르게 하는 데 효과적이었다.

그는 자신의 멘토인 빌 게이츠 밑에서 비즈니스 기술을 배웠다. 당시의 기록을 보면 마이크로소프트 고위급 간부는 경쟁을 성전聖戰처럼 이야기하며 경쟁업체를 물리치는 것을 뛰어넘어 '질식'시키고 '절멸'시키고자 계획했다. 넷스케이프가 새로운 형식의 정보 검색 브라우저로 마이크로소프트의 자리를 위협했을 때 경영진은 '넷스케이프에 공기 공급을 차단시키기'로 결정했다. 이들은 자사의 제품을 무료로 배포하면서 넷스케이프를 완전히 무너뜨렸다. 법정에 섰을 때는 상대편을 오도하기 위해 영상을 조작하기도 했다.

자본주의 이론가인 애덤 스미스에게 마이크로소프트의 행동은 조금도 놀랍지 않을 것이다. 애덤 스미스는 상인들이 항상 경쟁자에게, 더 나아가 고객에게까지 부정한 방법을 사용한다고 말했다. 정부는 규칙과 더불어 가능하다면 사회적 관습으로써 부정행위를 어렵게 하고 공정하게 경쟁하도록 조정하는 역할을 한다.

초창기에 데스크톱 소프트웨어 시장을 실질적으로 독점하며 막대한 수익을 올린 마이크로소프트는 2000년에 발머가 최고경영자가 되었을 때 시장의 지배자였다. 누구도 가로막을 수 없는 막강한 탱크였다. 이 기업의 채용 면접을 보는 행운을 잡은 대학생은 예상 질문을 준비하며 어떻게 답할지를 논의할 정도로 인기 있었다.

그러나 기술은 한 자리에 가만히 머물지 않는다. 얼마 가지 않아 구글과 한때는 대단했던 노키아 같은 새로운 경쟁자가 마이크로소프트의 독주를 위협했다. 이론적으로는 이런 상황이 발머에게 과거의 성공 사례를 이해하고 앞으로 나아가야 할 길을 모색하는 기회가 될 수 있었다. 그러나 그는 이렇게 행동하는 사람이 아니었다. 외부로부터 위협이 있다면 그는 자신이 해야 할 일이 단지 이들을 막는 데서 그치지 않고 완전히 제거하는 것이라고 생각했다.

마이크로소프트의 소프트웨어 기술자였던 마크 루코브스키Mark Lucovsky가 발머에게 회사를 그만두고 당시에 에릭 슈밋이 최고경영자로 있던 구글로 이직한다고 말한 적이 있었다.

발머는 그의 내면에 있던 듀로서를 불러냈다. 먼저 거친 언어가 쏟아졌다. "빌어먹을 에릭 슈미트는 망할 계집애 같은 작자야!" 그가 소리쳤다. 깜짝 놀란 루코브스키가 이후에 제출한 법원 서류에 따르면, 발머는 욕설을 퍼부은 다음에 부적절한 무기를 찾았다. 괴성을 지르며 사무실 의자를 들어 올려 던졌고, 루코브스키는 몸을 홱 숙여 간신히 피했다.

아직 끝나지 않았다. 그는 다시 "그 자식을 묻어버리겠어!"라고 소리쳤다. 그가 던진 의자는 루코브스키를 빗나가, 테이블에 맞고 튕겨나갔다. 루코브스키는 어떤 물체가 추가로 더 날아왔는지는 명확하게 알지 못했지만, 발머가 계속해서 내뱉은 말은 기억했다. "이전에 이미 해봤고, 다시 할 거야! 망할 구글을 끝장내버리겠어!" 마침내 루코브스키는 그 자리를 벗어났다.

외부의 위협은 남김없이 짓밟아야 했다. 발머는 리눅스의 무료(또는 상대적으로 무료인) 모델이 마이크로소프트가 윈도우와 오피스로 벌어들이는 수익을 위협한다는 사실을 알게 되자 리눅스 운영 체제를 곧장 표적으로 삼았다. 발머는 리눅스 사용자들에게 리눅스 운영 체제가 '암 덩어리'이며 '공산주의'만큼 나쁘다고 경고했다.

스티브 잡스가 2007년에 첫 번째 아이폰을 발표했을 때도 발머는 아이폰을 구매할지에 대해 조언을 구한 많은 비즈니스 파트너들을 말렸다. "키보드가 없어요." 그는 조롱 섞인 어조로 설명했다. "이메일을 사용하기 힘든 기계죠." 또 아이폰은 '시장에서 가장 비싼 전화기'이기 때문에 이를 사는 것은 어리석은 짓이라고도 했다. 제품에 대한 비판에서 그치지 않고 애플을 뿌리째 흔들어놓으려고 했다.

발머는 마이크로소프트의 개발자들이 스마트폰을 통해 만들어지는 새로운 애플리케이션 생태계에 발을 들여놓지 못하게 했다. 발머의 지난 경험으로 미뤄보아 애플의 자금 흐름을 차단하는 이상적인 방법이었다.

외부 개발자들도, 특히 마이크로소프트의 경쟁자와 일했던 경험이 있으면 멸시를 당했다. 이들과 합작 사업을 해야 했을 때조차 발머는 이들을 자신들의 핵심 분야에 참여시키지 않은 것은 물론이고 환대하지도 않았다.

새로운 사업 모델을 제안해 윈도우의 수익성을 위협했던 마이크로소프트 내의 경영 간부들도 발머의 광포한 성질을 피할 수 없었다. 이들의 잘못은 단지 그때까지 이익을 가져다준 컴퓨터 칩과 시스템, 소프트웨어로 각각 분리되었던 환경을 바꿀 수 있다고 제안한 것이 아니었다.

발머에게는 회사를 공격한 것이나 다름없었고, 이들에 대한 그 어떤 보복도 지나치지 않았다.

온라인상에는 땀에 얼룩진 셔츠를 입고 직원들 앞에서 자신이 원하는 것과 원하지 않는 것을 목이 쉴 정도로 소리를 지르며 미친 듯이 분노하는 발머의 동영상이 여전히 떠다니고 있다. 이것이 발머가 공개적인 자리에서 보인 행동이라면, 루코브스키가 제출한 법원 서류가 보여주듯이 사적인 자리에서는 더 과격했다고 한다. 내부자들의 말에 따르면 발머는 회사가 경쟁에서 계속 뒤처지는 것에 분노해 미친 듯이 날뛰었다.

‖ 성공 방식을 쓴 마키아벨리의 실패한 삶 ‖

발머의 방식을 성공의 지름길로 확신하는 사람들은 흔히 16세기의 정치 철학자 니콜로 마키아벨리와 그의 저서인 『군주론』에서 힘을 얻는다.

마키아벨리는 덕행은 어리석은 행동이라고 썼다. '미덕을 추구하는 사람은 반드시 몰락한다.' '정직한 것도 현명하지 않다.' '설득력 있는 거짓말이 통치자가 가진 가장 강력한 무기다.' 무엇보다 인상적인 대목은 이것이다. '친절한 행동으로 왜 자신을 억누르는가?' '사랑과 두려움은 공존하기 힘들므로 둘 중 하나를 선택한다면 두려움의 대상이 되는 것이 사랑받는 것보다 훨씬 더 안전하다.'

대대로 냉소적인 사람들은 토스카나 언덕의 외떨어진 농장에서 작성된 이런 원칙들을 좋아했다. 그러나 지금쯤이면 여러분은 이것이 그가 생각했던 것처럼 현명한 원칙이 아님을 알게 되었을 것이다.

심지어 마키아벨리 자신에게도 도움이 되지 않았다.

그가 외딴 농장에 박혔던 것은 직업적으로 완전히 실패했기 때문이었다. 마키아벨리는 피렌체 공화국의 고위 관료였지만, 지나치게 고압적이어서 침략자들로부터 도시를 지키기 위해 민병대를 조직했음에도 정작 적군이 접근하자 민병대가 모두 흩어져버렸다. 그는 피렌체로 복귀한 메디치가에 의해 투옥되었고, ('나비만 한 크기의' 이가 기어다니는 감방에서) 고문을 당했으며, 농장으로 쫓겨났다.

원고를 완성한 후에도 그의 삶은 더 나아지지 않았다. 메디치가에게 고문을 당했음에도 일자리를 간절히 원했던 그는 줄리아노 데 메디치에게 자신의 작품을 헌정하려고 했다. 그러나 줄리아노는 마키아벨리가 작품을 끝마치기 전에 사망했고, 그는 줄리아노의 난폭한 조카 로렌초에게 작품을 헌정했다. 결과는 더 나을 것이 없었다. 마키아벨리가 원고를 바치러 왔을 때 로렌초가 한 쌍의 사냥개를 선물한 손님을 맞이하기 위해 그를 외면했다는 일화가 있다. 메디치가는 수 세대에 걸쳐 이런 냉소적인 태도로 살아왔기 때문에 이미 아는 내용을 되풀이해서 말하는 실패한 관료 따위는 필요 없었다.

이탈리아에서는 수 세대에 걸쳐 지도자는 물론 시민들도 냉소적이고 표리부동했다. 권위에 제약을 가하거나 지도자들이 앞을 보지 못할 때 이를 이야기해줄 제도는 거의 없었다. 그 결과 (물론 다른 요인들도 많다) 수 세기에 걸쳐 사회는 혼란스럽고 나약해졌으며 많은 것을 잃었다. 자신 이외에는 누구도 믿지 않는 사회에서 협력은 불가능하다. 더 나은 방식으로 행동하려던 몇몇 드물게 존재했던 사람들은 무참히 짓밟혔다.

공평하게 발머의 편에서 이야기하자면, 최고경영자 자리에서 그가 취했던 태도가 한때는 상당한 효과가 있었다. 그는 신체 조건과 위계를 이용해 타인을 위협했고, 마이크로소프트를 성장시키기 위해 물불을 안 가렸다. 그러나 회사가 초창기였다고 해도 이런 태도가 꼭 필요한 것은 아니다. 10년 넘게 적들에게 분노를 표출한 후에 그의 임기가 마침내 끝났을 때 그의 성과는 역사의 한 순간에 불과했다.

《포브스》는 발머를 '미국의 상장 대기업 최고경영자 중 최악'이라고 평가했다. 그의 맹렬하고 도를 넘는 방어 전략으로 인해 회사는 스마트폰과 소셜미디어, 클라우드의 핵심 기술, 그리고 거의 모든 주요한 혁신 기술의 개발 기회를 놓쳤다. 하루가 다르게 변하는 기술 분야에서는 치명적인 문제였다.

새로운 생각을 차단했다는 것만이 문제가 아니었다. 발머는 똑똑한 인물이었고(하버드대학에 다닐 때 빌 게이츠만큼 수학을 잘했다) 독서광이었다. 마음을 가라앉히고 나면 자주 분노를 터뜨리는 자신에 대해 그저 강렬한 감정을 쏟아내는 것뿐이라고 변명하면서 겸연쩍어하기도 했다. 그러나 그가 나중에 어떤 기분을 느꼈든지 간에 결과는 같았다.

그가 마이크로소프트를 떠난다고 발표했던 날, 주가가 7.5퍼센트나 뛰었다.

‖ 인생의 시련으로부터 배운 것 ‖

사티아 나델라는 거의 모든 면에서 발머와 반대였다. 2014년에 발머의 후임으로 마이크로소프트 CEO 자리에 오른 사티아는 이처럼 경쟁이 심하고 복잡한 분야에서도 협박과 고함, 괴롭힘을 사용하지 않는, 호지스나 콜필드 같은 방식을 적용할 수 있음을 보여주었다.

나델라가 더 좋은 사람이어서라고 쉽게 말할 수도 있다. 그러나 처음부터 더 낫거나 나쁘게 태어나는 사람이 어디에 있겠는가? 사티아는 외부 세계가 제공해주는 것에 가능한 한 열린 자세를 갖기로 마음먹게 된 여러 경험을 했고, 우리는 그가 남과 다른 접근법을 선택하는 과정에서 배울 점이 있다.

나델라는 인도에서 성장했다. 그는 정기적으로 근무지를 옮겨 다녀야 하는 고위 공무원 아버지의 외아들이었다. 10대 때 인도 중산층 가정의 꿈인 인도 공과대학에 지원했으나 입학시험에서 낙방했다. 늘 잘나갔던 그의 아버지는 자기 아들이 이렇게까지 실력이 없다는 사실에 당혹스러워했다. 스물한 살이 되던 해 나델라는 대학원에 진학하기 위해 미국으로 날아갔다. 인도 엘리트 학생이 많이 가는 유명한 MIT나 캘리포니아 공과대학이 아닌, 위스콘신대학 밀워키캠퍼스에서 전기공학을 공부했다.

물론 위스콘신 대학도 전기공학으로 유명했고, 나델라는 마이크로소프트에 입사할 만큼 좋은 교육을 받았다. 입사 후로 그는 차근차근 성공의 사다리를 올랐다. 나델라가 입사했던 시기에는 회사에 인도인을 향한 인종차별이 어느 정도 존재했는데, 그는 당시를 기억하며 "인도인은 어느 수준까지는 올라갈 수 있으나 그 이상은 아니었어요"라고 말했다. 또한 다수의 경영 간부들이 인도 억양 때문에 그를 무시했다. 그러나 그의 고국은 이미 카스트제도와 수많은 민족, 종교 문제로 그 어느 때보다 분열되어 있었으므로 이 정도는 견딜 만했다. 그는 아주 뛰어나지도 형편없지도 않은 직원이었다. 좋은 전략적 감각을 지넜지만, 이민자 특유의 어색함과 조심스러움이 있었고, 그저 회사가 잘 활용했던 숙련된 공학자 중 한 명에 지나지 않았다.

그는 인도에서부터 아는 사이였던 건축과 학생 아누와 결혼했다. 나델라가 스물아홉 살이고 아누가 스물네 살일 때 첫아이를 가졌다. 만삭 몇 주 전에 부부는 아기가 움직이지 않는다는 사실을 깨달았다. 두 사람은 급히 병원으로 갔고, 아누는 긴급 제왕절개술을 받았다. 아들 자인이 태어났을 때 (1.37킬로그램밖에 나가지 않았다) 분만실에 있던 모두가 무언가 심각하게 잘못되었음을 감지했다. "아기가 울지 않아요."

또다시 급하게 이동해야 했다. 구급차가 사이렌을 요란하게 울리며 자인을 워싱턴 호수 건너 시애틀 아동병원으로 이송했다. 진단은 점점 명확해졌다. 아기는 산소 부족으로 신체 기능과 인지 능력이 심각하게 떨어진 상태였다. 바로 전날 사티아는 아기방 정리를 끝냈고, 아누가 언제 건축 사무소로 복귀할 수 있을지를 생각했었다. "제가 세운 모든 계획이 물거품이 되었습니다." 자인은 평생 혼자서는 아무것도 할 수 없었다. "저와 아누에게 닥친 일에 슬퍼했죠." 근심 걱정 없이 살아온 이들에게 닥친 시련이었다. 나델라는 아르놀드 방주네프의 통과의례 속으로 굴러떨어졌다. 이 경험을 완료했을 때 그는 어떤 사람이 되어 있을까?

심각한 뇌성마비 진단을 받은 아이는 연이어 수술을 받았다. '왜 이런 일이 나에게 일어났을까?' 그를 가장 괴롭힌 질문이었다. "나는 (그때) 내가 어떤 사람이었는지 뚜렷이 기억해요 (…) 편협하거나 이기적인 사람이었다고 말하지는 않겠지만, 무언가 빠진 것이 있었죠."

오늘날 우리가 스스로를 공허한 존재라고 느끼는 일은 흔하다. 우리의 인격을 창조하는 것은 자신에게 달려 있다고 하지만, 사실 그렇지 않다.

나델라는 혼자 힘으로 자신의 문제에서 빠져나올 수 없었다(당연히 회사에 신경 쓸 겨를도 없었다). 아내인 아누와 함께 겪은 오랜 경험을 통해서만 그는 변화할 수 있었다.

나델라 부부가 미국에 정착하게 된 과정은 인상적이었다. 두 사람이 인도에서 결혼했을 때 사티아는 이미 미국 영주권을 획득한 상태였다. 그러나 영주권 소지자는 아내를 데려올 수 없었다. 그는 시애틀에서 델리로 날아갔고, 곧장 미국 대사관으로 향했다. 그리고 안으로 들어가기 위해 줄을 서서 기다리는 사람들을 씩씩하게 지나친 다음에 자신의 영주권을 반납하겠다고 선포했다.

대사관 직원은 깜짝 놀랐지만(영주권을 포기하는 사람은 없다), 나델라는 뜻을 굽히지 않았다. 대신에 단기 취업비자를 신청할 계획이었다. 그러면 최소한 당분간은 아누와 함께 시애틀에서 지낼 수 있었다. 이후에 영주권을 취득하지 못하면 인도로 돌아가면 그만이었다. 굉장한 배짱이었지만 어떤 의미에서는 이기적인 행동이었다. 나델라는 아누를 돕고 있었으나 이 이야기의 중심에는 자신이 원하는 삶을 만들어가는 낭만적인 영웅인 그가 있었다. (그리고 두 사람은 얼마 안 가 영주권을 획득했다.)

아들 자인이 두 살이 되었을 때 나델라는 더 많은 것들을 이해하기 시작했다. 아누는 자인을 돌보기 위해 직장을 그만두었고, 아이가 수술을 받을 때마다 병원에 데려갔고, 중환자실에서 아이 곁을 지켰다. 모두에게 힘든 시간이었다. '나 때문에 이런 일이 일어난 걸까?' 하는 생각이 아누를 괴롭혔다.

그러던 어느 날 자인이 식료품점에서 발작을 일으켰다. 아누는 사람들의 따가운 눈초리를 느낄 수 있었고 또 다시 스스로를 탓했다. 그러다가 이런 감정에서 헤어나오는 순간이 있었다. "저는 눈알을 굴리며 저를 바라보는 계산원이 아니라 카트에서 물건을 꺼내주겠다고 한 남자에게로 관심을 돌리려고 노력했죠." 자신에게 도움을 준 남자에게 (고마움을 전하면서) 느낀 감정이 아누를 해방시켜주었다. 자인과 함께하는 새로운 삶에는 아누가 예상하지 못한 풍요로움이 있었다.

이런 경험이 사티아도 조금씩 변화시켰다. "저는 은연중에 아내에게 가르침을 얻었어요. 제가 아이의 눈을 통해 삶을 바라볼 때가 왔죠." 처음에 나델라는 아들의 상태가 영구적이라는 사실이 참기 힘들었다. 그러나 비록 자인이 사지를 못 쓰고 앞을 보지 못해도 아이는 음악과의 접촉을 매우 좋아했다.

왜 이런 점들에 가치를 두면 안 되는가?

마침내 나델라는 자신과 자신의 운명, 세상 탓을 멈추었다. "아누는 나 자신을 용서하는 법을 가르쳐주었습니다." 그는 불교에 뿌리를 둔 가르침을 알아보았다. '자신이 통제할 수 있는 것의 한계를 이해하라.' 그는 "그런 다음에야 성장할 준비가 된다 (…) 주변의 모든 것들에 대한 공감과 연민을"이라고 썼다. 이를 요약하면 지혜로우면서도 역설적인 말로 들릴 수 있다. '문을 활짝 열고 방어하라.'

이것이 더욱 인간적으로 되는 방법이었고, 변화한 나델라가 마이크로소프트에 가져다줄 수 있는 것이었다. 그는 외부 세계와 단절할 필요가 없었다. 사람들을 이해하고, 사람들과 연결될 수 있었다. 그리고 그 편이 더 좋은 결과를 낳았다. 길 호지스는 단호하지만 지나치게 공격적이지 않은 방식으로 방어함으로써 자신의 야구팀을 성공적으로 이끌었다. 대기업을 통솔하는 나델라는 한 걸음 더 나아가야 했다. 그는 (외부 세계가 무엇을 줄 수 있는지를 조심스럽게 가늠해보며) 문을 열어주는 것으로, 그래서 위험이 아닌 이득이 들어오게 하는 방식으로 방어했다.

‖ 공감과 존중이 무기가 된다 ‖

나델라가 고위 간부가 되기 한참 전, 아직 마이크로소프트의 컴퓨터 서버 부서에서 일할 때 그의 동료들은 나델라의 변화를 알아차렸다. 나델라에게 외부인의 어색함 대신 자신감이 자리했다. 오만함이 아니었다. 나델라는 물었다. 만약 경쟁자가 그저 다른 길을 걷고 있는 누군가라면 어떻게 할 건가? 물론 이들이 피해를 줄 때를 대비해 자신을 보호할 준비가 되어 있어야 한다. 그러나 경쟁자를 공격하는 것이 유일한 방법이라고 고집한다면 무엇을 잃게 될지 누가 알겠는가? 나델라가 이미 가지고 있던 전략적 감각과 새로운 변화가 결합하면서 아주 강력한 혼합물이 만들어졌다.

나델라에게 (그의 신중하고 적절한 접근법이 잇따라 재정 목표를 달성하게 해주면서) 점점 더 많은 책임이 주어졌다. 그러다가 마침내 2014년 최고경영자로 임명되었을 때 그는 자신의 첫 번째 과제가 회사가 가진 적에 대한 개념을 바꾸는 것임을 알았다. 발머는 포드의 경영 간부의 아들로 태어나 디트로이트에서 성장했다. 이 도시에서 경쟁자는 피해를 주는 존재였다. GM의 시장 점유율이 오르면 포드의 점유율이 떨어졌다. 발머는 자연스럽게 마이크로소프트에서도 이와 같은 사고방식을 부추겼다. 사티아는 이해할 수 있었다. 자인이 태어나고 비슷한 생각이 들었다. 아이에게 장애가 있고, 부모는 고통받는다. 그러나 그의 아내 아누는 이것이 얼마나 제한적인 생각인지 보여주었다. 공감과 존중은 효과적인 도구가 될 수 있다. "내 안의 컴퓨터 과학자는 삶에 대한 이 간결한 설명을 좋아했어요."

이것이 나델라가 앞으로 확산시킬 사고방식이었다.

나델라는 성직자가 아니었다. 세속적인 철학자 믹 헤론Mick Herron은 "권력에는 책임이 따른다. 그리고 이와 함께 당신을 괴롭혔던 사람들에게 복수할 기회도 같이 온다"라고 말했다. 나델라가 불신하던 몇몇 고위 간부들을 쫓아낸 일은 지나쳤다고 볼 수 있다. 그러나 이런 일은 드물었고, 그는 신속하고 신중하게 외부 세계에 회사의 문을 개방하는 쪽으로 초점을 이동시켰다.

발머는 리눅스를 '암 덩어리'라고 불렀고, '공산주의'만큼 나쁘다고 했다. 사티아는 최고경영자가 된 후 초창기에 가졌던 발표 자리에서 미소를 지으며 연단에 섰다. 그의 머리 위로 큰 글씨로 '마이크로소프트 ♥ 리눅스'라고 적힌 화면이 띄워졌다. 어느 분석가는 이 순간을 '얼음으로 뒤덮인 지옥'이라고 표현했다. 마이크로소프트는 이제 오픈소스open-source: 소프트웨어 등을 만들 때 그것이 어떻게 만들어졌는지 알 수 있도록 소스 코드를 공개한 것-옮긴이 운동에 참여할 것이었다.

발머는 애플을, 그중에서도 특히 아이폰을 싫어했다. 회사에서 전해지는 이야기에 따르면 그는 마이크로소프트의 부하 직원이 무심코 공개 행사에 들고 왔던 아이폰을 움켜잡은 다음에 '장난'으로 발로 짓밟았다고 한다. 그러는 동안 창피를 당한 직원은 그저 환하게 웃을 수밖에 없었다. 사티아는 (이번에도 발머와는 다른 자신의 관점을 제시하기 위해) 또 다른 발표에서 아이폰을 들어 보이며 자신의 생각을 전달했다. 그는 이 자리에서 마이크로소프트가 애플이 조성한 환경에서 진행하게 될 작업을 설명했다. 또 그는 구글(안드로이드 플랫폼에서 오피스를 사용할 수 있게 하기 위해)과 페이스북 등 많은 기술기업과 긴밀한 관계를 구축했다. 사티아는 "파트너 관계를 맺는 것을 지나치게 제로섬 게임zero-sum game으로 바라보는 경향이 있습니다. 한쪽이 이득을 얻으면 다른 쪽이 손해를 본다고 말이죠"라고 말했다.

자신의 새로운 사고방식을 이해시키기 위해 나델라가 착수했던 내부적 변화가 한 가지 더 있었다. 직원들이 회사의 폐쇄적인 상황에 익숙해지면 외부 세계에 개방적인 입장을 가질 수 없다. 발머는 마이크로소프트에서 승진제도로 '스택랭킹stack ranking'이라는 상대평가제를 시행했다. 이 제도는 팀원들이 항상 서로를 평가하게 했다. 10명의 공학자와 마케팅 담당자가 함께 프로젝트를 진행할 때 2명은 우수 사원으로, 7명은 평범한 사원으로, 1명은 부적격 사원으로 등급이 매겨졌다.

흔히 프로젝트에서 뛰어난 기량을 발휘한 사람이 누구인지 알 수 있기 때문에 이 제도의 의도는 다소 이해가 간다. 그러나 이를 지나치게 기계적으로 적용하는 바람에 정말로 제로섬 게임을 하는 환경이 되어버렸다. 동료 중 한 명이 우수 사원이라는 평가를 받으면 자신은 평범한 사원의 범주로 (또는 최악의 경우 빠져나오기 힘든 '부적격 사원' 범주로) 떨어진다는 사실을 모르는 사람이 없었다. 게다가 프로젝트가 성과를 올리는 데는 수개월에서 수년이 걸리는 반면 이런 순위는 즉각적으로 매겨지기 때문에 직원들은 제품이 출시되었을 때 제품이 얼마나 좋을지가 아니라 사내에서 지금 당장 다른 사람들에게 어떻게 보여야 할지에 초점을 맞추었다. 동료들로부터 점수를 빼앗고, 모든 좋은 생각이 자신의 것인 척하는 행동은 필수가 되었다.

발머의 시대에 만들어진 유명한 만화가 이 제도의 결과를 잘 보여주었다. 따분할 정도로 능률적인 아마존은 단순한 계급체계를 가지고 있었고, 내부적으로 전쟁 중인 마이크로소프트는 모두가 서로에게 총을 겨누고 있었다.

스택랭킹은 수많은 발머의 축소판을 만들어내는 완벽한 방법이었다. 반사적으로 서로에게 가혹해지고, 마이크로소프트 내부의 세계에만 거의 모든 초점을 맞추게 했다. 시행 이후에 발머도 이 제도의 부정적 영향을 깨닫고 많은 부분을 제거하려고 노력했다. 그러나 나델라는 남아 있는 이 제도의 흔적마저 완전히 없애버렸다. 여전히 평가 제도가 존재하지만, 이전처럼 냉혹하지 않았다.

마이크로소프트 직원들은 자신들이 내부적으로 쳤던 울타리 너머로 조심스럽게 시선을 돌리며 서로를 신뢰할 때 어떤 일이 일어나는지 보기 시작했다. 그 결과 다양한 관점이 유용하다는 사실을 받아들였다. 이것은 버나데트 콜필드가 〈왕좌의 게임〉의 두 효과팀 사이에 만들어냈던 태도였다. 여기서는 한 전문 집단이 다른 전문 집단에 문을 여는 것으로 충분했다. 그러나 마이크로소프트는 외부에 전 세계가 존재했다.

다만 한 명의 경영자를 개인으로서 지나치게 칭찬하는 것은 합당하지 않다. 마이크로소프트는 복잡하고 끊임없이 변화하는 환경에 있다. 나델라는 (사용자 인터페이스와 사생활과 관련해) 이상적인 것과는 거리가 먼 수많은 거래를 했다. 개인적인 미덕의 한계와 관련한 더 일반적인 예가 있다. 페이스북 창업자 마크 저커버그는 너그러운 자선 활동가로 알려져 있으며, 자신의 직원을 배려했다. 그러나 이와 별개로 정치적 극단주의자들이 너무 쉽게 활개를 친다는 점에서 페이스북이 사회적으로 명백하게 좋은 일을 했다고 말하기는 어렵다. 담배 회사 경영진들이 비서에게 얼마나 친절하고 얼마나 공정한 방법으로 최고의 자리에 올랐든 상관없이 존경받지 못하는 이유와 마찬가지다.

나델라에 대한 평가는 아직 끝나지 않았지만, 최고경영자가 된 첫해에 그가 들인 노력은 성공적이었다. 스티브 발머의 시대에 마이크로소프트는 외부 세상을 폄하했고 내부만 들여다보았다. 사티아 나델라의 시대에는 사업 파트너에게 문을 열어줌으로써 회사를 더 강하게 키웠다. 회사는 새로운 활력을 얻어 모바일 컴퓨팅과 클라우드 컴퓨팅으로 나아가는 동향을 읽을 수 있게 되었다. 또 구매자가 어떻게 느끼는지 지속적으로 관찰하는 것이 핵심인 구독 방식의 서비스를 통해 영업팀의 짐을 덜어주었다.

발머가 《포브스》가 뽑은 '최악의 최고경영자'였다면, 나델라는 6년이 채 지나지 않은 2019년 말에 《파이낸셜 타임스》가 선정한 올해의 인물에 이름을 올렸다. 나델라의 재무 성과는 발머의 성과를 별 볼 일 없어 보이게 만들었다. 2020년 초에 나델라가 이끄는 마이크로소프트의 주주수익은 1조 달러를 넘어섰다. 기업 가치는 삼성과 페이스북을 합친 것보다 높았다.

찬사를 들을 때마다 나델라는 자신이 도움을 주긴 했지만, 실제로 일을 한 사람은 직원들이었다고 이야기한다. 회사에 활기를 가져다준 나델라의 사고방식은 어디에서 생겨났을까? 20대가 된 아들 자인은 휠체어 신세를 지고 있고 말로 대화할 수는 없지만, 나델라는 말한다. "아들과 소통하는 방법은 한 가지예요. 내가 아들에게 가까이 다가가면 자인이 미소를 짓지요. 그리고 이것이 제 하루를, 제 인생을 행복하게 만들어줘요."

‖ 어떤 리더와 일하고 싶은가 ‖

지금껏 우리는 수술실에서 공사 현장, 밀림의 전장, 세계적 기업까지 공정한 태도로 이끄는 사람이 어떻게 난관을 헤치고 성공할 수 있었는지를 확인했다.

이 이야기의 주인공들은 하나같이 정중하고 공정하게 행동함으로써 우리가 다루고 있는 세 가지 기술의 영역(경청하기, 제공하기, 방어하기)에서 뛰어난 경지를 선보였다. 그리고 성공했다. 자연스러운 이치이다. 모든 유기체는 자신이 속한 환경을 살피고, 행동을 취하고, 다른 존재의 행동으로부터 자신을 보호하려 한다. 이때 공정한 태도가 가져다주는 보상은 매우 다양하다. 아집을 내려놓고 경청하면 눈 먼 돌진을 막을 수 있으며, 문제 상황을 미리 대비할 만큼의 겸손까지 갖춘다면 금상첨화이다. 공정하고 관대하게 제공하면 상대방은 보다 성실하고 창의적으로 임함으로써 당신 편이 되어준다. 올바른 방향으로 제대로 방어할 경우 적이 동료가 되기도 한다.

공정함의 기술을 잘 다루는 것이 정말로 효과적일지 의문이 든다면, 그저 입장을 바꿔 생각해보라. 누구라도 나의 말에 귀 기울이고, 나의 능력을 최대치로 끌어내주며, 나를 보호해주는 사람과 일하고 싶지 않겠는가.

지나치게 독단적인 것과 지나치게 물렁한 것 사이에서 갈피를 잡지 못할 때 도움이 될 만한 통찰들도 발견할 수 있었다. 관대하고 친절한 태도는 제대로 감독할 수 있을 만한 분별력이 있을 때만 힘을 발휘한다는 것. 따라서 개인 전투기 함대처럼 강력한 제지 수단을 상비해두는 것도 현명하다.

지금까지의 교훈을 요약해보자면 다음과 같다.

- 자신을 내려놓고 들어라
- 아집을 버리고 들어라
- 제공하되 감독하라
- 스스로 제공하게 하라
- 방어하되 지나치지 마라
- 문을 활짝 열고 방어하라

당신을 위해 필요한 일을 대신해줄 사람은 없다. 인생에서와 마찬가지로 사업에서 성공하려면 하나의 규칙만 따라서는 안 된다. 대신 수천 개의 작은 결정들을 내려야 한다. 위의 목록은 그 과정에서 올바른 방향으로 마음을 다잡게 해주는 좋은 길잡이다.

개인의 스타일은 문제가 되지 않는다. 누군가를 존중하기 위해 그 사람을 사랑할 필요는 없기 때문이다. 스타렛과 엠파이어스테이트 빌딩 현장 감독이었던 바우저는 친절한 태도와 거리가 있었지만, 이는 중요하지 않다. 필요한 것은 공정한 태도와 이를 기술로써 활용하는 능력이다. 기술을 완벽하게 연마하기까지는 시간이 걸리고, (감독하는 일을 잊고, 이 사람 저 사람 말을 다 들으며 결정을 내리지 않는 등) 어설프게 다루면 성공하지 못한다.

대니 보일은 올림픽에서 '완벽한 밤'을 만들기 위해 이런 요소들을 통합했다. 보일은 수많은 자원봉사자를 이끌면서 늘 신중하고 확신에 찬 태도로 경청하고 제공하며 방어했다.

많은 사람이 보일처럼 할 수 있기를 바라지만 실패한다. 그렇다면 무엇이 필요한지를 더 잘 이해하기 위해 지금부터 균형을 이루지 못하고 수년간 고통스러운 갈림길에 서 있었던 한 남자를 살펴볼 것이다. 그는 인도주의적인 방식으로 성공할 수 있음을 증명하고 싶었다.

그러나 그것이 매우 어렵다는 사실을 깨닫는다.

CHAPTER

04

균형 잡기의 어려움

괴물이 되는 순간

누구도 예외로 두지 마라, 특히 나 자신을

"이날 오후가 되기 전까지는 누구도 처벌하는 일 없이
이 항해를 계속할 수 있다는 희망이 있었다."

‖ 블라이 선장의 두 얼굴 ‖

1700년대 후반의 영국 해군은 장교들이 부하들을 다루는 방식에 규제를 가하지 않았다. 그런데도 윌리엄 블라이William Bligh의 행동은 너무 두드러져서 영국 해군성이 부하들에 대한 그의 도를 넘는 언사를 공식적으로 질책했다. 당시 영국 사회의 계급 구조와 신분 질서의 제약을 고려하면 이는 상상을 초월하는 사건이었다.

추악한 행위의 대명사가 된 블라이 선장은 1789년 남태평양에서 발생한 '바운티호의 반란'으로 유명해졌다. 블라이는 임무를 수행하던 중 한 선원에게 채찍형을 내렸다. 그 선원이 불손하다는 밀고가 들어와 내린 처벌이었다. 자메이카로 이송할 빵나무 묘목을 채집하기 위해 타히티섬에 정박한 이후로는 선원들을 더 많이 채찍질했다.

옷을 반쯤 벗기고 돛대나 쇠창살에 묶고는 매듭이 있는 아홉 개의 끈으로 된 '아홉 가닥의 꼬리'라는 무시무시한 채찍을 십여 차례 이상 휘두르는, 매우 고통스럽고 공개적인 처벌이었다.

우리의 상식으로는 그는 괴물이고, 어쩌면 상상 이상으로 더 흉악했을지 모른다. 당시의 영국 해군은 반란자를 지구 끝까지 추적했고, 선원들도 이 사실을 잘 알았기 때문에 절대로 가볍게 반란을 꾀하지 못했다. 그럼에도 블라이의 선원들은 반란을 일으켰고, 사례는 바운티호 말고도 더 있었다.

공식 기록으로는 네 번의 반란이 있었다.

바운티호 반란은 1789년 남태평양에서 발생했다. 8년 뒤에는 영국 해협과 북해에서 블라이가 지휘하던 64개의 포가 탑재된 디렉터호의 선원들이 그를 배에서 쫓아냈다. 다시 7년 뒤에는 워리어호의 장교들이 자신의 자유를 빼앗길지도 모르는 위험을 무릅쓰고 '폭군 같고 압제적인 (…) 태도로' 행동했다며 그를 군법회의에 넘겼다.

이때 해군성은 블라이에게 불리한 판결을 내렸고, 말조심하라는 주의를 주었다. 이것이 끝이 아니었다. 마지막 반란이 남아 있었다. 1806년, 블라이의 빵나무 채집 원정을 지원했던 후원자는 블라이를 잉글랜드에서 먼 곳으로 보내는 것이 최선이라고 생각했다. 호주 뉴사우스웨일스의 총독 자리가 공석이었는데, 그 자리라면 블라이도 문제를 일으키지 않으리라 믿었다. 그러나 나이를 먹고 눈에 띄게 허약해지기는 했지만, 그의 태도는 거의 변하지 않았다.

호주를 향해 함께 항해하던 선박이 몇 척 있었는데, 그는 (나침반의 정확한 방향과 식량 공급을 위해 어디에 정박해야 하는지, 누가 책임자가 되어야 하는지와 관련해) 수송선의 지휘관과 고집스럽고 짜증나는 언쟁을 벌였다. 참다 못한 지휘관은 블라이의 입을 다물게 하려고 블라이가 탄 배에 대포를 발사하라는 명령을 내릴 정도였다. 호주에 도착한 후에는 상황이 더 험악해졌다. 1년도 지나지 않아 총독인 블라이의 명령을 받는 군부대가 총검을 차고 소총을 장전한 채 블라이를 체포하러 몰려왔다. 어느 설명에 따르면 지역 주민들마저 '이들의 반란을 열렬히 응원했다'고 한다. 블라이는 고국으로의 귀환이 허락될 때까지 2년간 호주의 연안을 벗어날 수 없었다.

두 번의 반란을 경험하고, 해군성 군법회의에 한 번 넘겨지고, 또 다른 반란으로 (역사상 보기 드물게) 자신이 지휘하는 군대에 의해 구금되기까지 했지만, 윌리엄 블라이에게 내려진 평가는 불공정한 면이 있었다. 놀랍게도 그는 선장으로 있던 대부분 기간에 사람들에게 알려진 바와는 전혀 다른 모습을 보였다. 날씨가 험악한 날에는 선원들을 기꺼이 도와주었고, 선원들이 축축하지 않고 따뜻한 환경에서 생활할 수 있게 애썼다. 차가운 바닷물에 선원들의 해먹이 젖으면 자신의 침대를 내주었고, 채찍질하는 지휘관의 야만성을 개탄했다. 이토록 상반된 행동들이 어떻게 한 인물에게서 나왔을까?

사람들 대다수가 상황에 따라 다른 행동을 취한다. 그 가운데 윌리엄 블라이만큼 성격 변화를 극명하게 보여주는 사례는 많지 않다.

블라이의 이야기는 바운티호가 항해를 떠나기 10년도 더 전에 시작된다. 스물한 살의 해군 사관생도였던 윌리엄 블라이는 잉글랜드 서쪽으로 조금 떨어진 아일랜드해를 항해하던 영국 해군 함정에서 복무했다. 임무는 맨섬의 악명 높은 밀수꾼들을 감시하는 일이었다.

블라이는 함대에 어울리는 인물이 아니었다. 젊은 블라이는 그림 솜씨가 뛰어난 예술가였다. 독서와 수학을 좋아했고, 구면도형의 기하학적 성질을 연구하는 구면삼각법에 능했다. 그는 왕립협회 소속의 교양 있는 남성이 되는 것이 꿈이었다. 세상을 변화시킨 뉴턴과 위대한 합리론자들의 뒤를 잇고 싶었다. 그러나 블라이의 집안은 형편이 넉넉하지 못했고, 그래서 그는 16세에 하층 갑판에서 일하기 시작했다.

먼바다를 항해하는 함대에서 거친 남자들에 둘러싸인 블라이는 어떻게든 혼자 힘으로 살아남아야 했다. 맨섬에서 상륙 허가를 받았을 때 자신만큼 책을 사랑하는 젊은 여성을 만났다. 그녀의 아버지는 철학자 데이비드 흄과 애덤 스미스와 친분이 있었고, 그녀의 할아버지는 글래스고대학의 총장이었다.

오래가지 않아 두 사람은 결혼하기로, 그러나 결혼 시기는 2년 어쩌면 그 이상 뒤로 미룰 수밖에 없다는 데 '합의했다.' 블라이의 경력에서 놓칠 수 없는 멋진 일이 일어났기 때문이다. 다른 누구도 아닌 제임스 쿡 선장이 그의 그림 솜씨와 항해 능력을 알아보았다. 제임스 쿡은 그 시대의 위대한 탐험가였고, 더 나아가 블라이가 꿈꿔왔던 모든 것을 대변했다. 젊은 장교 후보생 블라이는 쿡 선장의 다음 항해 때 기꺼이 항해사로 일하고 싶었다.

블라이는 망설임 없이 벅찬 마음으로 제안을 수락했다.

당시 많은 함대의 선장이 선원들을 노예나 마찬가지로 다루었다. 하급 장교들이 선원들을 매일 아침 소 떼처럼 선실에서 몰고 나와 몽둥이로 구타한다고 알려져 있었다. 어느 영국 함장은 시간상으로 얼마나 빨리 내려왔는지에 상관없이 돛대에서 꼴찌로 내려오는 선원은 채찍형을 받는다는 규칙을 만들었다.

추락 사고와 전염병, 괴혈병, 그리고 이 같은 구타로 인해 선원들이 끊임없이 죽어 나갔다. 거의 모든 선박에는 선원보다 많은 수의 쥐가 우글거렸고, 한 달이면 쥐 떼가 수천 파운드의 식량을 먹어 치웠다. 선원들은 벌레가 득실거리는 비스킷과 썩은 고기, 변질된 버터 따위에 의존해 버텨야 했다. 오물과 지독히 더러운 물이 갑판과 배 밑바닥을 비롯한 거의 모든 공간에 스며들어 있었고, 이런 가운데 돼지와 염소, 오리, 개가 여기저기 돌아다녔다.

쿡 선장은 이런 환경을 개선했다. 그는 선원들을 노예처럼 부리지 않았다. 왕립협회의 가장 존경받는 회장인 아이작 뉴턴은 신선하고 수정처럼 분명한 우주의 법칙을 발견했다. 제임스 쿡의 새로운 방식은 이런 발견과 맞먹는 것이었다. 쿡은 하위 계층 출신의 선원들이 선천적으로 충동적이거나 폭력적이라고 믿지 않았다. 이들의 행동은 공정한 대우를 받으면 개선될 수 있다는 생각에 따라 쿡은 절대적으로 필요한 때를 제외하고 자신의 배에 탄 누구도 매로 다스리지 않았다.

질병에 걸리는 일도 용납할 수 없었다. 질병 발생은 불가항력이 아니었다. 과학의 실패였다. 그는 거의 매일 선원들을 시켜 갑판을 식초로 닦았다. 당시 최신 과학 문헌은 과일과 맥아, 소금에 절인 양배추를 혼합해 먹으면 치명적인 괴혈병을 예방할 수 있다는 연구를 소개했고 쿡은 실행에 옮겼다.

효과가 있었다. 쿡 선장이 지휘한 첫 번째 배였던 엔데버호가 〈스타트렉〉 엔터프라이즈호의 모델이 된 데에는 그럴만한 이유가 있었다. 쿡의 배에는 미래에서 온 듯한 첨단기술뿐만 아니라 모험심도 넘쳐났다. 쿡은 자신이 '누구보다도 더 멀리까지 항해하는 데서 그치지 않고,

인간이 갈 수 있다고 생각하는 가능한 한 먼 곳까지' 가겠다는 대담한 계획을 적었다.

엔데버호는 1768년 블라이가 13세이던 해에 잉글랜드에서 출항했고, 3년 후에 약 11만 킬로미터의 항해를 마치고 귀환했다. 이 배는 상상해본 적도 없는 문화를 탐험하고, 새로운 동식물 종種을 발견하고, 유럽에서 한 번도 본 적 없는 장식품과 옷, 무기를 가져왔다. 쿡의 새로운 항해 방식으로 선원 중 단 한 명만 사망했다는 사실도 주목할 만한 성과였다. 전례가 없던 일이었다. 젊은 윌리엄 블라이는 1776년에 맨섬을 떠나 이 근사하고 진보적인 조직에 합류한다.

22세에 블라이는 쿡의 레졸루션호에서 항해장으로 복무했다. 많은 인기를 누렸던 엔데버호의 뒤를 이은 선박이었다. 항해술은 복잡했다. 블라이는 각도와 거리를 정확하게 재는 육분의와 해도, 새롭게 발명된 정확한 시계를 이용해야 했다. 그는 구면삼각법을 활용했고, 뉴턴과 동시대에 살았던 에드먼드 핼리Edmund Halley가 찾아낸 자기 편차magnetic variation: 진북과 자북 사이의 편차-옮긴이를 조정하기 위해 계산을 했다. 쿡은 블라이의 결정을 존중했고, 블라이는 정확한 항로를 찾아 항해했다. 레졸루션호는 잉글랜드에서 출항해 태평양의 타히티섬과 하와이로 이동했고, 다시 베링해협의 얼음으로 덮인 만灣까지 올라갔다. 러시아인들이 '알라슈카Alaschka'라고 불렀던, 얼어붙은 거대한 섬이라고 보고한 지역이었다. 블라이는 탐사대를 태운 작은 배들을 이끌고 본선을 떠났고, 8월 중순에 약 3.6미터 높이의 얼음벽을 발견한 다음에야 되돌아왔다.

‖ 바운티호의 평화로운 항해 ‖

본토로 귀향한 블라이는 맨섬에서 만났던 젊은 여성 엘리자베스 베덤Elizabeth Betham과 결혼해 가정을 이루었다. 그 이후에도 계속해서 탐험을 떠났고, 영국 해군에서 가장 경험이 풍부한 장교가 되었다. 그의 항법술과 정교하고 아름다운 스케치는 널리 알려졌다. 1787년, 30대의 블라이는 마침내 바운티호를 지휘하게 되었고, 존경했던 쿡 선장의 방식을 따를 생각이었다. 임무는 간단했다. 타히티섬에는 영양가가 풍부한 큰 열매가 열리는 빵나무가 자랐다(탄수화물이 풍부해서 실제로 어느 정도 빵 같은 맛이 났다). 카리브해 지역으로 묘목을 가져올 수만 있다면 대영제국 식민지에 또 다른 유용한 작물이 될 수 있었다.

블라이가 채집해야 했던 빵나무는 크기가 컸다. 그래서 그는 자신의 배를 기발한 방식으로 변경할 계획을 세웠고, 출항 전에 완성했다. 배의 중심에 채광창과 통기구를 설치해 나무를 키울 거대한 공간을 만들었다. 나무를 따뜻하게 해줄 난로도 있었고, 600개 이상의 화분을 담을 나무틀과 흘러나온 물을 재사용하는 똑똑한 재활용 장치도 마련했다.

바운티호는 쿡의 선박보다 규모가 한 단계 아래인 빠른 소형 범선이었다. 그 당시 규정에 따라 선장으로 명명될 수 없었던 블라이는 (대위가 되어야만 지휘관이 될 수 있었다) 선원들을 자신의 명령에 복종하게 만드는 일이 얼마나 중요한지 알았다. 이들을 잘 교육하고 대해주지 못할 이유가 뭐가 있겠는가? 대서양을 항해할 때 화산섬인 테네리페섬 인근에서 블라이는 공식 명령서를 펼치고 요점을 큰 목소리로 발표했다. "우리는 멈추지 않고 오타헤이테(타히티섬의 옛 명칭)로 향할 것이다." 예상보다 몇 주 늦게 출발한 데다 남아메리카 최남단의 케이프혼에 도착할 때쯤에는 남반구가 겨울에 접어드는 시기이므로 이 지역으로 항해하지 못할 수 있고, 그렇게 된다면 동쪽으로 방향을 바꿔서 아프리카를 돌아가는 항로를 선택해야 한다고도 설명했다.

이는 여정이 더 길어진다는 뜻이므로 대비 차원에서 지금부터 비스킷 배급량을 줄이겠다고 선언하면서, 선원들의 사기를 진작할 목적으로 획기적인 방법도 함께 발표했다. 당시 선원들은 4시간 교대로 당직을 서는 것이 일반적이었는데, 바운티호에서는 교대 시간을 조정해서 당직을 서지 않을 때 8시간 동안 방해받지 않고 잠을 잘 수 있게 해주었다.

블라이는 항해 일지에 이렇게 적었다. "나는 (추가 수면시간이) 선원들의 건강에 좋다고 생각했다 (…) 만족감을 더해주고 기분을 좋게 해준다." 선원 중 한 명은 블라이의 발표가 '기분 좋게 받아들여졌다'고 기록했는데, 훗날 그 역시 반란에 가담한다.

타히티섬에 도착하기 전 수개월 동안 항해는 순조로웠다. 블라이는 식초로 갑판을 정기적으로 문지르게 하여 질병 발생률을 낮췄다(이 방법은 효과가 있었고, 덕분에 바운티호에 승선했던 의사는 알코올 중독자가 될 정도였다). 하루는 수많은 돌고래 떼가 만들어낸 살아 움직이는 벽과 나란히 바다를 갈랐고, 수많은 나비가 떼를 지어 날아오르는 광경을 모두가 경이롭게 지켜본 날도 있었다. 블라이는 날씨가 허락할 때마다 선원들에게 춤과 음악을 즐길 수 있는 자유 시간을 주었다. 그는 "나는 지금까지 누구도 부득이하게 처벌하지 않아도 되었다는 사실에 큰 기뿜을 느낀다"라고 적었다.

블라이가 매우 다정한 사람으로 알려졌기 때문에 그와 전에 항해를 해봤던 선원들이 이 여정에 합류하려고 자원했다. 심지어 쿡 선장과 다시 함께하기 위해 자원했던 인원보다 더 많았다. 키가 크고 머리색이 짙은 청년 플레처 크리스천Fletcher Christian도 그중 한 명이었다. 크리스천은 블라이와 세 번째 항해를 함께한다는 사실에 기뻐했다. 출항 전에는 블라이의 가족과 함께 시간을 보내면서 그의 아이들과 놀아주기도 했다. 바운티호에 승선한 후에는 좀 더 자주 둘이서 식사를 함께했다.

블라이는 크리스천 집안의 교육 수준이 자신의 처가와 비슷했기 때문에(크리스천의 형은 케임브리지대학 교수였다) 그와의 대화를 특히 만족스러워했다. "저 젊은이를 특별히 더 좋아하는 것처럼 보입니다." 앞선 여정에서 함께했던 1등 항해사가 블라이에게 이렇게 썼다. "(선장님은) 선실에서 크리스천과 함께 이틀에 한 번은 먹고 마시고 있습니다." 얼마 가지 않아 블라이는 크리스천을 임시 장교로 승격시켰다.

바운티호가 포클랜드제도를 지날 때 출항이 늦어지면서 우려했던 위험이 찾아왔다. 열대지방의 달콤하고 안락했던 항해는 끝났다. 계절이 겨울로 바뀌었고, 파도가 거셌다. 남아메리카의 끝단을 지나가려고 애쓰는 동안 비는 진눈깨비로, 진눈깨비는 눈으로 바뀌었다. 얼음이 얼면서 항해는 위태로워지기 시작했다. 돛대에서 내려온 선원들의 손은 꽁꽁 얼어붙었고, "한동안 말을 제대로 못 할 때도 있었다."

블라이는 이런 상황에 적절히 대처했다. 모든 문제에는 해결책이 있었다! 거친 파도에도 흔들리지 않고 안정적으로 앞을 볼 수 있도록 블라이 자기 몸을 돛대에 묶었다. 어느 날 밤 (마치 도버해협의 암벽이 살아 움직이며 배 위로 무너져 내리는 것처럼) 거대한 파도가 덮쳐 엄청난 양의 바닷물이 선원들의 선실로 쏟아져 들어왔다. 단단히 닫아놓은 문도 무용지물이었다. 블라이는 선원들이 추위에 떨지 않도록 자신의 선실을 "침대가 젖어버린 저 불쌍한 인간들이 사용할 수 있게" 비워 주었다.

블라이는 선원들이 젖지 않도록 특별히 안전에 신경을 썼다. 선원 두 명에게 난로를 담당하게 했고, 모든 선원의 옷을 펼쳐서 말렸다. 그는 배급량을 늘렸다. 아침밥으로 따뜻한 오트밀 죽과 설탕이 제공되었고, 일이 늦게 끝난 선원들도 따뜻한 수프를 먹을 수 있었다. 케이프 혼에서 최악의 날들을 보내던 어느 날에는 ("눈이 너무 많이 와서 그 무게로 항해가 거의 불가능했다") 그는 선원들의 사기를 높이고 필요한 영양을 추가로 공급하기 위해 배에 있던 마지막 돼지를 잡으라고 명령했다.

남극 대륙에서 거세게 불어오는 폭풍이 점점 더 악화하면서 선원들의 안전을 위협했다. 블라이는 일지에 "선원과 장교들이 더 버텨주기를 기대할 수 없었다"라고 썼다. 결국 남아메리카를 지나는 이 헛된 노력을 그만두겠다고 선포했다. 배를 돌려 동쪽으로 향할 생각이었다. 아프리카를 지나가는 항로는 목적지에 도착하는 데 수개월이 더 걸렸지만, 그는 "내 사람들을 관심 있게 보살피며 돌보아야 했다." 환호성이 울렸고, 선원들은 일지에 그가 얼마나 멋진지에 대해 썼다. 의사의 조수의 기록에도 선장이 얼마나 '선원들을 극진히 보살피고 있는지' 언급되었다.

비참이나 증오로 가득 찬 사람도, 블라이를 욕하는 사람도 없었다. 그럴 이유가 없었기 때문이다. 블라이의 목표는 배가 훌륭한 기계처럼 작동하게 만드는 것이었다. 다시 말해, 쿡 선장을 비롯한 여러 사람들로부터 받은 영향에 따라 인도적인 차원에서 선원들을 행복하게 해주려 했다.

성공한다면 보상은 어마어마할 것이다. 제임스 쿡은 별 볼 일 없는 농장 일꾼의 아들로 태어났으나 왕립협회의 회원이 되었다. 블라이의 출신도 변변치 않았다. 이번 항해에서 매우 중요한 빵나무 묘목을 제대로 이송하고, 더불어 그것을 인도주의적 방식으로 해낸다면 쿡에 필적하는 명성을 얻을 수 있으리라. 그렇게 생각하지 않을 이유가 없었다.

‖ 위험을 알리는 두 번의 징후 ‖

일이 틀어지고 있음을 보여주는 두 번의 징후가 있었다. 공식적인 2인자인 항해장 존 프라이어John Fryer는 블라이보다 나이가 많았고, 자신보다 어린 사람의 명령을 따라야 하는 상황에 분개했다. 게다가 블라이보다도 더 어린 플레처 크리스천이 자신과 동등한 위치로 승격했으니 불만이 쌓이는 것은 두말할 필요도 없었다. 대서양을 항해한 지 수개월이 지났을 때 프라이어는 (아마도 분란을 일으키기 위해) 스무 살의 평선원 매슈 퀸틀Matthew Quintal이 불손하게 행동한다고 블라이에게 보고했다.

블라이는 사건을 직접 보지 못했지만, 영국 해군 지휘체계의 규율에 따라 프라이어의 보고를 사실로 받아들일 수밖에 없었다. 하루 전까지만 해도 지휘체계를 분명하게 유지하기 위해 식량 배급량과 음악과 춤에 초점을 맞추었다면, 프라이어의 보고 이후로 갑자기 포악한 매질에 의존하게 되었다. 블라이는 다음과 같이 적었다. "이날 오후가 되기 전까지는 누구도 처벌하는 일 없이 이 항해를 계속할 수 있다는 희망이 있었다." 그러나 상황이 바뀌었고, 퀸틀은 팔이 묶인 채 채찍질을 당했다.

이 사건은 (퀸틀을 제외한 모두의 머릿속에서) 곧 잊힌 것처럼 보였고, 수개월 동안 바운티호는 이전처럼 별 탈 없이 항해를 지속했다. 그러다가 타히티섬으로 가는 4만 5000 킬로미터에 달하는 여정의 막바지에 접어들었을 때(뉴질랜드 동쪽의 기후는 온화했다) 프라이어는 (아마도 홧김에) 정기적인 격월 경비 명세서에 서명하기를 거부했다. 이 문서는 차후에 절차를 제대로 지켰음을 증명하는 자료로 해군성에 제출할 것이었다. 프라이어의 행동은 심각한 불복종이었다. 블라이는 격분했다. 명령은 반드시 실행되어야 했다. 그렇지 않으면 달성하려는 모든 목표가 무너질 수도 있었다. 블라이는 모든 선원을 갑판으로 집합시키고는 프라이어 옆에 서서 무시무시한 군율을 큰 소리로 읽었다. 혹독한 형벌과 함께 모든 배에 적용되는 정부 규정이었다.

'비겁하거나 부주의하거나 불만에 찬 선동의 말을 내뱉는 사람은 누구나' 사형에 처하겠다고 협박하는 조항이 있었다. 또 회계장부를 작성할 때 적절한 절차를 무시하는 사람은 '면직되고, 이후 영국 해군에서 일자리를 얻을 수 없다'고 위협하는 특정한 조항도 있었다. 이 일은 프라이어의 경력을 망가뜨리고 그의 가족을 궁핍한 생활로 내몰 것이 분명했다. 프라이어는 도박을 걸 수 없었다. 블라이는 "이 골칫덩어리는 자신의 잘못을 깨닫고 전 선원이 보는 앞에서 장부에 서명했다"라고 기록했다.

이 사건이 일단락되고 여유를 되찾은 블라이는 선원들과 다시 문제 없이 교류했다. 그는 선원들과 수다를 떨며 밥을 먹었고, 갑판원들에게 전처럼 다시 친절하게 대했다. "오후 4시부터 8시까지 춤을 추었다. 나는 선원 모두를 고향으로 무사히 돌려보낼 수 있기를 기쁜 마음으로 희망한다." 모든 것이 올바른 질서를 되찾았다.

1788년 10월 타히티섬에 도착했다. 타히티섬은 지상낙원이었다. 블라이와 선원들이 정박한 해안 뒤편으로 나무가 무성한 산들이 솟아 있었다. 시내에는 깨끗한 물이 흘렀고, 석호로 느긋이 흘러 들어갔다. 해변은 야자나무로 둘러싸여 있었다. 수십 개의 카누가 이들이 탄 배를 쫓아왔다. 순간 블라이와 선원들은 벅차오르는 감동을 느꼈다. "수많은 토착민이 내 주변으로 몰려들었고 (…) 선원들의 모습을 찾기조차 힘들었다." 폴리네시아 남성들이 음식을 제공했고, 아름다운 여성들이 알몸으로 이들을 맞이했다.

해가 질 무렵 배는 돼지와 과일, 직물로 가득 찼다. 폴리네시안 남성들은 돌아갔지만, 여성들은 남아서 선원들과 해먹이나 매트 위에서 뒤엉켰다. 블라이는 자신의 욕구를 채우지 않았지만 이 상황을 이해하고 넘겼다.

다음 며칠간 선원들은 새로운 생활에 빠져들었다. 빵나무 묘목은 배로 옮겨 싣기에 충분히 튼튼해질 때까지 반년 정도 보호 구역에서 재배해야 했다. 그 준비 말고는 딱히 할 일이 없었다. 수개월에 걸쳐 바다에서 고된 노동을 한 것에 비하면 편안한 삶이었다.

블라이는 아이들이 연을 날리거나 정신없이 뛰어다니며(영국 아이들과 다를 것 없이!) 노는 모습을 지켜보았고, 섬의 식물과 문화, 지형을 기록하는 데 시간을 썼다. 또 지역 지도자들과도 대화를 나누었는데, 이들 중 몇 명은 앞서 쿡 선장과 함께 방문했던 그를 기억했다(족장의 아내인 이디아는 파도타기와 레슬링, 그리고 블라이에게 배운 사격에서 뛰어난 기량을 보여줘 모두를 놀라게 했다). 블라이는 지난 방문에서 타히티어를 조금 배웠고, 이번에는 함께 온 식물학자와 함께 이들의 말을 더 집중적으로 공부했다.

한편 선원들은 자신들을 환대해준 토착민 가족들과 어울렸다. 서로에게 (이 당시에는 선원들조차 거의 몰랐던 풍습인) 문신을 해보라고, 마을 레슬링 경기를 구경 또는 참가하자고, (사실 이것만큼은 부추길 필요가 없었지만) 완벽하다고 할 수 있는 해변을 거닐자고 부추겼다.

잉글랜드에서 평선원은 하층민 중에서도 최하층에 속했다. 영양실조에 시달렸고, 싸움이나 고된 노동으로 몸이 성치 않았다. 한 선원은 한쪽 뺨에 눈에서 목까지 길게 이어지는 흉터가 있었고, 골절로 인해 한쪽 팔이 짧아진 선원이나 도끼에 베이고 화상을 입은 선원들도 있었다.

그럼에도 이곳에서는 신과 같은 존재였다.

‖ 무엇이 그를 폭군으로 만들었을까? ‖

타히티섬에서 시간이 멈춘 듯한 일상을 보내는 동안에는 뒤에 어떤 대조적인 삶이 기다리고 있을지 누구도 예상하지 못했다. 바운티호를 계속 방치할 수는 없었기에 다른 정박지로 이동시키기로 하고 선원 모두가 탑승했을 때에야 블라이는 얼마나 많은 변화가 일어났는지 깨달았다. 망보기 담당 선원도, (무거운 사슬을 내려 수심을 측정하는) 측심원도, (본선보다 앞서 작은 배에 타고) 정찰 임무를 맡은 선원도 하나같이 형편없었다. 얼마 가지 않아 영문도 모른 채 바운티호의 뱃머리가 암초에 긁히는 끔찍한 소리가 들려왔다.

오도 가도 못하는 곤혹스러운 상황이었다. 설상가상으로 날씨가 변하기 시작했다. 순식간에 먹구름이 끼며 물결이 사납게 일었다. 암초에 걸린 배를 빼내지 못하면 파도에 밀려 암초에 더 세게 부딪히면서 구멍이 나고 결국 배가 가라앉게 될 것이었다.

블라이는 가까스로 빠져나오는 데 성공했지만, 큰 실망을 느꼈다. 이런 일이 벌어질 때까지 선원들은 도대체 뭘 했나? 얼마 지나지 않아 모든 명령에 변화가 생겼다. 1월 5일 늦은 밤에 선원 세 명이 무기가 든 상자를 끌며 탈영을 시도했다. 이들을 쉽게 발각할 수도 있었지만, 불침번을 선 장교가 잠에 빠져 미처 알아차리지 못했다. 블라이는 세 명의 도망자들이 잡혔을 때 채찍으로 벌했다. 그가 때린 대수는 군율이 정한 최고 대수에 못 미쳤지만, 무척 엄한 처벌이었다. 불침번을 선 장교는 일주일 넘게 쇠사슬로 묶어두었다.

또 다른 사건이 이어졌다. 정기적으로 돛에 바람을 쐬어 말려야 하는데 아무도 예비용 돛을 가져오지 않았던 것이다. 고향으로 돌아가기 위해 1년 가까이 항해하는 동안 꼭 필요한 이 돛은 이미 곰팡이가 피고 부식되어 있었다. 절대 용납될 수 없는 일이었다. 장교 모두(이 일에서는 평선원도 모두) 이 작업이 얼마나 중요한지 알았다. 블라이는 이렇게 적었다. "어떤 직무 태만도 이 범죄에 비할 수 없었다."

블라이는 상황이 더 나빠지기 전에 이 빌어먹을 섬을 떠나야 한다는 것을 깨달았지만, 날씨와 빵나무가 발목을 잡았다. 블라이의 분노는 점점 더 커졌다. 섬을 떠나기 전 그는 한 선원을 '불손함'을 이유로 무시무시한 아홉 가닥 꼬리 채찍으로 열두 대를 때렸고, 토착민들이 코앞에서 물품을 훔쳐 가도록 놓아두었다고 열두 대를 더 때렸다. 심지어 악의는 없었던 보조 요리사를 묶어놓고 의무를 소홀히 했다며 채찍질했고, 배의 도살자에게도 '식칼을 도둑맞은 것'에 대해 무자비하게 채찍질을 했다.

사려 깊었던 블라이는 어디로 간 것일까? 어쩌면 그런 사람은 처음부터 없었는지도 모른다. 블라이에게는 자신의 임무가 가장 중요했다. 여기에 더해 공정하고 과학적인 접근법이 효과가 있음을 보여주고 싶어 했다. 선원들은 이를 달성하는 데 필요한 수단이었다. 배가 안정되고 균형 잡힌 상태를 유지하는 한 잘 대해주는 것이 운영에 도움이 되었다. 블라이가 공정하고 너그러운 태도를 보여주면 선원들은 활기와 부지런함으로 보답했다. 그렇지만 타히티섬은 소용돌이 속으로 빨려 들어가듯 상태를 악화시켰고, 쿡과 블라이가 바꾸고 싶어 했던 전통적인 악순환이 시작되었다. 선원들이 불만을 품고, 이에 장교들이 무자비해지면서 선원들의 불만이 더욱 커지고, 그래서 장교들이 더욱 무자비해졌다.

스타렛과 엠파이어스테이트 빌딩의 공사에서 보았듯이 강하고 세상 물정에 밝은 사람이 때때로 지역사회 전체의 상호작용 방식을 바꿀 수 있다. 그러나 블라이에게는 이런 일을 감당할 능력이 없었다. 자녀들이 기대했던 것만큼 똑똑하지 않다고 고함을 치는 부모처럼 그는 자신의 모든 좌절감을 분출했다. 균형이 사라졌다.

1789년 4월 4일, 마침내 블라이의 선원들은 충분히 자란 빵나무 묘목을 배에 싣고 닻을 올렸다. 블라이는 이전에 그랬던 것처럼 배를 잘 지휘해야 한다는 것을 깨달았다. 이들은 중간에 케이프타운에 한 번 들르는 것 말고는 카리브해까지 지구를 반 바퀴 돌아갈 예정이었다. 선원들은 돛을 올리거나 내리면서 열심히 일했고, 블라이는 타히티섬에서 가져온 신선한 식량이 나중에 필요하게 될 거라는 사실을 알았기 때문에 배급량을 엄격하게 단속했다.

이 방식은 대서양을 항해했을 때와 크게 다르지 않았지만, 타히티섬에서 보낸 6개월의 시간은 선원들을 바꾸어놓았다. 선원 중 다수가 섬에 도착하면서부터 흥청거리며 난잡하게 놀았다. 친구를 사귀었고, 마을 아이들과 놀아주었으며, 음식은 맛있고 풍부했다. 이러는 중에 몇몇 임신한 여성들도 생겼다. 출항하고 일주일이 되지 않아 블라이는 직무 태만을 들어 선원 한 명에게 채찍형을 가했다. 보통은 장교들이 망설임 없이 그를 따랐지만, 이날은 무언가 달랐다. 특히 플레처 크리스천이 그랬다. 크리스천은 왜 달라진 것일까? 그 이유는 거의 매일 밤을 육지에서 보내면서 마우아투아라는 여성과 가깝게 지냈고, 아이가 생겼는데 이제 그녀와 헤어져야 했기 때문이다. 블라이는 어느 여성과도 진지한 관계를 갖지 않았고, 바람을 피웠다고 해도 짧게 끝났다. 블라이에게는 언제나 임무가 먼저였다.

블라이는 불만을 쏟아냈고, 선원들에게 욕설을 내뱉었다. 그리고 크리스천과의 우정을 잃었다. 한 선원은 "어떤 잘못이 발견될 때면 선장의 분노가 미스터 크리스천에게 집중되었다"라고 기억했다. 크리스천은 블라이에게 그만하라고 사정했으나 그는 듣지 않았다. 블라이는 "이 배에 탄 장교들만큼 부주의하고 쓸모없으며 하찮은 장교들은 없다고 생각한다"라고 썼다. 또 일부 '적절한' 형벌이 (심지어 모든 장교에게도 잔혹한 형벌이) 필요할지도 모른다고 썼다. 어쩌면 블라이도 해군의 위계질서가 사라진 타히티섬의 유혹에 맞서, 그리고 자신을 왕립협회로 연결해줄 수 있는 현지 조사가 무의미해지지 않도록 자신을 방어하고 있었는지도 모른다.

항해를 재개하고 19일째 되던 날 갈등이 최고조에 달했다. 블라이는 깨끗한 식수의 중요한 원천인 코코넛을 상갑판의 총기들 사이에 엄청나게 비축해두었다. 장교들은 코코넛을 지킬 책임이 있었다. 4월 23 일 아침에 블라이는 비축량이 줄어들었음을 알아차렸다.

누가 훔친 것일까? 장교들은 하나같이 모르는 일이라고 말했다. 그러나 분명히 이들 중 한 명 이상이 훔쳤을 터다. 장교들은 서로를 지켜주고 있었다! 블라이는 욕하기 시작했다. "빌어먹을 놈들 (…) 이 일을 후회하게 해주지. 전부 지옥에나 떨어져!" 그는 이제 선원들도 사람이며 현명하게 이끌어줄 필요가 있다고 생각했던 침착한 쿡 선장이 아니었다. 블라이는 이 불복종에 어찌할 바를 모르다가 곧 격노했다.

분별 있는 절차가 항해를 완벽하게 만든다. 저들은 왜 그 방식을 고수하지 못한단 말인가?! 플레처 크리스천이 중재를 시도했으나 오히려 블라이를 더욱 분노하게 했고, 블라이는 자신의 선실 문을 박차며 들어갔다.

배에서 목수로 일했던 윌리엄 퍼셀William Purcell에 따르면 크리스천은 눈물을 흘렸다. "퍼셀, 제가 어떤 취급을 받았는지 한번 들어보실래요?"

퍼셀은 자신도 블라이의 호된 질책으로 괴로웠다고 말하며 그를 위로해주려고 노력했다. 그러나 자신과 크리스천 사이에 존재하는 차이를 몰랐다. 퍼셀은 해군성에서 발급한 임명장을 가지고 있었으므로 채찍형을 받지 않았다. 그러나 크리스천은 그저 임시 장교에 지 나지 않았고, 실제 직위인 부항해사는 그가 채찍형을 받을 수 있음을 의미했다.

이는 크리스천에게 상상도 할 수 없는 굴욕을 안겨줄 것이었다. 그의 형은 케임브리지대학 교수였다! "만약 제가 (블라이 선장에게) 목수님처럼 말했다면, 그는 저를 끝장냈을 겁니다. 아마 돛대에 묶고 채찍질을 했겠죠. (이는) 우리 두 사람 관계의 종말을 의미해요."

갈수록 긴장감이 쌓였고, 5일 후에 크리스천은 반란을 일으켰다. 블라이는 새벽 5시 30분 자신의 침대에서 갑판으로 끌려 나왔다. 손은 등 뒤로 묶였고, 반란자들이 신뢰하지 않았던 18명의 선원과 함께 본선의 작은 배에 태워졌다. 블라이는 저항했지만, 혼란에 빠지기도 했다. 이런 폭력적인 행동의 원인을 크리스천에게 강력히 따져 물었다. 작은 배에 타고 있던 선원 중 한 명이 블라이와 함께 총을 빼앗으려고 했을 때, 대서양에서 블라이가 채찍으로 때렸던 젊은 매슈 퀸틀이 총을 다시 잡아챘다. 퀸틀은 이 행동에 큰 희열을 느꼈을 것이다.

마지막 순간은 사나웠다. 반란자들은 럼주를 마신 상태로 총을 흔들며 외쳤다. "저 새끼의 머리를 당장 날려버려!" 격노한 블라이가 크리스천에게 소리를 질렀다. "제발 여기서 그만둬. 내 아이들을 무릎에 앉히고 춤도 추었잖아." 하지만 소용없었다. 크리스천이 배로 다가가던 갑판장에게 차분하게 말했다. "여행 내내 블라이 선장이 저를 개처럼 취급했어요. 저는 지옥에서 살았죠."

블라이는 여전히 맞서려고 했으나 (매질과 학대의 통치를 시작했던 장본인에게) 크리스천은 굴복할 수 없었다. 블라이에게 나침반과 물통을 준 것으로 봐서 그가 조금은 가책을 느꼈음이 분명했다. 그러나 그 이상은 없었다. 블라이가 반란을 끝내라고 요구했을 때 크리스천은 오랜 친구의 가슴에 총검을 겨누었다. "조금이라도 저항한다면 죽음을 면치 못할 겁니다."

선택의 여지가 없었다. 반란자들은 타히티섬으로 돌아갈 것이고, 이들의 기분대로라면 바운티호의 대포를 블라이가 타고 있는 배를 향해 발포할 가능성이 컸다. 블라이와 쫓겨난 선원들은 노를 저어 멀어졌고, 바운티호가 돛을 올리고 바람을 타며 사라지는 모습을 지켜보았다.

‖ 무너진 리더십 회복하기 ‖

다시 한번 블라이의 태도에 변화가 생겼다.

블라이의 목표는 (그의 열망은) 바뀐 적이 없었다. 선원들을 배에 가득 태우고 세계 곳곳을 돌며 중요한 임무를 수행할 때 인간적이고 합리적인 방식이 효과가 있음을 보여주는 것이었다. 항해 중에 이것이 친절한 행동으로 이어졌고, 그의 선원들이 남아메리카 여정에서 끔찍한 날씨로 스트레스를 받았을 때도 예외가 아니었다. 명령 체계에는 문제가 없었고, 블라이는 선원들이 능률적으로 일하는 데 도움을 주기 위해 (용기를 북돋는 말을 해주고, 식량을 추가로 제공하고, 몸을 따뜻하게 해주면서) 최선을 다해 이 체계를 활용했다.

타히티섬 생활로 인해 다시 바운티호에 탑승했을 때 선원들의 변화와 함께 명령 체계가 흔들리기 시작했다. 목표는 여전히 같았지만, 이번에는 채찍질과 심한 질책으로 다스렸다. 블라이는 분별 있고 합리적인 태도가 다시 한번 효과를 발휘할 수 있도록 선원과 장교들을 제자리로 돌아오게 만들려고 노력했다.

소형 배를 타고 표류하면서 명령 체계가 자연스럽게 다시 만들어졌다. 그러나 이 역시 블라이의 행동이 아니라 새로운 환경 때문에 생겨난 것이었다. 모두 블라이만이 자신들을 안전한 곳으로 데려다줄 수 있다고 믿었다. 그리고 이것으로 그의 태도가 즉각 바뀌었다. 이 상황에서 너그러운 합리성이 효과가 있음을 보여주려는 그의 바람을 막을 수 있는 것은 없었다. "과거를 돌아볼 시간이 생기자마자 내 마음이 훌륭하게 지탱되고 있음을 발견하고 희망을 품기 시작했다." 고향은 1만 9300킬로미터 떨어져 있었다. 그곳으로 돌아가서 해군성에 그간의 일을 설명하면 블라이는 재기할 수 있었다.

일본인 예술가 호쿠사이Hokusai는 인간의 마음에 생기는 이런 현상을 이해했다. 그의 유명한 판화 〈가나가와 해변의 높은 파도 아래〉는 그의 표현대로 '근육 힘줄' 같은 힘을 가진 위협적인 파도를 보여준다. 왼쪽에서부터 몰아치는 거대한 파도가 당장이라도 집어삼킬 것 같은 모습을 묘사한 작품이다. 인간이 타고 있는 배가 오른쪽에서부터 접근하고 있고, 파도와 배 사이에 평온해 보이는 후지산이 보인다. 오로지 이 예술가만이 전체 전망을 볼 수 있고 놀라 어쩔 줄 모르는, 배에 타고 있는 인간들은 볼 수 없다.

이것은 변함없는 세상의 이치를 보여준다. 삶이 우리 위로 쏟아져 내리고 있는데 우리는 어떻게 해야 하는가? 흔히 우리는 우리 과거의, 우리 자신의 어느 부분에 관심을 기울일 것인지를 선택할 수 있다. 어떤 사람은 다른 사람보다 훨씬 더 공정한 성향이 있기도 하지만, 상황에 따라 이런 성향을 더 많이 끌어내는 경우가 있다.

작은 배에서 블라이의 첫 과제는 식량을 구하는 일이었고, 타히티섬에서 멀지 않은 곳에 작은 섬이 있다는 사실을 알았다. 출발은 좋았다. 바운티호를 떠난 지 며칠 뒤에 가파른 절벽이 있어 험하기는 했지만 작은 만에 정박할 수 있었다. 식량을 찾으면서 절벽에 달린 포도나무를 보았고, 올라가기 편하게 정돈되어 있었기 때문에 인간이 만든 절벽임을 알았다. 얼마 안 가서 토착민들이 블라이와 선원들에게 다가왔다. 처음에는 호의적이었지만, 치명적인 대포를 탑재한 본선이 뒤에 없다는 사실을 발견하고는 분위기가 달라졌다. 토착민 한 무리가 배에 연결된 줄을 당겨 배를 해변으로 끌어올리려고 했고, 배에 남아 있던 선원들은 노를 저어가며 끌려가지 않으려고 애썼다. 다른 토착민들은 '무게가 2~8파운드 되는' 큰 돌덩어리들을 모았다.

블라이는 이런 상황에 어떻게 대처해야 하는지 알았다. 선원들을 어떻게 지킬 것인가? 그는 배에 남아 있는 선원들에게 파도가 치기는 하지만 가능한 한 해변에 가깝게 배를 띄운 채 대기하라고 일렀다. 한편 그는 토착민 지도자들의 주의를 분산시켰다. 그나마 가장 덜 적대적이었던 토착민의 이름은 나가티였다. 내륙 깊은 곳의 동굴에서 이 상황을 침착하게 일기에 기록했다. 블라이는 땅거미가 지기 직전에 ("싸워야만 한다면 (…) 밤이 우리에게 더 유리할 것이다.") 단검을 단단히 쥐고 "나가티의 손을 잡고 해변으로 걸어 내려왔다. 모두가 두려워하며 침묵했다."

해변에는 아까보다 더 많은 토착민 전사가 모여 있었고, 손에 들고 있는 돌을 부딪치며 딱딱거리는 불길한 소리를 냈다. 블라이와 목수만이 해변에 남아 있는 유일한 영국인이었다. 갑자기 나가티가 블라이의 손에서 빠져나갔고, 이것이 상황을 폭발시켰다. 해변보다 높은 위치에서 기다리고 있던 토착민들이 공격을 위해 빠르게 전진했고, 블라이와 목수는 파도를 가르며 배를 향해 뛰기 시작했다. 선원들은 노를 저었지만 다른 토착민들이 선미에 달린 밧줄을 잡아당기면서 배가 나아가지 못하게 방해했다. 이때 갑판수 존 노턴John Norton이 배 가 토착민들의 손에서 벗어날 수 있도록 배에서 뛰어내렸다. 블라이와 목수가 배에 올라타는 동안 노턴이 쓰러졌다. 뒤를 돌아봤을 때 노턴은 큰 돌을 든 남성들에 둘러싸여 있었다. 노턴은 블라이와 이전에 함께 항해한 적이 있던 선원이었다. 다시 한번 블라이와 함께하기로 했고, 블라이는 '훌륭한 인격'을 가졌다며 그를 좋아했다. 노턴은 파도에 중심을 잃고 쓰러졌지만 아마도 그때까지는 살아 있었을 것이다. 그러나 할 수 있는 일이 없었다. 블라이는 결정을 내렸다. "토착민들이 여전히 밧줄을 붙잡고 있었고, 배를 해변으로 세게 잡아당겼다. 내 주머니에 칼이 없었다면 토착민들은 분명 성공했을 것이다. 나는 칼로 줄을 잘랐다."

항해가 다시 시작되었다. 가장 가까운 정착지는 4800킬로미터 이상 떨어진 티모르섬의 네덜란드령이었다. "우리는 18명을 가득 태운, 길이가 7미터 정도 되는 작은 배를 타고 항로가 거의 알려지지 않은 곳으로 방향을 바꾸어 바다를 건넜다. 해도는 물론이고, 장소의 위치에 대한 내가 가진 기억과 위도와 경도를 보여주는 책에서 얻은 일반 지식 말고는 우리를 안내해줄 것이 아무것도 없었다."

블라이는 선원들에게 과거 이야기를 해달라고 했고, 그도 자신의 이야기를 들려주었다. 밤이 되면 선원들이 함께 노래를 불렀다. 배에 고인 물을 퍼내는 일은 체력을 고갈시켰다. 블라이도 최대한 선원들을 도와 물을 퍼내면서 태평양의 파도가 계속해서 배 안으로 들어오는 것을 막기 위해 천을 팽팽하게 펼쳐 배의 모서리에 달아 배의 측면을 몇 인치 높이는 기발한 방법을 고안했다. 블라이는 속도를 측정하는 데 도움이 되도록 초를 일정하게 세는 방법을 하급 선원에게 가르쳤다. 비가 그칠 때마다 진행 상황을 기록했고, 모두에게 자신들의 위치를 공유했다.

식량이 부족해서 공평하게 나누는 것이 매우 중요했다. 주요 식량을 목수의 상자에 넣어 안전하게 잠갔고, 무게를 재기 위해 야자 껍데기로 저울을 만들었다. 이것이 공정함을 보장했을 뿐만 아니라 절차를 지킴으로써 제한된 식량으로 더 오랫동안 버티게 해주었다. 큰 새를 잡아서 배를 가른 다음에 아직 소화되지 않고 남아 있는 맛있는 갑오징어나 작은 날치가 있으면 선원들에게 나누어주었다.

블라이는 심지어 선원들이 배 밑바닥에서 찾은 신호기의 조각들을 가지고 조잡한 바느질 솜씨로 영국 국기를 만드는 데 도움을 주었다. 기발한 생각이었다. 국기는 고향을 떠올리게 해 선원들의 사기를 끌어올려주었다. 블라이는 항구에 도착했을 때 자신들의 신원을 제대로 확인시켜주기 위해 국기가 필요하다고 말했다.

일이 잘 풀렸다. 몇 주 동안 폭우와 적은 배급량으로 고생하던 중 기이한 소리를 들었다. 블라이는 이 소리가 무엇을 의미하는지 알았다. 이들은 호주 북동쪽의 그레이트 배리어 리프에 가까워졌으며 산호들 사이로 배를 저어갈 수 있는 틈을 찾아야 했다. 선원들은 자연스럽게 합심해서 산호와 평행하게 최대한 빠른 속도로 노를 저었다. 배가 들어갈 수 있는 틈을 발견했고, 힘껏 노를 저어 이곳을 통과했다. 오래가지 않아 잠잠한 바다에 들어섰다. 섬이 하나 있었다. 토착민은 없어 보였다. 이들은 이곳에 배를 댔다.

안전한 곳에 도착하자 규율은 순식간에 무너졌고, 기꺼이 도움을 주고 용기를 주던 윌리엄 블라이는 다시 분노에 찬 사람으로 변했다.

사건이 없었던 것은 아니다. 지역 토착민들이 자신들의 야영지를 발견하지 못하도록 어떤 종류든 불 피우는 일을 조심해야 했다. 그러나 섬에 도착하자마자 선원 한 명이 혼자서 불을 지폈고, 이것이 건잡을 수 없이 거대한 들불을 일으키면서 "갑자기 섬이 온통 활활 타오르는 것처럼 보였다." 먼 곳에서도 볼 수 있을 정도였다. 바닷물이 밀려들어오고 있어서 당장 도망칠 방법이 없었다. 식량을 구하기 위해 거북이 사양을 보냈던 선원들이 빈손으로 돌아왔을 때 블라이는 "놀라지 않았다. 초저녁에 불을 끄느라 소란을 피운 뒤라 거북이들이 우리가 있는 근처까지 올 리가 없었기 때문이다"(그의 한숨 소리가 들리는 듯하다).

이후 잠시 들렀던 인근의 다른 섬들에서도 많은 사건이 있었다. 한번은 블라이가 선원들에게 찾은 식량을 모두 나누어 먹어야 한다고 말했음에도 선원 한 명이 혼자 사냥을 나갔다는 사실을 알아챘고 그를 구타했다. 마찬가지로 먹을 것을 구하러 나갔다 한참만에 돌아온 목수가 자신이 찾은 것은 혼자만 먹겠다고 주장하자 블라이가 막아섰고 목수도 항변했다.

설전이 오가다 급기야 블라이는 날카로운 무기를 집어 들었다. "이 언쟁을 제때 멈추지 않으면 어떻게 끝날지 알 수 없었기 때문에 나는 최후의 일격을 가하기로 작정했다. 내 지휘권을 보호하거나 이를 시도하다가 죽거나였다. 나는 단검을 들어 그에게 무기를 들어 방어하라고 명령했다." 이것은 블라이의 입장이다. 프라이어에 따르면, 그는 거의 미친 사람 같았고 말리려고 하자 끼어들면 죽이겠다고 협박했다.

다행히 누군가가 목숨을 잃기 전에 목수가 항복했다. 배로 되돌아갔을 때 모든 것이 다시 뒤집혔다. 누구도 허락 없이는 불을 지피지 않았고, 몰래 먹을 것을 찾아 나서지 않았다. 모두가 고향으로 돌아가기 위해 블라이에게 의존했다. 식량 배급량이 너무 적다고 몇몇이 불평하기는 했지만, 앞의 사건보다 더 심각한 문제는 발생하지 않았다. 블라이에게 비판적이던 프라이어와 다른 선원들 기록에도 다른 문제에 관한 이야기는 없었다. 이들은 다시 노래를 부르고 이야기를 들려주었으며, 아픈 선원을 정성스럽게 돌봐주었다.

마침내 유럽인들이 거주하는 티모르섬에 도착했다. 며칠간 회복하는 시간을 가진 후에 블라이는 고국으로 돌아가기 위한 자금을 마련하기 위해 영국 정부 특사를 만났다. 다시 항해를 시작했을 때 블라이와 선원들은 다시 언쟁을 시작했고, 블라이는 총검을 들이대며 프라이어와 목수를 체포해 거의 한 달 동안 사슬에 묶어놓았다.

블라이는 어떤 사람이었을까? 모든 사람은 변한다. 트위터의 익명성이 법을 준수하는 사람들에게서 최악의 면을 드러나게 하듯이, 변화를 일으키는 사건들이 모두 특수하지는 않다. 블라이의 경우에는 명령을 등한시하거나 어기는 것이 변화의 계기가 되었다. 다른 때에는 선원들에게 강압적이었다고 해도 지휘 체계가 분명하게 잡혀 있고, (남아메리카를 지날 때 항해를 꽁꽁 얼어붙게 만든 진눈깨비가 왔을 때나 태평양에서 바닷물이 작은 배 안으로 쏟아져 들어왔을 때처럼) 모두가 무엇을 해야 하는 지 명확할 때 그는 최고의 선장이었다.

타히티섬에서 돛에 곰팡이가 피었을 때처럼 이것이 깨지면 블라이도 깨졌다. 어느 상황에서 블라이를 연민을 가진 사람으로 만들었던 특성이 다른 상황에서는 바운티호 반란을 낳았다. 고향에 있는 그의 아내와 친구들에게는 언제나 차분한 사람이었지만, 여기서는 쉽게 바뀌었다. 블라이가 영국으로 돌아온 후로 그의 다른 일면이 다시 드러났다. 그는 빵나무 묘목을 자메이카로 운송하는 임무 실패를 만회하기 위해서 두 번째 임무를 지원해달라고 해군성을 설득했다. 이번에는 나무를 보호할 초현대적인 온실을 마련하는 데서 그치지 않았다. 그는 두 척의 배를 대동했고, 18명의 무장한 해병대원을 데려갔다. 블라이가 직접 지휘하는 개인 경호원들이었다. 해병대원들은 선원들과 교류가 없었고, 반란을 일으키지 않겠다는 것을 분명히 했다.

블라이는 이 소함대를 이끌고 타히티섬으로 돌아갔고, 해병대원들의 존재로 자신이 안전하다고 느낀 그는 과거의 좋았던 때처럼 합리적이고 도움을 주는 모습을 보여주었다. 섬에서 꺾꽂이용으로 잘라 심은 가지가 천천히 자라는 동안 이전과 같은 문제가 생길 소지를 줄이기 위해 항해 훈련을 시키면서 선원들을 바쁘게 만들었다. 필요한 만큼 수개월을 기다린 끝에 그는 묘목을 배에 옮겨 실었고, 3년 늦게서야 (지구를 거의 두 바퀴 돈 후에) 마침내 약속을 지킬 수 있었다. 블라이의 겸손한 표현에 따르면 '그 빌어먹을' 빵나무를 기어이 자메이카로 이송했다.

자메이카에 있던 영국 당국은 보상으로 막대한 현금을 지급하면서 블라이는 부자가 되었다. 그는 1793년 8월 7일에 영국 본토로 귀환했고, 임무 완수에 만족하며 일지에 다음과 같이 썼다. "이 여정은 성공적으로 끝났다."

‖ 모두가 직면하는 문제 ‖

이후에 발생한 반란들은 어땠을까? 마찬가지로 블라이가 단순히 좋거나 나쁜 사람이라고 말할 수 없음을 보여주었다. 몇 년 후인 1797년에 디렉터호에서의 반란은 북해와 영국 해협의 함대에 속한 수십 척의 함선에서 한 세기가 지나도록 제자리인 임금 문제를 들고 일어났다. 선원 대부분이 장교들에게 배를 떠나달라고 정중하게 요구하면서 넬슨 제독조차 "반란임에도 (…) 지금까지 내가 들어본 것 중 가장 남자다웠으며, 영국 선원에게 무한한 영예를 주었다"라고 말했다. 블라이는 자신의 임무가 위태롭다고 느껴지면 잔혹해졌지만, 디렉터호의 반란에서는 배에서 떠나달라고 요구받은 많은 장교 중 한 명이었을 뿐이다. 그 혼자만 당한 일이 아니었다.

블라이가 1808년에 호주 뉴사우스웨일스의 총독으로 부임한 후 체포된 사건은 그의 잘못이라고 하기 어렵다. 이곳에 주둔하던 부패한 영국 육군부대가 럼주를 밀수하고 여성들에게 매춘행위를 강요했다. 블라이가 이를 저지하려고 하자 군대가 그에게서 등을 돌렸던 것이다. 반면 과거 해군성이 주의를 주었던, 1804년에 워리어호에서 블라이가 불구에 가까운 프레이저 소위에게 모욕적으로 내뱉은 거친 말은 분명 그의 편을 들어줄 수 없게 한다. 이때 블라이는 정말로 나쁜 놈처럼 보였다.

어떤 사람들은 행동을 쉽게 바꾼다. 영국 철학자 메리 미즐리Mary Midgley의 말을 빌리면 "내면의 군중을 조직하는 데 많은 시간과 능력을 사용하는" 사람들이다. 마치 마음 안에서 "(이들이) 무언가를 하고 싶을 때마다 회의를 열어야 하는" 것과 같다. 반대로 어떤 사람들은 내적 기준이 있는데, 이것이 아주 강해서 극단적인 변화만이 이들을 바꿀 수 있다.

균형은 그저 추정할 수 있을 뿐이다. 제2차 세계대전 당시 미국에서 가솔린 배급을 비롯해 많은 것을 관장했던 물가관리국의 책임자이자 경제학자인 존 케네스 갤브레이스John Kenneth Galbraith는 인구의 10퍼센트는 언제나 배려심이 있고, 약 5퍼센트는 언제나 이기적이고, 나머지는 다른 사람이 무슨 행동을 하는지를 보고 행동한다고 말했다.

그렇기는 해도 도덕적인 10퍼센트를 깨뜨리거나 5퍼센트를 구원하기에 충분히 극단적인 상황이 있을 수 있다. 85퍼센트의 사람들은 어떤가? 윌리엄 블라이의 사례에서 얻을 수 있는 교훈은 무엇인가? 최고의 선원이자 항법사였던 (그리고 대개는 최고의 선장이었던) 그는 지휘관으로서 궁극적으로 실패했다고 여겨진다. 누군가를 판단할 때는 인생의 힘든 순간에 어떤 태도를 보였는가를 살펴보기 때문이다. 타히티섬을 떠나고 첫 주에 블라이가 자신을 통제했다면 반란은 일어나지 않았을지도 모른다.

이것이 자기 안에 있는 다양한 기질을 깨닫는 것이 현명한 이유다. 즉, (더 나은 자신으로 바꿔주는 환경을 찾는 동안에) 우리가 가진 최악의 측면을 드러나게 하는 상황을 경계해야 한다는 의미다.

이런 변화는 상당히 클 수 있다. 1940년대에 사우스캐롤라이나주 출신 상원의원 스트롬 서먼드Strom Thurmond가 대권에 도전했을 때 그가 속한 당은 린치lynching: 국가의 법관 이외의 자가 범죄인에 대하여 행하는 사적 제재를 말한다. 미국 남부에서 특히아프리카계 미국인을 처벌하는 수단으로 자주 사용되었다-옮긴이를 정강으로 채택했다. 그는 수십 년 동안 사우스캐롤라이나의 상원의원직을 유지했는데, 수많은 흑인 유권자들의 표를 받았기 때문이다. 흑인 유권자들은 현재의 이 남자를 좋아했기 때문에 과거의 일을 문제 삼지 않았다.

“어떻게 그럴 수 있었죠?” 이해가 가지 않았던 기자가 그 당시 고령이었던 상원의원에게 물었다. 서먼드가 미소를 지으면서 답했다. “내가 달라졌거든요.”

이는 우리가 모두 직면하는 문제이다. 루터교 목사이자 독일 저항 운동의 영웅인 디트리히 본회퍼Dietrich Bonhoeffer가 정확하게 묘사했다. 그가 사형당하기 직전인 1945년 봄에 교도소에서 작성한 글이다.

나는 누구인가? 저들이 자주 내게 말해준다
나는 나를 가둔 감방에서 걸음을 옮긴다
차분하게, 쾌활하게, 단호하게,

나는 누구인가? 저들이 내게 말해준다
나는 불운한 날들을 견뎌냈다
고요하게, 미소를 지으며, 자랑스럽게,
승리에 익숙한 사람처럼.

그런데 나는 정말로 다른 사람들이 말하는 그런 사람일까?
아니면 내가 아는 나만이 나인 걸까?
숨을 쉬기 위해 허우적거린다, 마치 손이 내 목을 조르는 것처럼.
친절한 말에 목마르고,
근사한 사건에 대한 기대를 내던지고,

나는 누구인가? 이런 사람인가, 저런 사람인가?
오늘은 이런 사람이고 내일은 다른 사람인가?
둘 다일까?

나는 누구인가?

저들은 나를 조롱한다, 이런 나의 외로운 질문들에….

PART 2

선택

블라이의 사례를 기점으로 이 책은 방향을 바꿀 것이다. 우리는 나쁜 사람이 되지 않고도 성공할 수 있는가라는 질문에 '그렇다. 그러나 어렵다'는 답을 얻었다. 그 이유는 공정성을 이론이 아닌 기술로서 적용해야 하기 때문이다. 그래서 우리는 언제나 경험과 판단에 의존할 수밖에 없다. 1부에서는 실제 사례들을 통해 간접 경험을 했고 몇 가지 일반 원칙과 함께 판단을 행동으로 바꾸는 지침을 제공받았다.

이제 더 큰 질문을 하겠다. 앞선 몇 가지 모범적인 이야기들의 범위가 어디까지 확장될 수 있을까? 대니 보일이 런던에서 만들어낸 완벽한 밤은 인상적이지만, 올림픽 경기장에서 벌어진 특수한 사건이다. 큰 공사 현장과 기업들도 제한된 영역만 다룬다. 이제 우리가 상상할 수 있는 가장 크고 극단적인 상황에서 적용되는 공정함에 대한 통찰을 만나볼 때다. 민주주의가 맹공격 받던 시대로 거슬러 올라가 두 명의 상반된 인물에게 초점을 맞출 것이다. 요제프 괴벨스와 프랭클린 D. 루스벨트다.

괴벨스는 인간 본성의 최악의 측면을 이용해 거의 10년 동안 성공 가도를 달린 것처럼 보인다. 앞서 이야기한 세 가지 기술을 모두 반대로 사용한 괴벨스의 방식을 통해 우리는 각 기술의 본질을 더 잘 이해할 수 있다. 그의 왜곡된 사고가 어떻게 맹목적이고 분노에 찬 태도를 만들어냈는지, 그리고 그러한 잘못된 방식이 루스벨트와 다른 사람들에게 어떻게 승리의 기회를 제공했는지 알아보자.

CHAPTER

05

선동의 천재, 괴벨스

"반유대주의는 품위 없는 짓일세"

오랜 상처와 분노가 찾아낸 출구

"그녀가 나를 무척 사랑한다는 것을 알지만
그녀는 잘못된 민족에 속한다."

‖ 시대는 선택을 요구하고 있었다 ‖

독일 뉘른베르크

1936년 9월 12일

(아래 내용은 무명의 기자가 독일 나치 의회의 집회 공문에 쓴 글의 일부이다.)

저녁 7시 30분이 되기 직전이고, 그림자가 점점 길어지고 있다. 뉘른베르크의 탑들이 황혼 속에서 붉게 빛나고 있다. 경기장에 모인 9만 명의 남성과 아이들을 알아보기 어렵다.

갑자기:

이제 하늘을 향해 조명등을 비춘다. 200개 이상의 거대한 빛줄기에 스와스티카swastika: 나치의 상징으로 쓰였던 갈고리 십자 무늬-옮긴이 깃발이 모습을 드러낸다! 우리는 즉각 운동장의 거대한 크기를 깨닫는다. 더 많은 불빛이 흠잡을 데 없는 하얀 대리석의 연단을 밝힌다. 잊을 수 없는 광경이다. 실로 아름답다!

확성기에서 큰 소리로 명령이 울려 퍼지고, 자동차가 급히 서두르며 달리다가 라이 박사의 목소리가 확성기에서 흘러나온다. "주목! 총통 각하께서 오셨다!" 더 많은 조명 빛이 위로 향하고, 수백 미터까지 치솟으면서 하늘 높이 지금껏 본 적 없는 가장 강력한 대성당이 만들어진다.

여기, 입구에서 총통의 모습이 보인다! 그는 잠시 멈추어 서서 하늘을 올려다본 다음에 발걸음을 떼어 그의 옆으로 길게 늘어선 군사들을 지나간다. 경기장을 가득 메운 만세 소리와 승리감이 그의 주변을 감싼다.

독일노동전선의 라이 박사가 마이크를 잡는다.

"총통 각하! 총통 각하, 모두가 절망에 빠져 있을 때 각하께서는 저희를 믿어주셨습니다. (우레와 같은 박수) 총통 각하, 각하만이 독일을 구한 공로를 인정받을 자격이 있습니다!"

(더 큰 우레와 같은 박수)

모두가 벅찬 감동의 기쁨을 느끼며 함께했다.

이제 총통 각하께서 말씀하신다! "나의 동지들이여! (우레와 같은 박수) 우리는 수백만 시민의 영혼을 위해 싸웠다. 그리고 우리는 성공했다!"

(확고한 승리감)

총통 각하께서 말씀을 이어가신다!

"나는 그대들에게 예언하겠다. 유대인은 독일에 자신들의 자리가 없음을 알게 될 것이다! (우레와 같은 만세 소리) 이 국가, 이 국가는 다가오는 미래에 더 강해질 것이다! 독일 만세!' (승리감이 거대한 파도처럼 몰려와 어두운 공간을 가득 채운다.)

캄캄한 밤에 모인 엄청난 인파 속에서 울려 퍼진 그의 말을 누구도 거부할 수 없었다. 정부가 뤼겐프레세Lügenpresse, 즉 '거짓 언론'으로 낙인 찍은 언론의 말들은 지난 3년간 거부당하고 완전히 제거되었다. 모두가 오직 이 지도자만이 진실을 이야기한다고 믿었다. 그래서 집중조명을 받는 자신들의 지도자 외에 다른 곳으로 시선을 돌리는 사람은 없었다. 그가 한 말을 곰곰이 생각해보기 위해 자신의 삶에서 마음을 교란하는 비판이나 기억, 기준을 가져오는 사람도 없었다.

이런 관점이 광범위하게 퍼져나갔다. 1930년대에 세계 전역에서 세계화가 멈추었다. 전통적인 직업은 사라졌고, 인습적인 정치인은 실패했다. 시민들은 도움을 갈구했다.

그렇다면 그 도움은 무엇일까?

히틀러가 1936년에 집회를 열었을 즈음에 두 개의 주요한 해결책이 제시되었다. 하나는 가능한 한 많은 시민을 하나로 뭉치게 하려는 프랭클린 루스벨트의 접근법이었다. 최소한 이론상으로는 외국인들을 돕는 것이 목적이었다. 두 번째 접근법은 독일에서 도입되었으며 분열이 목적이었다. 나치는 그 당시에 새로운 매체였던 라디오와 뉴스영화newsreel: 현실적·시사적 사건들을 보도하는 영화–옮긴이를 소수집단과 외국인을 비난하며 공격할 하위 집단을 선택하는 데 활용했고, 독립적인 뉴스 공급자는 철저히 멸시했다. 이 방식이 어떻게 성공의 문턱까지 갈 수 있었는지를(1941년 후반쯤에 독일은 유럽 역사상 가장 큰 제국 중 하나였다) 이해하면 이 책에서 다루는 3가지 접근법이 각각 어떻게 작동하는지 더 잘 이해할 수 있다.

독일의 성공에 도움을 준 사람은 많았지만, 그중에서도 요제프 괴벨스는 특히 눈에 띄었다. 독일의 선전부 장관이었던 그의 이름은 악의 대명사가 되었다. 괴벨스는 우리가 지금까지 봐왔던 기술들을 대부분 뒤집고 조작해서 인간이 지닌 최악의 면을 끌어냈다.

괴벨스는 겉보기에 이런 중대한 역할을 맡을 만한 인물처럼 보이지 않을 수도 있다. 나치즘은 강한 신체를 자랑스럽게 여기고 폭력을 찬양했다. 그런데 괴벨스는 약 165센티미터의 작은 키에 야윈 몸을 가진 데다 내반족clubfoot: 발목 관절의 이상으로 발목 밑이 굽어 발바닥이 안쪽으로 향하게 된 발-옮긴이이 있어서 걸을 때 심하게 절룩거렸다. 나치 정당은 유대인을 혐오했다. 그런데 괴벨스는 20대 중반에 유대인 자선활동으로 유명한 모세가家가 소유한 베를린 신문사에 지원했다. 게다가 괴벨스에게는 1년 넘게 사귄 유대인 여자친구가 있었다.

이런 배경은 괴벨스가 보여준 다음 행보에 매우 중요하게 작용했다. 중대한 순간에 그의 본성 중 너그러운 측면이 마음을 움직이려고 했으나 그는 망설이며 결정을 내리지 못했고 (…) 결국 모든 것을 파괴하고 말았다. 괴벨스를 믿었던 여자친구에게 그의 악랄한 모습은 고통이었다. 그러나 인간의 악한 측면이 장애로 놀림을 받았던 수많은 날의 기억과 결합하면서, 불행하게도 무엇이 인간에게 동기를 부여하는지에 대한 깊은 통찰을 그에게 안겨주었다. 이런 통찰력으로 냉당

함과 타산적인 성향이 강화되어 괴벨스는 최악의 목적을 달성할 수 있었다.

‖ 조롱받던 아이 ‖

괴벨스는 아킬레스건이 짧아져서 생긴 증상으로 고통스러워했다. 비교적 치료가 쉬운 병이었으나 괴벨스가 태어난 독일 서부의 작은 공업 도시 라이트에서 그의 부모는(아버지는 공장 직원이고 어머니는 교육을 받지 못한 시골 처녀였다) 치료법이 운동밖에 없다고 생각했다. 그러나 운동은 최악의 방법이었다. 괴벨스는 훗날 개인 회고록에 이렇게 썼다. "나는 어느 일요일에 가족과 가이스텐벡까지 멀리 산책하러 갔던 것을 기억한다. 다음 날 소파에 앉아 있을 때 내 발의 오래된 통증이 재발했다. (…) 극심한 고통이었다."

병원에서는 '평생 절룩거려야 한다'는 진단을 내렸다. 괴벨스는 뛰지 못했기 때문에 조롱을 당하면서도 달아날 수 없었고 당연히 주먹을 날릴 수도 없었다. 형이 둘 있었지만 형제가 도움을 주었는지는 알려진 바가 없다.

그 당시 살아남은 몇몇 장애아의 회고록을 보면 이들은 잔인한 별명과 비방의 세계에서, 약자를 배제하는 사람들이 똘똘 뭉쳐 퍼붓는 야유 속에서 살았다. 시간이 흘러도 이 기억들은 계속 떠올랐으며 절대로 잊히지 않았다. "이후로 내 유년 시절은 상당히 황폐했다. 나는 친구들에게 인기가 없었다."

나중에 자전적 소설에서 괴벨스는 오른발을 다친 것을 포함해 자신을 똑닮은 등장인물을 만들었다. 이 소설 속 인물의 이름은 마이클이었다. "마이클은 이상한 소년이었다. 그가 커다란 회색 눈을 크게 뜰 때 당신이 그를 꼭 알지 못하더라도 이 상황을 알아차릴 수 있었다. (…) 다른 아이들은 마이클을 좋아하지 않았다. 마이클은 냉정하고 무례했다. 누가 그에게 부탁하면 그냥 웃으며 퇴짜를 놓았다."

그러나 괴벨스는 마이클이 고립된 상태를 싫어했다고 썼다. 이것이 마이클을 "매정하고 지독한 사람으로 만들었다 (…) (그리고) 그는 대부분의 시간을 절망하며 보냈다." 그 결과 마이클은 '폭압적인 기질'이 발달했다. 소설에서 마이클은 라인 지방의 작은 마을에 사는 무명의 존재로 남지 않았다. "그는 언젠가 위대한 인물이 되는 야망을 품고 있었다."

고등학교에 입학할 나이가 될 즈음에는 그는 순간적인 상황 대처 능력을 키운 상태였으므로 그를 조롱하는 것은 위험했다. 또 학업능력이 우수했는데, 적어도 라이트 지역에서는 그랬다. 그가 1917년에 졸업했을 때 그의 동기생들은 대부분 곧장 군대에 징집되었다. 그는 대학 진학을 선택했고, 부모님은 반대하지 않았다.

그러나 대학 생활은 그가 바랐던 것과 달랐다. 독일 사회는 계층 간의 구분이 매우 뚜렷했고, 모두가 중하류층을 얕잡아 보았다. 별 볼 일 없는 공장 직원의 아들이자 지방 소도시 출신이 그가 속한 계층이었다. 가톨릭 신자가 되면 몇몇 차이점을 뚫고 헤쳐갈 수 있었기 때문에 괴벨스는 독일 본대학의 가톨릭 사교클럽에 가입했다. 그러나 이 클럽은 일류가 아니었고, 괴벨스는 개인 기록에 이것이 그를 괴롭혔다고 썼다. "나는 가난한 악마다. 돈 문제. 사회적 차이. 큰 재앙."

괴벨스는 돈을 벌어 자신에게 도움이 될 만한 좋은 옷을 사기 위해 개인 교사로 일하려고 했지만, 절룩거리는 걸음걸이가 그를 가로막았다. 그는 동급생인 카를 하인즈 콜리슈Karl Heinz Kölisch와 친구가 되었다. 콜리슈에게는 아그네스와 리젤이라는 누이가 두 명 있었다. 일생에 걸쳐 괴벨스는 소녀들에게 좋은 인상을 주기 위해 필사적이었다. 자신의 신체 조건 때문에 두 누이의 관심을 끌 수 없다는 사실을 스스로도 잘 알았다. 자신이 '창백하고 말랐다'며 애통해했다. 그리고 자신의 장애가 '역겹다'고 쓰기도 했다. 가만히 앉아만 있어도 발이 자주 고통스럽게 부어올랐다. 부츠를 신었을 때 다리를 안정적으로 잡아주기 위해 사용하곤 했던 금속 부목은 도움이 되지 않았다.

신체 기량에 기댈 수 없을 때는 다른 영역의 능력을 키울 필요가 있다. 괴벨스는 콜리슈 부모님의 마음을 샀고, 누이들의 말에 귀 기울였으며, 이들이 기뻐할 만한 칭찬과 농담을 들려주었다. 너무나 능숙하게 해내서 빼어나지 않은 외모와 건장하지 않은 체구에도 그의 가장 큰 꿈이 이루어졌다.

10대 괴벨스는 기억했다. "본의 아그네스, 그녀와 함께 보낸 밤. 처음으로 아그네스는 내게 정말로 친절했다." 여성의 마음을 얻는 기술이 통했다면 여기서 멈출 이유가 뭐가 있겠는가? 괴벨스는 무슨 일이 있었는지 비밀로 하자고 아그네스를 설득했다(그는 '나중에 거짓말했다'고 설명했다). 그리고 다른 누이에게 몰래 접근했다. "본의 리젤 (…) (친구의) 방에서 그녀와 보낸 밤. 리젤의 친절한 행동은 내게 일종의 만족감을 준다." 그저 확실히 하기 위해 괴벨스는 나중에 '성병, 원인과 예방'이라는 강의를 들었다.

이후 몇 년 동안 괴벨스는 (세르반테스와 입센, 톨스토이의 작품과 아마도 동시대의 베버나 짐멜 같은 사회학자의 글 등) 많은 책을 읽었다. 괴벨스가 쓴 글을 보면 신비롭고 우월한 존재가 되고 싶었음을 알 수 있다. 1919년에 문학 박사 과정을 밟기로 했을 때 유럽에서 가장 훌륭하고 유서 깊은 대학 중 하나인 하이델베르크대학을 선택했다.

유명한 시인이자 문학사학자인 프레데리히 군돌프Frederich Gundolf가 교수로 있었고, 그의 마음을 사는 데 성공한 젊은 괴벨스는 그의 밑에서 논문 지도를 받았다. 괴벨스는 군돌프가 천재이며 대가라고 썼다. 괴벨스는 연구에 몰두했고, 1921년 24세에 논문을 완성했다. 군돌프는 괴벨스에게 "이례적일 정도로 친절했다." 군돌프의 승인으로 괴벨스의 경력이 보장되는 건 두말할 필요가 없었다.

그러나 정말 그랬을까? 군돌프의 도움에도 불구하고 외부 심사원들은 (무명의 19세기 극작가에 대한) 괴벨스의 논문에 겨우 통과할 정도의 낮은 점수를 주었다. 괴벨스는 논문을 너무 서둘러 작성하는 바람에 세심한 분석은 차치하더라도 필요한 많은 조사를 건너뛰었다.

낮은 점수를 받아 학문과 연관된 일자리를 구할 수 없었지만, 점점 더 커져가던 괴벨스의 분노는 자신이 인정받지 못하는 것을 다른 시각으로 보게 했다. 괴벨스는 이제 교수들을 '편협하며 세세한 규칙에 얽매인 사람들'이라고 결론 지었다. 괴벨스에게는 더 큰 열망이 있었다. 세계적인 문호 괴테와 도스토옙스키 같은 천재들은 자신만의 명성을 창조했다. 그도 똑같이 할 수 있었다. '나의 꿈: 글을 쓰며 살아갈 수 있게 되는 것.

그는 이전에 집필한 몇 편의 희곡에 더해 중편 소설과 시 등 여러 작품들을 쏟아냈다.

유감이지만, 독일의 주요 출판사와 신문사들은 그의 작품이 과장되었다고 생각했다. 괴벨스는 계속해서 거절당했다.

결국 20대 중반에 고향인 라이트로 다시 돌아갔을 때 그는 스스로가 바랐던 '위대한 인물'과는 거리가 멀었다. 암울했던 고등학생 시절처럼 부모님과 형, 여동생과 함께 한집에서 부대끼며 살았다. 대학생 때 알았던 동급생들은 저절로 중산층의 직업과 인적 네트워크를 얻었다. 괴벨스는 자신을 '무법자, 혁명가'로 여겼지만, 고향의 모든 사람에게 그는 '아무것도 못 하고, 조언도 바라지 않으며, 의견을 들을 가치가 없는 유일한 존재'였다. 이것이 그를 미치게 했다.

괴벨스는 이 중 어느 것도 자신의 잘못이라고 생각하지 않았다. 문제는 경제였다. 아니면 자본주의였는지도 모른다(그는 아직 답을 찾지 못했다). 그러나 아는 것이 하나 있었다. 역사를 통틀어 '빈곤으로 빠져들고 파멸의 길을 걸은 사람들은 가장 뛰어난 지적 재능을 가졌다'는 것이다. 괴벨스는 헤르만 헤세의 출세작 『페터 카멘친트』를 좋아했다. 젊은 영웅이 간절히 탈출구를 찾지만, 처음에는 이것이 어떤 형태가 될지 전혀 모른다. "나는 인생이 내 발에 멋진 행운의 조각을 일부 쏟을 것이라고만 느꼈다. 명성이나 어쩌면 연인 같은…."

그러다가 친구를 통해 엘제 얀케Else Janke를 만났다. 그녀가 20대의 유대인이라는 점은 호기심을 불러일으켰으며, 교사라는 점은 완벽했다. 자신의 부모뿐만 아니라 형제와 이들의 친구들을 넘어서는 사회계층에 더 가까이 다가갈 수 있었기 때문이다.

초반에는 둘 다 망설였지만(그녀는 첫 편지에서 괴벨스를 '친애하는 박사님'이라고 적었다) 오래지 않아 이들은 떼려야 뗄 수 없는 사이가 되었다. 엘제는 괴벨스의 장애를 신경 쓰지 않았고, 괴벨스 부인과 몇 시간씩 앉아서 수다를 떨어줄 정도로 사려 깊었다. 그녀는 참신한 생각으로 가득했고, 괴벨스는 (그가 좋아하는) 그녀의 친구들을 만나러 나갈 때면 라이트가 더는 이전처럼 따분하고 외진 마을로 여겨지지 않았다. 괴벨스는 누구에게도 할 수 없었던, 작가로서의 꿈에 대해 엘제에게 처음으로 털어놓을 수 있었다. "공연을 본 후 깨끗하고 차가운 밤에 엘제와 함께 걸었다. 어두워진 목초지에서 엷은 안개가 피어올랐다. 평화로운 산책 (…) 아무 말 없고, 조용하고, 영혼의 세계에 가깝다."

엘제는 현실 감각마저 좋았다. 그동안 시간과 노력을 들여 완성한 희곡을 발표하지 못한다면 이것을 어떻게 제작할 수 있겠는가? "어쩌면 당신은 지금과 같은 시절에는 너무 온순한 건지도 몰라요." 엘제가 장난스럽게 지적했다. 둘이 함께라면 최고의 원고를 새로 쓰고 뒤셀도르프, 쾰른 등 수많은 지역의 극장에서 공연할 수 있을 것 같았다.

엘제는 괴벨스에게 새 일기장을 주었고, 그는 1923년 10월 17일 첫 장에 다음과 같이 적었다. "나는 이 일기를 엘제의 이름으로 지금 당장 시작하고 싶다. 엘제 없이 오늘 내가 다른 무엇을 시작할 수 있을까?" 괴벨스는 늦잠을 자지 않겠다고 다짐했다. 더 많이 습작하고, 성공을 가져다줄 희곡을 완성하리라 결심했다.

그런데 무언가 다른 일이 일어나고 있었다. 라이트에 있는 교회의 목사가 유대인을 비난하는 설교를 했고, 대학에서는 유대인을 놀림감으로 삼는 일이 흔했다. 그러나… 이렇게 할 필요가 정말로 있었을까?

괴벨스의 논문 지도교수였던 프레데리히 군돌프는 유대인이었고, 멘토 중 가장 친절했다. 괴벨스가 우러러보는 위대한 19세기 작가 하이네도 유대인으로 태어났다. 얀케와 함께한 시간은 그의 관점을 바꾸었다. 하이네를 지나치게 비웃으며 비판하는 글을 읽었을 때 괴벨스는 친구 에게 쓴 편지에서 이렇게 밝혔다. "알다시피 나는 이 지나친 반유대주의를 딱히 좋아하지 않는다네. 반유대주의는 품위를 떨어뜨리고 인간의 존엄성을 해치는 일이야."

‖ 거부당한 꿈 ‖

괴벨스도 인류학자 방주네프의 통과의례를 경험하고 있었다. 대학에 다니기 위해 유년 시절을 보낸 집을 떠났을 때 첫 번째 분리 단계를 지났다. 그러나 졸업 후 다시 고향으로 (이전에 지냈던 같은 장소로) 돌아오면서 한 발짝 크게 후퇴했고, 끝이 없고 단절된 최악의 두 번째 단계에 갇히게 되었다. 얀케는 그에게 독특한 탈출구를 제공했다. 극작가나 문화평론가가 되어 부모님이 좋아하는 이 총명한 고향 여성과 결혼해, 작은 도시에서 큰 인물로서 신랄한 풍자로 유명하지만, 평소에는 걱정할 일이 없는 세계를 말이다. 그러나 이 중 무엇도 이루어지지 않았다. 희곡을 완성한 후 모세가가 소유한 베를린의 유명한 신문사에 다시 한번 보냈을 때 돌아온 답변은 거절뿐이었다.

얀케는 괴벨스가 우울감이나 분노에 빠져들지 않게 기운을 북돋아주려고 노력했다. 괴벨스는 피아노를 잘 쳤는데, 손상된 오른발로 작은 나무 조각이 달린 댐퍼 페달을 밟거나 왼발로 페달을 바꿔가며 치는 솜씨가 일품이었다. 얀케는 돈을 모아 그가 좋아하는 작곡가 로베르트 슈만의 악보집을 선물하기도 했지만 도움이 되지 않았다.

얀케는 괴벨스의 모든 희망과 실패를 보았다. 괴벨스는 익숙한 분노 상태로 다시 빠져들었다. 많은 성공한 극작가가 유대인이라는 점이 의심스럽지 않은가? 숱한 거절과 실패가 그의 잘못이 아니라 그저 그를 배제하려는 저들의 의도라면?

처음에는 자신의 새로운 감정을 혼자만 간직했다. 얀케와 연극을 한 편 보고 난 후에 괴벨스는 "대체로 유대인의 실없는 소리를 조롱하는 (…)" 간단한 글을 적었다. 사실 극작가는 유대인이 아니었다. 얀케는 이 사실을 몰랐고, 그래서 그의 오해를 바로잡아줄 수 없었다. 1923년 10월 27일 일기에는 "그녀가 나를 무척 사랑한다는 것을 알지만 그녀는 잘못된 민족에 속한다"라고 쓰여 있다. 자신의 글이 가진 섬세함을 유대인이 어떻게 이해하겠는가? 괴벨스의 일기에는 얀케가 원고를 지나치게 빨리 발송하라고 부추기지만 않았어도 의심의 여지없이 더 좋은 작품을 쓸 수 있었다는 생각도 담겨 있었다.

얼마 가지 않아 괴벨스가 무심코 내뱉은 말에 얀케는 화를 내며 이렇게 말했다. "인종 차별에 관한 모든 이야기가 여전히 내 귓가에서 맴돌아! 이 점에서 당신의 생각은 너무 지나쳤어." 그녀가 할 수 있는 조치가 하나 더 있었다. 피임약이 나오기 전이라 성관계는 훨씬 더 진지한 관계로 발전한다는 의미가 있었다. 잠깐은 효과가 있었다. 새해 전날에 작성한 괴벨스의 일기에 "나는 엘제를 사랑하고, 그녀가 나에게 몸을 허락한 후로 그녀와 더 깊게 연결된 것을 느낀다 (…)"라고 적혀 있었다.

그러나 이런 노력에도 엘제가 제공하던 탈출구가 이번에는 영원히 허물어졌다. 괴벨스의 아버지는 그가 여전히 집에서 독립하지 않고 함께 살고 있고 일하지도 않는다고 불평했다. 괴벨스는 일기장에 적었다. "엘제, 내가 당신과 결혼할 수 있다면 많은 문제가 해결 될 거야. (…) 때때로 나 자신이 부끄러워. 나는 가능한 한 많이 가질 거야." 돈은 그가 가진 문제 중 하나일 뿐이었다. 괴벨스가 적었듯이 엘제는 여전히 '잘못된 민족'에 속했다. 당시 괴벨스는 뉴스에서 새로운 정치단체에 관한 보도를 보았다. 이 단체의 지도자인 히틀러는 위대한 영혼들을 억압하는 모든 것을 감히 타도하려고 시도한 죄로 재판에 부쳐졌다.

히틀러는 억압받고 구속된 느낌이 어떤 것인지 이해했고, 이를 깨부수고 나오는 것이 얼마나 중요한지도 알았다.

새로운 생각은 아니었다. 1864년에 도스토옙스키는 이렇게 썼다. "나는 갑자기 예고도 없이 보편적으로 합리적인 미래에 어떤 신사가 나타나서 조롱하는 얼굴로 우리 모두에게 '신사 여러분, 제대로 한 대 쳐서 이 모든 합리성을 먼지로 만들어버리는 것이 (…) 그래서 다시 한 번 우리 자신의 의지대로 사는 것이 어떻겠습니까!'라고 말한다고 해도 조금도 놀라지 않을 것이다. 그는 추종자들을 찾는 데 문제가 없을 것이다. 인간이란 원래 그렇기 때문이다."

괴벨스는 이렇게 살고 싶었다. 그에게도 충분히 제약이 많았다. 이제(엘제를 만나고 몇 달 안 된 1923년 후반인 듯하다) 그는 조심스럽게 멀지 않은 곳에 있는 나치 지부의 모임에 참석했다. 왜소한 몸을 생각하면 대담한 행동이었다. 그곳의 거친 사내들이 공격하면 속수무책으로 몰매를 맞게 되리라. 그러나 몇몇 지성인들이 아주 작은 나치당에 합류했고, 지역 사무소의 당원들은 괴벨스의 작은 체구를 비웃지 않았다. 대신에 괴벨스의 신랄한 말재주가 자신들에게 도움이 될 수 있다고 생각했다. 괴벨스는 환대받았고, 다시 초대받았다. 곧 연설문 작성 책임자가 되었다가 다른 중요한 역할들도 연이어 맡게 되었다.

앞으로 나아가는 새로운 길이 열렸다. 괴벨스는 세상과 다시 연결될 준비가 되었지만, 엘제가 상상하던 모습과는 거리가 멀었다. 괴벨스는 새로운 사람들과 함께하면서 자신 안의 다른 기질이 두드러졌고, 그런 기질을 끌어내는 사람들과의 새로운 모험에 점점 더 깊이 빠져들었다. 괴벨스는 자신이 목격한 것에 대한 설명으로 일기를 채웠다. "라이트에서 실업자들의 폭동, 절박함과 굶주림." 엘제는 괴벨스 부인을 만나 아들의 마음을 바꾸어달라고 했으나 둘 다 그에게 어떠한 영향도 주지 못했다.

마침내 괴벨스는 선택했다. 그의 사적인 글들은 더욱 차가워졌다. "유대인들은 유럽을 파괴하는 독이다." 그리고 1924년에 엘제가 보낸 많지 않은 편지 내용이 변했다. 그는 다시 공식적인 '박사님'이 되었다.

두 사람이 공유했던 모든 것이 끝났다.

모두가 자신만을 바라보길 바란 남자

—

침묵시키기, 약화시키기, 제외시키기

"첫 번째 원칙, 무슨 수를 써서라도 지루해지는 것을 피하라.
나는 다른 무엇보다 이것을 제일 우선시합니다."

‖ 사람들이 원하는 것 ‖

괴벨스와 엘제 사이에 마지막 편지가 오가고 1년이 지나지 않아 그는 나치당의 베를린 지부장으로 임명되었다. 기성 정치 조직이었다면 불가능한 일이었겠지만 나치당은 수백만 베를린 인구 중에서 당원이 몇 천 명밖에 되지 않는 군소 정당이었다. 괴벨스는 흥분해서 당이 자신 의 능력을 얼마나 원하는지에 대해 썼다. 베를린은 독일에서 가장 중요한 도시였다. 그가 이곳에서 당의 운명을 바꾸어놓을 수 있다면 이 새로운 정치 운동이 어디까지 올라갈 수 있을지 누가 알겠는가.

실제로 괴벨스는 성공했다. 처음에는 베를린에서, 그런 다음에는 가장 넓은 무대에서. 히틀러의 기분을 맞춰주고, 나치당이 기대했던 활동을 성공적으로 수행하면서(그는 일기에 "우리의 용감한 청년들이 버스에서 유대인을 끌어내렸다"고 썼다) 괴벨스의 원대한 꿈이 이윽고 실현되었다. 1932년 1월 23일 일기에는 "당은 내가 영화와 라디오, 선전부 장관이 되기를 원한다. 엄청난 계획이다!"라고 적었다. 이때 이후로 나치의 선전 조직을 지배한 그는 인구가 7000만 명에 육박하는 유럽의 가장 강력한 국가를 손에 넣었다.

무엇이 이들을 합심하게 했을까?

당연히, 증오였다. 고통의 전가를 원했다. 이를 위해 괴벨스는 히틀러와 가까운 자신의 지위를 이용해 수만 명의 나치 돌격 대원들이 활활 타오르는 횃불을 들고 행진하는 무시무시한 장면을 연출했다. 또 흥분을 감추지 않고 이 장관을 국내와 전 세계에 라디오로 생중계했다. 괴벨스는 히틀러의 중요한 연설문을 다수 기획하고 작성했으며, 그 자신도 셀 수 없이 많은 연설을 했다. 그리고 시간이 지날수록 그 횟수는 더욱 늘어났다. 선전부는 뉴스영화와 포스터, 라디오 방송, 책, 교육 계획, 팸플릿을 쏟아냈고, 연극과 음악, 영화를 통제했으며, 여론을 비밀리에 감시했다. 또 나치 돌격대원들에게 (이번에도 히틀러와 가까운 관계를 이용해) 거리에서 폭행을 선동함으로써 궁극적으로 민간인 대량 학살을 부추길 힘을 길렀다.

괴벨스는 교활했고 인생에 통달했다. 남을 괴롭히면서 무엇을 얻을 수 있는지에 대해 그는 몸소 고통스럽게 습득했고, 그 통찰과 지식이 그를 이끌었고 나아가 나치 독일을 1941년에 정점에 올려놓은 수단이 되었다. 그는 이 책이 제시하는 3가지 기술을 정반대로, 극단까지 밀어붙였다. 경청하는 대신에 반대자의 입을 틀어막았고, 제공하는 대신에 불확실성과 분노를 부추겼다. 또 언제나 비평가와 타 집단을 압도적인 힘으로 공격했다. 괴벨스가 어떻게 이런 행동들을 하나로 엮였는지를 보면 인간 영혼이 가진 매우 다른 부분들을 속속들이 들여다 볼 수 있다. 동시에 지금까지 품격 있는 사람들이 무엇과 맞서 왔는지도 보여준다.

‖ 경청하기가 아니라 '침묵시키기' ‖

1926년 말에 괴벨스가 베를린 지부장으로 승격했을 때 나치당은 여전히 작은 정당이었다. 괴벨스는 정당의 인지도를 올리고 대중의 관심을 끌어와야 했다. 그러나 이때 베른하르트 바이스Bernhard Weiss라는 베를린 경찰 부청장의 반대에 부딪혔다. 억센 퇴역 군인인 바이스는 제1차 세계대전에서 기병 대위로 복무했고, 1급 철십자 훈장을 받았다. 바이스는 수년간 베를린 사법경찰을 이끌어왔다.

1927년 여름에 정부가 나치 집회를 금지한 후, 괴벨스는 뉘른베르크 집회에 참여했던 400명 이상의 나치 돌격대와 친위대를 베를린 중앙역에 집결시켰다. 이 정도 규모면 사람들을 겁주기에 충분하다고 생각했지만, 바이스는 무장한 경찰을 역에 배치해 괴벨스의 동조자들을 모조리 체포했다.

괴벨스는 곧장 반격할 수는 없었지만 자신이 운영하는 '공격'을 뜻하는《데어 안그리프Der Angriff》신문사를 이용해 그가 이전부터 자주 활용했던, 상대를 조롱하는 방법으로 바이스의 기반을 흔들었다.《데어 안그리프》는 바이스를 향해 존중받을 자격이 없다며 베른하르트 바이스 대신에 '이시도르Isidore' 바이스라고 조롱을 담아 불렀다. '이시도르'는 흔한 유대인 이름이었고, 이 이름을 사용하는 것은 바이스가 유대인임을 알려줄 뿐만 아니라 바이스가 이 사실이 언급되는 것을 싫어한다는 점을 암시했다.

그러나 사실 바이스는 자신이 유대인이라는 사실을 숨긴 적이 없었다. 오히려 자랑스럽게 여겼고, 그를 임명했던 프로이센의 내무장관은 바이스처럼 우수한 능력을 갖춘 유대인이 경찰에 있다는 것은 기쁜 일이라고도 말했었다.

그러나 바이스에게는 이런 사실을 대중에게 알릴 방법이 없었다. 괴벨스는《데어 안그리프》의 지면과 대규모 야외 집회를 이용해 매일, 매주 수백 번에 걸쳐 반복하면서 그에게 꼬리표를 붙였다. 나치에 충성하는 초창기의 비교적 작은 규모의 군중은 야유를 보내며 환호하고 열광했다.

평범한 베를린 시민들은 혼란에 빠졌다. 때로는 그저 짓궂은 조롱, 때로는 사악한 비방이 끊임없이 반복되자 사람들은 바이스에게 정말로 숨기고 싶은 뭔가가 있는 것은 아닌지 의심하기 시작했다.

바이스는 이 공격에 처음에는 반응하지 않았다. 너무 유치해서 무시하려고 했다. 그러다가 마침내 대항했을 때는(괴벨스를 고소하기까지 했다) 이미 너무 늦었다. 누구도 그의 말을 듣지 않았다.

괴벨스는 자신이 무슨 일을 하는지 잘 알았다. 셰익스피어가 했던 말처럼, "정당하게 완성하고 부당하게 불명예를 얻는다"가 바로 지금 벌어지는 일이었다. 괴벨스는 일기에 적었다. "이시도르는 (이제) 하나의 부류이고, 정신이다. 사람도 개인도 아니다." 이런 모욕은 (이것이 모욕이 맞기는 한가에 대한 논쟁이 있더라도) 당시에 괴벨스와 나치당이 제시하는 현실 정책이 거의 없다는 사실로부터 대중의 관심을 돌리게 하는 완벽한 방법이기도 했다.

상대에게 별명을 붙여 조롱하는 방식은 효과가 좋아서 괴벨스는 할 수 있는 한 반복해서 사용했다. 그의 신문 지면에서 그리고 수많은 연설에서 노동자들을 위한 베를린의 주요 정당을 더는 사회민주당 이라고 부르지 않았다. 그는 이들을 (이들의 지도자들이 실제로 제1차 세계 대전에서 충실히 국가에 봉사했음에도) '탈영병들The Deserters'이라고 불렀다. 이번에도 반복적으로 꼬리표를 붙였다. 사회민주당의 당수가 사과를 요구했을 때 괴벨스는 이것이 왜 불쾌한지 모르겠다는 듯이 행동하며 모욕적인 별명을 다시 큰 소리로 읽었다. 괴벨스가 전쟁에 나가지 않았다는, 심지어 후방에서 지원하는 역할도 하지 않았다는 사실은 관심 밖이 되었다.

퇴역 장군으로 독일 대통령이 된 파울 폰 힌덴부르크Paul von Hindenburg가 나치의 계획을 저지했을 때도 꼬리표가 따라왔다. 힌덴부르크는 더 이상 퇴역한 전쟁 영웅이 아니었다. 그는 '부정한 정부'의 종이었다. 괴벨스는 그가 '부정한 정치'에 관여했다고 말했다. 힌덴부르크의 지지자들은 이것이 사실이 아님을 알았지만, 괴벨스는 필요하면 언제든지 이 말을 퍼트릴 수 있었고, 심지어 우스꽝스럽게 보이게 만들 수도 있었다. 그는 힌덴부르크를 풍자한 만화를 실었고, 《데어 안그리프》의 공격은 누그러들지 않았다. 이번에도 일반 시민들은 혼란을 느꼈다. 자신들의 대통령이 실제로 부정직한 걸까? 힌덴부르크의 지지자들은 괴벨스를 고발했고, 800마르크의 벌금형을 받았으나 대수롭지 않게 넘겼다. 그는 만족해하며 일기에 자신의 계략을 '힌덴부르크를 위한 1등급 장례식'이라고 적었다.

괴벨스는 이런 방면에서 최고 실력자였다. 쓰라린 경험을 통해서 아이들이 어떻게 가장 큰 상처를 주는 별명을 정확하게 선택하는지 알았다. 자주 희생양이 되어봤기 때문에 꼬리표를 붙이는 것으로 통제권을 쥘 수 있다는 사실도 알았다. 진실인지 아닌지는 중요하지 않았다. 그저 소음을 일으켜 청자가 대화를 잘 듣지 못하게 하면 된다.

괴벨스는 1927년 당대회에서 "(새로운) 운동의 동력은 지식이 아니라 믿음이다"라고 언급했다. 이것이 합리적인 유대인들이 틀렸던 지점이고, (독일 민족주의자들이 오랫동안 외부인들이 성취할 수 없다고 주장했던) '민족'을 이해하는 직관적인 천재들이 옳았던 지점이라고 말했다. "예수는 산상설교Sermon on the Mount: 마태 복음에 기록된 예수님의 설교로, 언덕에서 제자들과 군중에게 '여덟 가지 참행복'을 시작으로 그리스도인의 윤리에 대해 가르쳤다-옮긴이의 증거를 제시하지 않았다. 예수는 그저 주장했을 뿐이다." 괴벨스는 사람들에게 무엇이든 알려줄 수 있었는데, 이들의 '고유'한 생각은 '그저 재생되는 축음기 음반'이었다. 그는 이 축음기 음반을 만들었다. 사람들은 반복해서 듣다 보면 이를 사실로 받아들인다.

이런 생각은 라디오를 통해 쉽게 실행에 옮길 수 있었다. 그의 부모 세대에서는 먼 곳으로 목소리를 전달한다는 생각은 상상도 할 수 없었다. 괴벨스가 대학에 다닐 때까지도 상업용 라디오는 존재하지 않았다. 새로운 기술이기 때문에 무엇이 전송되는지를 바로잡을 장치도 없었다. 오래 확립된 신문사에서 하듯이 청취자가 전달받은 정보가 사실인지 아닌지를 개별적으로 확인할 수 없었다. 대중의 열광적인 반응은 방송의 매력을 배가시켰다.

모든 비평가 중에서 괴벨스가 비방할 1순위는 언론이었다. 왜냐하면 그들은 괴벨스가 한 말이 틀렸다는 것을 보여줄 수 있었기 때문이다. 그런 이유로 언론을 특별한 방식으로 공격해야 했다. 이들은 '부정확한' 언론이 아니었다. '오류를 범하는' 언론도 아니었다.

이들은 '거짓' 언론이었다.

이 표현이 더 나았다. 거짓말은 우연히 하는 것이 아니기 때문이다. 거짓말은 감정적 행위이고, 고의적이며, 계획적으로 행하는 것이다. 악의가 담겨 있다. 괴벨스는 언론이 거짓말을 하고 있다고 선언했다. 고의적이며 악의를 가지고 사회를 변화시키는 작금의 사건들에 대한 진실을 은폐하고 있었다.

사적인 감정이 끼어들었을 수도 있다. 독일의 거의 모든 언론사가 특별한 종교에 치우치지 않는 회사의 소유였지만, 괴벨스의 작품을 거절했던 모세가의 신문은 유대인 소유였다. 그리고 베를린에서 가장 유명한 신문인《보시케 차이퉁Vossiche Zeitung》도 유대인 소유였다.

신문사들이 유능한 기자들을 보유하고 있으며 독일 전역에서 학식 높은 사람들 사이에서 인기가 많다는 사실은 중요하지 않았다. 괴벨스는 지지자들을 부추겨서 신문사들이 언급한 모든 내용을 비웃고 기자들에게 위협을 가했다. 그의 지지자들이 신문사 밖에서 거리 행진을 벌이며 큰 소리로 조롱하면 환호작약했다.

'거짓' 언론을 향한 비난은 강박적이고 끈질겨서 얼마 가지 않아 그의 적들이 거짓 언론이 아니었던 때를 기억하기 힘들어졌다. 신문사 기자들은 더는 증거의 진실과 거짓을 판가름할 수 있는 전문가가 아니었고, 정책의 세부 사안이나 외국어, 다른 전문 영역에 능숙한 지식

층도 아니게 되었다. 괴벨스가 반복적으로 말했듯이, '국민의 적'이었다. 사악하며 신뢰할 수 없고, 그래서 이들의 말에 귀 기울이면 안 되었다. 이들이 하는 모든 말은 무시해도 되었다.

괴벨스의 왜곡은 경청하기의 반대급부를 보여준다. 헤인즈나 브로마일리 같은 사람들의 목표는 현실에 마음을 여는 것이었다. 괴벨스의 목표는 현실로의 접근을 차단하는 것이었고, 사람들이 그가 믿기 바라는 바를 믿게 만드는 것이었다. 그럼에도 괴벨스가 한동안은 무사할 수 있었던 이유는 독일에 불러올 재앙이 아직은 멀었기 때문이다.

그가 '폭로'한 음모를 믿는 데는 즐거움이 있었다. 누군가에게 비난의 화살을 돌릴 음모가 없으면 우리는 무심한 운명에 휩쓸리게 된다. 철학자 파스칼을 두려움에 떨게 했던 '영원한 침묵'에 싸여 거대하고 무관심한 세상에서 혼자 꼼짝 못 하게 된다. 그러나 음모는 바로 여기, 우리 가운데에 있다. 개인의 삶에 영향을 주기 위해 특별한 목적을 가진 비밀스러운 계획이 있다. 그리고 그것이 진실인지 아닌지 누가 알겠는가? 괴벨스는 언론을 비난함으로써 자신감을 얻었고, 대중은 자신감 넘치는 괴벨스의 모습을 좋아하게 되었다.

‖ 제공하기가 아니라 '약화시키기' ‖

'거짓' 언론을 제거하면 장애물이 하나 줄어든다. 현 정부의 권력을 유지해주는 모든 기관을 제거하면(바이마르 헌법의 견제와 균형 원칙을 약화시키면) 완전한 자유를 얻게 된다. 히틀러는 이런 자유가 필요했고,

이 필요를 공유하는 괴벨스는 그의 완벽한 도구였다. 이는 정확히 '제공하기'에 반대되는 것이었다. 다음의 이야기는 이 책 앞부분에서 다룬 제공하기의 적절한 작동 방식을 명확히 이해하는 데 도움을 준다.

괴벨스가 공격했던 기관들이 그에게 느낀 분노는 중요하지 않았다. 그는 이들의 도움을 원하지 않았다. 대신에 다수의 고립된 부분들로 쪼개서 온전히 자기 마음대로 움직이고 싶었다.

첫 번째 대상은 입법 기능을 가진 독일 제국의회였다. 독일의 많은 제도가 수년간 괴벨스가 다녔던 하이델베르크대학의 저명인사인 유명한 사회과학자 막스 베버에 의해 설계되었다. 그러나 학자가 무엇을 알겠는가? 괴벨스와 그의 추종자들은 입법부가 무능하고, 느리고, 퇴보적이며, 이들의 말에 귀 기울일 가치가 없다고 주장했다. 공격은 별명을 붙여 조롱하는 것으로 시작했고, 점점 더 심해졌다. 입법부는 '탈영병'과 유대인으로 가득 찬 것이 분명했고, 사회민주당 소속이거나 유대인이 아닌 의원이 있다고 해도 여전히 나치 정책에 동의하지 않았다. 이들이 국제적인 금융단체들의 조종을 비밀리에 받고 있지 않다고 누가 말할 수 있겠는가? (그리고 그 금융단체들은 유대인 소유임을 모두가 안다! 괴벨스가 국민에게 수차례에 걸쳐 알려줬다.) 영국과 프랑스, 미국의 주요 은행들 대부분이 유대인을 배제하고 있다는 사실에는(영국과 미국은 가톨릭 신자도 배제했다) 누구도 관심을 두지 않았다.

언론이 그저 잘못된 것이 아니라 악의적이라고 떠들면서 그들의 기반을 약화시켰듯이, 괴벨스는 독일이 잘못된 길로 가고 있다거나 비효율적이고 개혁이 필요한 민주주의를 따르고 있다고 말하지 않았다. 더 효과적이고 강력한 표현이 있었다. 괴벨스는《데어 안그리프》에서 이 표현을 강조했다. “우리는 가짜 민주주의에 반대한다.” 어느 누가 가짜 기관의 규칙을 따르겠는가? 포퓰리스트 유권자들은 사회 기득권층이 가식적이라고 생각하기를 좋아한다. 그리고 이들이 가짜이기 때문에 일단 선출되거나 입법기관에 합류하고 난 후, 때가 오면 부패할 것이라고 여겼다. “국회의 대리석 홀 (…) 이 거짓 덩어리에 합류하고 싶지 않다. 우리는 삽을 들고 이들을 파내려고 왔다.”

사법기관 내 나치 반대자들을 깎아내리는 것도 중요했다. 나치당에서 의원을 배출하면서 제국의회에 입성할 수 있었지만, 바이마르 헌법을 존중하는 몇몇 판사들이 나치당이 내세우는 최악의 법률을 저지하려고 했다. 괴벨스는 비방하기 능력을 최대한 발휘해 이들이 대중의 비웃음을 사도록 했다. 모든 법의 약점은 그것을 적용하는 사람들에게 있음을 그는 간파했다. 따라서 공정성을 고집하는 판사들은 비애국자이며, (이들이 독일에서 태어났다고 해도, 이들의 부모와 조부모가 독일에서 태어났다고 해도) 온전한 독일인이 아니라고 조롱당했다.

법원이 나치당의 요구를 저지하는 데 성공할 때마다 판사들은 모욕을 당했다. 1935년에 작센주의 법원에서 혼슈타인 강제수용소의 관리들에게 유죄 판결을 내렸다. 수감자들을 공격한 혐의였다. (보수적이고 당시에는 나치당원이 아니었던) 법무부 장관은 이 판결에 동의했다. 히틀러는 즉각 이 관리들을 사면했고, 괴벨스는 작센주 법원 판사들과 법무부 장관을 비난하기 시작했다. 잘못한 쪽은 민의에 반한 그들이었다. 어떻게 감히 공무원이 독일을 모독할 수 있단 말인가? 괴벨스는 선언했다. “판사는 판결을 내릴 때 판결이 공정한가 부당한가가 아니라 결정이 정략적인가를 숙고해야 한다.”

일부 용감한 민간인들이 저항을 시도했다. 히틀러가 집권하던 1933년 1월 말에 젊은 루터교 목사이자 신학자인 디트리히 본회퍼는 베를린 지역 라디오에서 연설을 계획했다. 본회퍼는 너무나 많은 사람이 새로운 지도자를 우상처럼 받들면서 조국이 걷고 있는 길의 위험, 즉 히틀러 혼자서 문제를 해결할 수 있으며, 그의 발목을 잡는 기관은 파괴해도 좋다고 믿는 것에 대한 위험에 관해 경고하려 했다.

본회퍼가 마이크 앞에 자리 잡고 앉아 연설을 시작하자마자 방송이 중단되었다. 괴벨스의 직원이 그를 주시하고 있었고, 그의 말은 방송을 타서는 안 되었다. (훗날 본회퍼는 독일을 떠나 뉴욕에 안전하게 정착했지만, 전쟁이 시작되자 독일로 돌아왔다. 계속해서 목회자의 의무를 다 했고, 히틀러를 끌어내리기 위해 지하조직에서 활동했다.)

의회와 법원을 협박하는 것만큼이나 대학을 장악하는 일도 중요했다. 이 작업은 쉬웠다. 학생과 많은 교수가 오래전부터 가장 열성적인 나치 지지자들이었기 때문이다. 1933년에 괴벨스가 비판적이고 합리적인 사고에 반대되는 절묘한 선전 활동을 직접 지휘했을 때 이들에게서 큰 지지를 얻었다.

5월 10일 수요일 밤, 전국적으로 책을 불태웠다. 물론 유대인 작가의 책이었다. 아인슈타인과 프로이트는 특히 증오의 대상이었고, 슈니츨러Schnitzler와 츠바이크Zweig도 포함되었다. 잭 런던Jack London과 토마스 만Thomas Mann을 비롯해 나치 계획에 반대되는 도덕 규범을 지지하는 작가들의 책도 모조리.

대학가와 베를린에서 수만 권의 책들이 도서관과 사저, 서점에서 밖으로 내던져졌다. 괴벨스는 밤의 장관을 연출하는 계획을 도왔다.

밴드가 연주하는 동안 책을 태우는 불 앞에서 정부 관리와 흥분한 교수와 학생들이 선서를 할 것이다.

가장 중요한 자리는 베를린을 위해 남겨두었다. 괴벨스가 도시의 오페라 하우스를 마주보고 있는 큰 광장에 서 있고, 그의 앞에서 불이 탁탁거리며 타오르고, 남자들이 거대한 모닥불에 책을 던져 넣었다.

괴벨스가 전국 라디오 방송으로 선포했던, 동시다발적으로 진행된 분서 사건은 '과장된 유대인 주지주의의 시대가 이제 종말을 맞이했음'을 보여주었다. 라이트에 있는 괴벨스의 가족은 (그리고 얀케도) 틀림없이 방송을 들었을 것이다. 괴벨스의 계획은 여기서 끝나지 않았다. 국민은 '과거의 지적 쓰레기를 불길에 맡길 만큼' 똑똑했다. 목표는 더 이상 '책을 소유한 남자'가 아니라 '인격을 갖춘 남자'가 되는 것이라고 그는 선언했다.

이날 이후로 교수들은 나치의 권위에 의문을 제기하지 않았다. 그 누구도 마찬가지였다. 1930년대의 독일에서 의회와 법원, 대학이 (그리고 '거짓' 신문들이) 무너진 와중에 무슨 근거로 지도부의 결정을 의심할 수 있겠는가?

잠재적으로 독립적인 권한의 원천으로 남아 있던 국제기구들도 약화시킬 필요가 있었다. 국제연맹(유엔의 전신)은 소수자의 권리에 한심한 관심을 가지면서 망가졌다. 국제적십자도 긴급 구호와 공중 보건에 한심한 관심을 가지면서 망가졌다. 국제 자유 무역기구들과 기자들의 권리를 옹호하는 단체들, 독자적인 과학적 의견을 찬양하는 노벨재단도 모두 망가졌기 때문에 괴벨스는 멈추지 않고 이들을 비웃어주었다.

‖ 방어하기가 아니라 '공격하기' ‖

자신의 행동이 저항에 부닥칠 때마다 괴벨스는 원하는 것을 얻으려고 폭력을 조장했다.

우리의 세 번째 기술이 적정하게 방어하기라면, 괴벨스는 어떠한 균형 감각도 없는 공격하기를 실천했다. 괴벨스는 나치에 합류하기까지 살아오면서 항상 약자였다. 유년시절 괴벨스는 라이트에서 남을 괴롭히는 모든 아이의 표적이었다. 20대 초반은 물론 고향으로 돌아와 연인인 엘제 얀케와 함께할 때도 약자였고, 예술성을 인정받지도 못했다. 심지어 몸은 여전히 허약했다. 그러나 얀케와 그녀의 격려를 뒤로하고 그곳을 떠나 이제 건장한 남성들에게 둘러싸였다. 처음부터 나치 운동에 빠져든, 싸울 의욕이 넘치는 젊은이들이었다.

이들을 이용해 괴벨스는 마침내 지배자가 될 수 있었다. 지금까지 공정함이라는 이상이 독일에 존재했다면, 이제 괴벨스가 없앨 것이었다.

베를린에서 가졌던 초기 집회에서 방해꾼이 군중 속에서 큰소리를 지르며 괴벨스를 방해한 적이 있었다. 연설 초반에 괴벨스가 살짝 고갯짓을 하며 방해꾼들을 '정중히 건물 밖으로 내보내야 한다'고 말했다. 그 남성은 곧바로 괴벨스의 지지자들에게 붙잡혀 구타를 당한 후 (연설자와 청중이 기쁘게 바라보는 가운데) 계단 밑으로 내동댕이쳐졌다. 얼마 후 기자도 한 명 발견되었다. (괴벨스가 기자들을 어떻게 생각하는지 모르는 사람은 없었다.) 높은 자리에 선 그의 고갯짓만으로 이 기자도 흠씬 두들겨 맞았고, (이번에도 연설자와 청중이 환호하는 가운데) 계단 아래로 떠밀렸다.

괴벨스는 보통 간접적으로 에둘러서 지시를 내렸지만, 이는 신중해서가 아니었다. 농담에 담긴 뜻을 상대방이 이해했을 때 더 가까운 사이로 느끼는 것처럼 관계를 더 깊이 있게 만드는 방법이었다. 모두가 도리에 어긋나는 같은 생각을 공유했고, 괴벨스가 이들 모두에게 대담하게 확인시켜주었다. 폭력을 조장하는 행위는 인간 내면에 도사린 최악의 특성을 활성화하는 이상적인 방법이었다.

예를 들어 괴벨스가 지지자들에게 정치 포스터를 붙이라고 말했을 때 그는 진지한 척하며 이들에게 경고했다. "열정이 넘쳐나는 당원들이 빈집의 벽이나 정원 울타리, 또는 유대인 상점 창문에 포스터를 붙인다면 도덕적 관점에서 매우 유감스러울 것이다." 그러나 반대자들이 포스터를 떼어내려고 한다면 (이번에도 고갯짓으로 그의 말을 듣고 있는 지지자들과 감정을 공유하며) "자신의 잘못을 깨달을 때까지 가르침을 주고, 그자가 다치지 않았는지 확인하라."

여성을 공격할 때 만족감은 특히 더 높았다. 좋은 교육을 받거나 옷을 잘 차려입은 여성들이 최고의 표적이었는데, 라이트에서 자신의 가족이 누리지 못한 환경에서 성장했을 것이 분명했기 때문이다. 괴벨스는 폭도들에게 베를린의 고급스러운 쇼핑 번화가인 쿠담 거리를 어슬렁거리며 유대인으로 보이는 여성을 찾아 위협하라고 부추겼다. 지시를 받은 젊은 남성들은 여성에게 기분 나쁘게 다가가는 것부터 시작했다. 괴벨스는 누구도 해치지 말라고 조심스럽게 말했으나 나중에 "이 무리들은 이런 미세한 뉘앙스를 이해하지 못해. 손에 닿는 아무나 다 붙잡지"라고 혼자 중얼거렸다.

여성들은 실제로 바닥에 쓰러지고 구타를 당하고 얼굴을 발로 차였다. 남성들도 똑같이 당했다. 괴벨스는 대수롭지 않게 여겼다. 그는 '감정이 표출될 때 뺨을 얻어맞는 상황'이 몇몇 유대인에게 발생할 수 있다고 말했다. 그가 왜 이를 멈추게 하겠는가?

엘제와 같은 부류의 여성에 대한 이런 공격에 대해 괴벨스가 죄책감을 표현한 연설이나 글은 없다. 엘제와 친구들이 베를린으로 여행을 왔다면 그녀가 공격 대상이 될 수도 있었다. 괴벨스는 한때 엘제와 관련해 "때때로 나 자신이 부끄러워"라고 인정했었다. 이 시기에 일기에 '이상한 꿈'에 대해 기록했는데, 꿈에서 괴벨스는 학교에 있었고 계속해서 큰 소리로 자신을 부르는 토끼 무리가 그의 뒤를 따랐다. "나는 몇 발자국 앞서 있었고, 이들을 향해 고함을 질렀다. 이 상황은 몇 시간 동안 계속되었다. 그러나 이들은 끝까지 나를 잡지 못했다."

집회 참가자들은 괴벨스가 조롱 섞인 암시를 주기를 기대했다. "폭동으로 입은 피해에 대한 보상은 400마르크에서 시작한다. 더는 말하지 않겠다!" 괴벨스는 자신의 감정을 강하게 드러내지 않았지만(그의 속마음은 "목매달아 죽여, 목매달아 죽여버려!"였지만), 그에게는 자신의 메시지를 이해하고 바람을 이루어줄 추종자들이 많았다.

이런 방법이 왜 그렇게 매력적이었을까? 무리에 합류하면 당신은 무리에 섞이지 못한 개인보다 더 강해진다. 많은 사람이 최근 몇 년 동안 발생한 상황에 대해 괴벨스와 분노를 공유했다. 몇 년간 용맹하게 싸웠음에도 제1차 세계대전에서 패했고, 지독한 인플레이션을 겪고, 타국에 영토를 이양했으며, 세계화된 무역이 전통적인 산업을 뒤흔들었다. 일상에서 이들은 속수무책이었고, 잘나가는 사람에게 앙갚음할 수도 없었다. 그러나 흥분한 참가자들이 모인 집회의 한가운데라면 어떤가?

1927년에 괴벨스가 가장 좋아하는 작가인 헤르만 헤세가 소설 『황야의 이리』를 출간했다. 헤세는 나치가 아니었지만, 주요 등장인물이 괴벨스와 비슷한 감정을 표출했고, 책은 전국적으로 퍼졌다. "내가 마음속으로 언제나 가장 증오하고 싫어하고 저주했던 것은 만족감과 건강함, 안락함이었다. 중산층의 조심스럽게 보존된 낙관주의였다…." 도스토옙스키 소설 속에서 조롱하던 남자가 생명을 얻었다.

괴벨스는 자신의 지지자들이 강력하고 우월해지도록 보장해주는 방법을 보여주었다. 대리만족을 주며 사람들의 마음을 끌 수 있었다. 레슬링 저널리스트 스티븐 존슨Steven Johnson의 말마따나 "사람들은 누군가가 이기는 모습을 보려고 오는 것이 아닙니다. 누군가가 두들겨 맞는 모습을 보기 위해 오지요." 자신보다 약한 사람에게 폭력을 행사하면서 우월감을 느끼는 데는 중독성이 있다. 당시 쿠담 거리에서 일어난 폭행을 목격했던 어느 기자는 괴벨스의 젊은 지지자들에게 이것이 '일상적인 오락거리'가 되었음을 깨닫고 충격을 받았다.

이런 깜짝 놀랄 만한 공격에는 다른 목적이 있었다. 괴벨스는 대중의 관심을 유지해야 한다는 사실을 알았고, 이는 계속해서 지배적인 위치에 있어야 한다는 의미였다. 밀어붙이고 괴롭혀야 했다. 절대로 가만히 있어서는 안 되었다. 그는 1933년 3월에 신설된 선전부 장관으로 임명된 후 개최한 회의에서 방송 관계자 수백 명을 모아놓고 앞으로 택할 방식에 대해 있는 그대로 설명했다.

"첫 번째 원칙, 무슨 수를 써서라도 지루해지는 것을 피하라. 나는 다른 무엇보다 이것을 제일 우선시합니다." 다른 장소에서도 그는 마찬가지로 단호했다. "베를린은 (신선한) 감흥이 필요합니다 (…) 이 도시는 이것에 의지해서 살아가고, 이를 알아차리는 데 실패한 정치 선전은 전부 목표물을 놓치게 될 것입니다. (…) 기술이 발전할 때 (우리는) 매일 새로운 길과 방법을 찾아야 합니다."

이 말은 끊임없이 새로운 소식을 생산해야 한다는 의미였다. 더 다양할수록 좋았다. 공정성은 끼어들 여지가 없었다.

그의 목적을 달성하는 가장 쉬운 방법은 주제를 계속 바꾸는 것이었다. 쿠담 거리 사건에 대한 책임 소재를 물어야 할 시점이 왔을 때 괴벨스는 재빠르게 초점을 바꾸었다. 그는 "오만하게 행동한 유대인이 그곳에서 폭행을 당했습니다"라고 말했다. 폭행은 독일인이 '유대인의 억압 아래 사는 것이 어떤 의미인지 직접 배웠기' 때문에 일어났다. 화제는 이제 누구에게 책임이 있으며, 어느 수준까지 분노를 허용할 것인지로 옮겨갔다.

또 다른 기술은 정책을 계속해서 바꾸는 것이었다. 앞서 한 말을 전혀 신경 쓰지 않고 바꾸면서 사람들을 혼란스럽게 하여 이를 정당화했다. 1934년 6월의 사건이 좋은 예다. 히틀러가 부상하던 기간 내내 나치의 준군사조직인 돌격대의 세력을 키우는 것이 이들의 생존에 가장 중요한 문제였다. 에른스트 룀Ernst Röhm이 장기간 지휘관으로 있었고, 괴벨스는 첫 회동 후로 그를 지원했다. "룀은 내게 매우 친절했고, 나는 그가 마음에 들었다. 개방적이고 솔직한 군인이다."

1934년 4월에 괴벨스는 (이제 그의 통제하에 있는) 국내 언론을 통해 룀이 외교단에게 한 연설을 칭송했다. 독일은 룀이 얼마나 위대한 사람인지 상기했다. 실제로 룀은 초창기부터 히틀러와 아주 가까웠던 많지 않은 사람 중 한 명으로 총통을 허물없이 '자네'라고 불렀다. 그러나 그해 6월에 히틀러는 룀과 다수의 룀 지지자들을 제거했다. 이들의 세력이 너무 강력해지는 것을 우려했기 때문이다. 괴벨스는 다음 날 전국 라디오 방송에 출연해 무슨 일이 벌어졌는지 알렸다. 괴벨스는 왜소한 체격과는 다르게 놀라울 정도로 깊이 있고 매끄러운 목소리를 지녔고, 라디오와 확성기는 북해에서부터 알프스까지 그의 말을 전달했다.

독일의 영웅이자 수호자였던 룀은 사실 영웅이 아니었다. 룀은 '치욕적이고 혐오스러운 성적 이상증'에 빠져 있었다. 정권을 타도하려는 음모를 꾸민 흔적도 있었다.

물론 말이 되지 않았다. 6월의 공격이 있기 전까지 룀을 독일의 기둥으로 만들기 위해 홍보했던 괴벨스가 이제는 그가 지금껏 적이었다고 말하고 있었다. 이 말도 안 되는 사실이 적어도 괴벨스만큼 교활한 사람들에게는 '이점'이 되었다. 공정함을 제대로 발휘했을 때 드러나는 위대한 힘을 더 잘 이해하기 위해 우리는 이 힘이 어떻게 반대 방향으로 틀어질 수 있는지를 계 속해서 살펴볼 것이다. 그리고 이것은 인간의 영혼이 가진 서로 다른 측면을 자세히 들여다보게 해준다.

괴벨스는 확실한 것은 아무것도 없고, 지속적으로 믿을 수 있는 것도 없다고 주장하면서 모든 시선을 폭포처럼 쏟아지는 이런 혼란스러운 정보를 생산하는 선전부 장관과 그의 주인에게로 돌렸다. 또 다수의 신문과 뉴스영화, 라디오에서 폴란드가 더는 동맹이 아닌 적이라고 발표하게 하여 같은 혼란을 만들었다. 러시아가 독일의 가장 큰 적에서 1939년에 갑자기 동맹국이 되었을 때 누구도 이에 의문을 제기할 수 없었다. 이후에 러시아는 (1941년 여름 독일의 침공으로) 다시 독일의 가장 큰 적이 되었다.

규모가 더 작더라도 말을 바꾸며 지속해서 오도하는 행위는 중요한 전략이었다. 효과적인 선전술을 위해 괴벨스는 '교묘하게 무력한 정신 상태로 만들' 필요가 있다고 설명한 바 있다. 1933년 5월의 어느 날 괴벨스는 영화인들의 모임에 참석해 정부는 예술의 자유를 억누를 의도가 없으니 걱정할 필요가 없다고 말했다. 그러나 2주 뒤에 예술의 자유를 구속할 목적으로 제국 영화원Reich Film Chamber을 설립했다.

그해 여름에 유대인이 아닌 베를린 필하모닉 오케스트라의 지휘자 빌헬름 푸르트벵글러Wilhelm Furtwängler가 유대인 동료들에게 가해지는 해가 걱정된다고 말했다. 괴벨스는 그런 박해는 없을 것이라고 알렸다. 푸르트벵글러와 다른 많은 독일인이 안심했지만, 이 말을 하고 나서 거의 즉각적으로 다시 말을 바꾸었다. 괴벨스는 유대인 음악가들이 공격받고 해고당하게 손을 썼다. 음악계는 망망대해 한가운데 있었다. 어떠한 계획을 세울 수도 없었고, 괴벨스의 다음 행보에 좌지우지 되었다. 그는 자신의 일기에 '효과가 좋았다'고 썼다.

모두가 괴벨스를 바라봐야 했고 괴벨스는 이런 상황에 흡족해했다. 찬사를 즐겼고, 비판을 견디지 못했다. 혼돈의 씨앗을 뿌리는 것이 이 상황을 지속시키는 이상적인 방법이었다. 카를 융은 치료되지 않고 지워지지 않는 '무의식의 상처'를 이야기했고, 현대 평론가 찰스 블로Charles Blow는 "은폐는 영혼을 늪으로 만든다"라고 했다. 많은 독재자가 그렇듯, 어린 시절을 고통스럽게 보낸 괴벨스는 아무리 존중받아도 만족하지 못했다.

초반부터 괴벨스는 군중의 규모에 대해 거짓말했다. 베를린의 드넓은 비텐베르크플라츠 광장에서 연설했을 때 부끄러울 정도로 청중이 모이지 않았다. 그때까지 독립신문으로 남아 있던《베를린 로칼안차이거Berlin Lokalanzeiger》는 군중의 규모를 대략 5000명으로 추산했지만, 괴벨스는 최소한 2만 명이라고 주장했다.

괴벨스는 자신의 연설에 대해서도 쉴 새 없이 다른 사람들과 자신의 일기장에 자랑을 늘어놓았다. 1929년 연설 중 하나에 대해서는 "나의 뛰어난 웅변 솜씨는 내 우울증에도 불구하고 믿을 수 없을 만큼 집중력이 뛰어났다!"라고 썼다. 이후에 첫 번째 라디오 방송을 마치고 나서는 "연설은 멋진 인상을 남겼다. 나는 최상의 상태였다. 오늘 언론의 반응은 근사했다"라고 적었다.

괴벨스를 위해 선전부가 자체적으로 그를 칭송하는 뉴스 영화를 제작하는 것은 물론이고, 신문사 편집자들을 겁박해 긍정적인 기사를 내보내게 했음에도 이런 자화자찬은 계속되었다. 괴벨스는 이 시기에 했던 어느 라디오 연설에 대해 '국민에게 매우 깊은 인상을 심어주었다'고 평가했다. 또 다른 대중 연설에 대해서도 '전쟁 내내 독일에서 전 세계적으로 이렇게 많이 인용되고 언급된 연설은 분명히 없었다'고 자평했다.

괴벨스의 연설을 지지하면 좋은 사람, 그렇지 않으면 적으로 치부되었다. 모든 것이 그에 관한 것이었다. 괴벨스는 오랫동안 불가리아 왕을 '음흉하고 교활한 위선자'라며 조롱했지만, 왕이 자신의 글을 매일 읽는다는 이야기를 듣고 나서는 즉각 말을 뒤집었다. "왕은 이해심이 많은 사람이다. (…) 그는 조심스럽게 관심을 보이며 내 뒤를 따른다. 그는 진정한 사람들의 왕이다. (그리고) 동정심이 있다.”

32권에 달하는 일기에서 괴벨스는 자신의 아내 마그다(그의 사무실에서 만난 젊은 여성으로 엘제와 마지막 편지를 교환하고 3년이 지난 뒤에 결혼했다)에 대한 감정을 거의 언급하지 않았다. 다른 사람들이 괴벨스를 바라보는 시각에 마그다가 어떤 영향을 미쳤는지만 표현되었다. 예를 들면 공식 만찬에서 사람들이 마그다를 칭찬했을 때 괴벨스의 기분이 좋았다는 식이다.

선전부 내에서도 괴벨스는 관심의 중심에 있어야 했고, 이를 확인시키려고 부하들을 닥치는 대로 괴롭혔다. 위협이 되지 않는 몇몇 하급 부하들은 안전했다. 그러나 타자 치는 비서 이상만 되어도 괴벨스가 하루는 친절했다가 다음 날에는 모욕적인 '농담'을 하면서 삶이 고달파졌다.

상급 부하들을 향한 공격은 더 심각했다. 이들은 괴롭힘을 모면하기 위해 낯뜨거울 정도로 몸을 숙이고 찬사를 아끼지 않으면서 괴벨스의 지시를 따르는 일이 얼마나 영광인지를 강조해야 했다. 이에 호응해 괴벨스도 한 고문을 극구 칭찬한 뒤 거의 곧바로 언론에 이 사람이 제 명되었다고 알렸다. 운이 좋으면 감옥에 가지 않고 힘든 산업공장 노동자 자리로 내쫓기는 데서 끝났다. 그리고 몇 주 혹은 몇 달이 지난 뒤에 대중이 그러하듯, 혼란스럽고 무력한 상태로 다시 돌아올 수 있었다. 이런 식으로 부하들을 지속해서 괴롭히고, 자신이 무능한 사람들에 둘러싸여 있다고 반복적으로 보여주면서 일이 잘못되면 잘못이 그들에게 있음을 분명히 했다.

모두가 공격 대상이었다. "우리 운동의 목적은 국가의 이상을 실현하기 위해 사람들을 동원하는 것이다. (…) 이 목적이 달성되었을 때 비평가들은 원한다면 내 방식에 대해 평가할 수 있다. 하지만 나는 그것에 전혀 관심이 없다."

‖ 포함하기가 아니라 '제외하기' ‖

품위 있는 행동과 정반대되는 태도를 살펴보면 현재에 적용할 수 있는 더 많은 것을 알게 된다. 괴벨스는 화합을 싫어했고, 분란을 조장했다.

과거에 몇 년간의 짧은 황금기가 있었고 독일은 그때로 돌아가야 하지만, 적들이 이를 방해하고 있다고 주장했다. 그리고 적들은 충실한 국민 속에 침투해 시민들을 먹잇감으로 삼는다고 했다. 당연히 이런 적들을 색출하고 분리해야 했다. 이에 성공하면 나치 독일인들이 안쪽 자리를 차지하고, 이제는 사회 구성원이 아닌 적들이 바깥쪽에 있을 것이다. 적들이 더 멸시받을수록 나머지 사람들은 자연스럽게 더 나아질 것이다.

저항이 있었다. 괴벨스의 선전부가 비밀리에 조사한 바에 따르면 독일에서 다수의 비유대인이 유대인들에게 등을 돌리고 싶어 하지 않았다(또는 친한 유대인 이웃이나 상점 주인들이 일반 원칙을 받아들이면 예외로 해주기를 바랐다). 괴벨스는 긍정적인 감정으로 연결된 관계를 모조리 깨뜨려야 한다는 것을 알았다.

먼저 유대인을 향해 모욕적이고 비인간적인 비방을 계속했다. 독일인이 이들을 평범한 시민으로 여기게 해서는 안 되었다. 이들은 이제 불성실한 유대인이거나 볼셰비즘을 지지하는 유대인, 해충이 우글대는 유대인이었다.

부정적인 언어는 결정적인 역할을 했다. 베른하르트 바이스에게 별명을 붙였을 때와 (그리고 한때 존경받았던 힌덴부르크 대통령을 부정한 정치인으로 비난했을 때와) 마찬가지로 처음에는 이것이 지나쳐 보일 수 있었고, 많은 국민이 조금은 터무니없다고 생각할 수도 있었다. 그러나 괴벨스는 신문 같은 오래된 매체와 라디오와 뉴스영화 같은 흥미로운 새로운 매체를 동원해 일주일에 수백 번씩 이를 반복했다. 얼마 가지 않아 유대인을 한 번도 만나본 적 없거나 유대인에 대해 별생각이 없었던 사람들 마음속에 연관성이 자리 잡기 시작했다. 모든 세부적인 사항까지 알지는 못했지만, 독일인이라고 부르는 집단과 유대인이라고 부르는 서로 다른 집단이 존재함을 '알게 되었다.' 나치 독일인에 대한 유대인 집단의 의리는 의심스러웠고, 유대인은 가까이하면 위험한 사람들이 되었다.

지난 수년에 걸쳐 언론을 탄압한 결과 반유대주의를 비판하는 독자적인 목소리는 전혀 나오지 않았다. 그리고 수년에 걸쳐 법원의 독립적 지위를 무력화시켰기 때문에 반유대주의 행위에 관한 법에 따른 제재도 기대할 수 없었다. 모든 사람이 계속해서 균형을 찾지 못하도록 괴벨스는 모든 계획을 불공평하게 밀어붙였고, 의도적으로 혼란을 조장했다. 유대인을 해고해야 할 직업 목록을 포함한 규정이 만들어졌을 때 제1차 세계대전에 참전했던 유대인은 예외로 한다는 조항과 함께 이들을 여전히 고용할 수 있는 직업에 관한 내용이 들어 있었다. 그런 다음에 잠시 시간이 흘렀고, 참전 용사들은 더 이상 자동으로 제외되지 않았다. 그리고 다시 잠시 시간이 흘렀고…. 이런 식으로 관심을 분산시키며 유대인을 계속 해서 배제해나갔다.

폭력은 매우 중요한 수단이었다. 1938년 11월 초에 괴벨스는 이를 최고조로 끌어올렸다. 전국적으로 정신 나간 사람들을 위한 무대를 창조했다. 가능한 한 많은 평범한 독일인들을 유대인 비방 행위에 참여시켰다. 큰 그림은 대부분 괴벨스가 그렸지만, 세부 사항들은 자신의 부하 등 여러 사람과 오랜 시간을 들여 함께 완성했다.

사건은 평범한 화요일 아침에 시작되었다. 다수의 폭도가 유대인 상점에 침입해 주인과 직원을 구타하고, 진열대를 망가트리고, 상품을 약탈자들이 대기하고 있던 길거리로 집어 던졌다. 일반 사회에서 이례적인 일이 독일 전역에 걸쳐 일어났고, "경찰들은 그저 웃거나 무심하게 바라보았다." 이것이 괴벨스의 의도였다. 사람들이 몰려들었고, 첫 번째 약탈꾼이 길거리에 널린 상품을 집어가기 시작하자 수많은 사람이 뒤따랐다.

다른 폭도들은 유대인 회당에 침입했다. 눈에 띄는 사람들을 닥치는 대로 구타했고, 테이블과 의자를 부쉈다. 석유를 뿌리고 건물에 불을 질렀다. 화재 장소에 도착한 소방관들은 뒤로 물러서 있었다("우리는 물을 사용하지 마라는 명령을 받았습니다." 소방관 한 명이 당시를 떠올리며 말했다). 이들은 근처의 집들에 불이 옮겨붙지 않게 물을 뿌려야 할 때만 소방 호스를 사용하면서 회당이 전소할 때까지 손놓고 구경만 했다.

이번에도 사람들이 몰려들었고, 유대인들은 불타는 건물 앞에 모여서 무릎을 꿇고 앉아 손을 머리 위로 들어 올렸다. 사람들이 본 장면은 자신들이 알고 지냈던 (다양한 성격과 외모를 가진) 이웃이나 상점 주인, 친구였던 남녀가 이제 겁먹고 무릎을 꿇은 존재로 변한 모습이었다. 유대인은 철저하게 타 집단이 되었고, 이 장면을 지켜본 모든 사람은 그저 유대인이 아니라는 것만으로 뭉쳤다.

라이트에서 약 72킬로미터 떨어진 광산 도시 딘스라켄에서 유대인 보육원이 공격받았다. "코트나 재킷의 옷깃을 세운 50명의 남성이 건물 안으로 난입해서 일사불란하게 움직이며 물건을 부수기 시작했다." 보육원 원장인 이츠하크 허스Yitzhak Hers는 학식 있고 그 지역에서 잘 알려진 인물이었지만 어떻게 손쓸 도리가 없었다. 자신이 좋아하는 소지품을 지키려던 아이들은 벽으로 밀쳐졌다. 허스 원장은 추운 날씨에 비틀거리며 밖으로 나와 자기 주변으로 몰려들며 우는 아이들을 보호하려고 했다. 수백 명에 달하는 사람들이 몰려왔고, 그는 몸을 돌려 그들에게 도움을 요청했다. "익숙한 얼굴도 보였죠. 보육원에 물품을 공급하는 업자나 상인들이었어요."

그러나 허스는 더 이상 자랑스러운 시민이 아니었다. 그저 추운 날씨에 코트도 제대로 입지 못한 채 피를 흘리며 젖은 잔디밭에 서 있는 피해자일 뿐이었다. 주변에는 겁에 질려 우는 아이들이 몰려 있었다. 허스는 힐끗 눈을 들어 바라보았다. "짙은 연기구름이 자욱하게 피어오르는 모습을 보았습니다. 나치가 회당에 불을 지른 방향이었죠." 허스는 다시 사람들을 향해 돌아섰다. 몇몇이라도 그와의 우정을 기억해주기를 바랐다. "하루나 일주일 전만 해도 (그들은) 우리를 고객으로 여기고 거래를 기쁘게 생각했어요." 그러나 이제 상황이 변했다. "그들은 (제 보육원이) 파괴되는 모습을 무표정하게 바라보았죠." 괴벨스는 의기양양했다. "이제 제국 전역에서 보고가 들어오고 있다. 50채, 다시 70채의 회당이 불에 탔다. (…) 사람들의 분노가 맹렬 해지고 있다. 멈추는 것은 불가능하다." 그날 밤늦게 잠시 휴식을 취하면서 지평선을 바라보았다. 그리고 만족스러워하며 '핏빛 하늘'이 보였다고 썼다. 불타는 회당의 불길이 구름을 물들인 것이었다. 곧이어 괴벨스는 로이터 특파원에게 이 사건의 전말을 설명했다.

자신은 국가를 위해 최선의 행동을 했다. '순수하게 독일인과 유대인을 분리하는' 작업이었다.

‖ 최고가 되기 위해 최악을 택하다 ‖

"독일에 더는 원내 정당이 존재하지 않는다." 괴벨스는 힌덴부르크가 사망하고 2년 뒤에 만족스러운 듯이 이렇게 적었다. 유대인을 이토록 쉽게 배척할 수 있었던 이유는 "우리가 수년간 유대인의 약점과 불리한 점을 사람들에게 설득하는 캠페인을 벌여왔기 때문이다." 힘든 작업이었지만 가치가 있었다. 이렇게 약화시킨 뒤에 '(그저) 적법하게 제거할 수 있었다.' 국가의 새로운 주요 원동력은 히틀러였지만, 선전부의 괴벨스는 없어서는 안 되는 인물이었다. 처음에 모든 곳에서 일어났던 저항은 시간이 지나면서 서서히 사라졌다. 구경거리는 흥미진진했다. 무리에 섞여 있으면 신이 났다. 지금까지 확실성과 통일성을 놓치고 살아왔다(멸시받는 소수집단보다 우월한 존재라는 기쁨과 모든 것을 전복시키는 도스토옙스키식 즐거움이었다). 정치인과 기업가, 그리고 나중에 깊이 후회한 사람들 중 일부가 권력의 스릴과 권력이 주는 혜택에 이끌려 괴벨스의 편으로 조용히 흘러 들어갔다. 한편에는 자신들이 공격 대상에서 제외되었다는 기쁨과 안도감이 있었다. 고속도로가 건설되었고, 일자리가 돌아왔다. 제1차 세계대전의 패배감은 사라졌다.

자전적 소설에서 괴벨스는 엘제 얀케를 처음 만났을 당시에 대해 적었다. 괴벨스의 또 다른 자아인 마이클은 '언젠가 위대한 인물이 되는 야망'을 품고 있었다. 현실은 그가 상상할 수 있는 것을 뛰어넘었다. 히틀러는 괴벨스를 존중했고, 괴벨스는 이 사실이 대단히 마음에 들었다. 괴벨스에게는 대저택과 별장뿐 아니라 자신의 말에 귀 기울이는 기세등등한 추종자들도 있었다. 공무원과 예술가, 사실상 그가 만난 모든 사람이 두려움으로 몸을 떨었다.

베토벤의 작품을 감상하고 싶다면 베를린 필하모닉의 지휘자 카라얀에게 지시만 내리면 되었다. 문학에 대해 논하고 싶을 때는 전화 한 통이면 열렬한 하이데거 교수가 즉각 베를린으로 달려올 것이다. 여배우와 잠자리를 같이 하고 싶다면 선전부가 독일 영화계를 손아귀에 넣고 있다는 사실로 해결될 일이었다. 괴벨스가 눈에 거슬리는 유대인을 마침내 짓밟아주자 유럽 전역의 수많은 유서 깊은 가문이 환호했고, 그를 따르면서 얻게 되는 권력의 짜릿한 맛을 좋아했다.

괴벨스는 고향을 찾을 시간이 많지 않았지만, 방문했던 날에 쓴 일기에 오랜 지인들이 얼마나 편협하고 따분해 보이는지를 언급했다. 이곳에서 그는 얀케와 우연히 마주쳤고, 이때 그녀는 아주 살짝 고개만 끄덕이는 것으로 그를 외면했다. 이 시기의 상황을 고려하면 대범한 행동이었다. 그가 경호원을 시켜 그녀와 그녀가 아는 모든 사람을 체포할 수도 있었다. ("나는 엘제와 맞닥뜨렸다. 그녀는 퉁명스럽고 매정했다. 마음이 아프다. 오후에 그녀는 얼굴을 보이지 않았다. 맙소사!") 그러나 무슨 상관인가?

라이트에는 수년간 폐허로 남겨진 성이 있었다. 괴벨스가 이 도시의 주인이 아니던가. 괴벨스가 지시를 내린 즉시 소유권이 그에게로 넘어왔다. 그리고 얼마 가지 않아 공사가 시작되었다. 자신이 원하는 사람은 누구든 움직일 수 있었다.

전국에서 기세등등했다. 독일은 이미 공학과 화학 분야에서 최고였다. 공무원 조직은 체계가 잘 잡혀 있었고, 군대에는 뛰어난 참모들이 있었다. 비유대인 시민들의 새로운 통합으로 모든 팽창주의자의 바람이 실현되고 있었다. 1941년 12월 초에 영국과 러시아가 무릎을 꿇었다. (독일 경제가 포효하고 있었다는 점이 도움이 되었다.) 대서양 건너의 미국은 당파 싸움으로 분열되고, 법원과 조합이 각자 옥신각신하는 한심하고 나약한 국가였다. 히틀러는 기세가 하늘을 찌르는 제국의회에서 연설했다. "23년 전에 폐허가 된 국가를 재건하기 위해 정치에 발을 들여놓기로 했을 때 나는 누구도 알지 못했던 무명의 군인이었습니다. (…) 오늘날 나는 세계 최강을 자랑하는 육군과 가장 강력한 공군의 맨 앞에 서 있습니다."

독일의 힘은 영국 해협에서부터 모스크바 외곽까지, 북극권에서 사하라 사막까지 뻗쳐 있었다. 군대와 경찰은 명령에 복종했고, 도시마다 대량 학살이 오래전에 시작되었다.

나쁜 사람이 패한다고 누가 말할 수 있겠는가? 대륙은 변했다. 긍정적인 도덕적 원칙은 모두 사라졌고 인간 본성이 가진 최악의 측면이 드러났다. 1941년 12월 초에 지배권을 쥔 독일의 모습은 어쩌면 천년도 더 지속될 수 있을 것 같았다.

CHAPTER

06

통합의 리더, 루스벨트

'건방진 개자식'이 겸손해진 이유

연민의 발견

"초대받지 않은 사람, 방문을 알리지 않은 사람,
희망에 차 있는 사람."

‖ 명문가의 귀공자 ‖

1941년 12월 영국은 좁은 바다 너머에서 공군과 해군의 보호를 받으며 침략에 잘 버티고 있었다. 그러나 자체적으로 반격하기에는 힘에 부쳐 도움이 절실했다. 러시아 역시 악전고투하고 있었으므로 답은 미국이었다.

그러나 당시 미국은 세계를 지킬 만한 상태가 아니었다.

1929년에 월스트리트에서 촉발된 대공황으로 엄청난 타격을 입었다. 1933년에 히틀러가 독일의 수상이 되고 괴벨스가 선전부 장관이 되었을 때, 수백만 미국인은 여전히 실업자 신세였다. 실업보험이 거의 없던 때라 어디를 보나 가난한 사람들이 넘쳐났다. 대공황 이전에 비해 자살 건수가 세 배 증가했고, 공장은 폐업했으며, 광대한 농지가 버려졌다. 전설적인 엠파이어스테이트 빌딩이 기록적인 속도로 완공

되기는 했지만, 이후에는 거의 텅 빈 상태로 서 있었다. 뉴욕의 수많은 실업자가 한때 북적거렸던 이곳을 지나치며 엠프티 스테이트 빌딩Empty State Building, empty는 비어 있다는 뜻-옮긴이이라고 조롱했다.

우리는 미국 제32대 대통령인 프랭클린 델러노 루스벨트가 자본주의를 재구성하면서 그의 조국을 변화시켰다는 사실을 안다. 그 과정에서 그는 이 책에서 반복해서 나온 모든 기술을 활용했다. 아집을 버리고(사실 이 점에 있어서 그는 그다지 성공적이지 못했다), 경청하고, 신중하게 감독하고, 제공하고, 균형을 잘 잡으며 방어하는 것. 그러면서 다른 사람들을 자연스럽게 끌어들였는데, 냉혹하게 차단할 필요가 없었기 때문이다. 괴벨스의 방식과는 거의 정반대라고 할 수 있다. 루스벨트의 방식은 목표를 달성하기 위해 이런 행동 지침들이 어떻게 서로 잘 맞아들어갈 수 있는지를 완벽하게 보여주는 사례다.

사실 루스벨트는 공정하게 목표를 달성할 후보로 적합해 보이지 않았다. 처음부터 그의 시선에서 연민은 멀리 떨어져 있었기 때문이다. 루스벨트는 부유한 가문에서 성장하면서 전형적인 귀공자의 삶을 살았다. 먼 조상들이 큰 부를 축적했지만, 이후로 적어도 6세대가 지나는 동안 가족 대부분은 사냥과 승마, (신탁자금이 어떤 경우에도 마르는 날이 없었기 때문에) 자손 번식 외에는 거의 아무것도 하지 않으며 유유자적하게 살았다. 어느 신문이 이 가문을 정확하게 표현했다. "그저 그런 인간들의 왕조."

괴벨스의 삶과는 놀라울 정도로 정반대였다. 괴벨스는 가난과 장애 속에서 삶을 시작했다. 더 넓은 세상에서 몇 년간 작은 성공을 한 후에 모든 것이 무너졌다. 결국 다시 고향으로 돌아왔고, 처절한 실패를 맛보았다. 가족들이 주변을 맴돌았고, 자신이 '의견을 귀담아들을 가치가 없는' 가족 구성원이라는 사실에 격노했다. 자신을 격려해주는 젊은 여성과 잠시 함께했지만, 관계는 끝이 났고, 결국 우리가 아는 솜씨 좋은 괴물로 변했다.

프랭클린 루스벨트는 정반대의 삶으로 시작했지만, 그도 심각한 신체장애로 고통 받았고, 완전한 실패도 경험했다. 더는 자신을 진지하게 생각해주지 않는 가족들의 무시에 분노하기도 했다. 그러나 친절한 젊은 여성이 용기를 북돋아주었을 때 전에는 거의 신경도 안 썼던 자기 안에 있는 인도적인 측면에 기대기 시작했다. 루스벨트는 괴벨스와 정반대의 길을 걸었고, 괴벨스가 헌신한 모든 것을 파괴하는 연합군을 도왔다.

이 이야기는 우리 모두에게 교훈을 준다. 다시 한번 말하지만, 우리에게는 선택권이 있다.

무엇을 선택할지 어떻게 결정해야 할까?

‖ 승승장구하던 엘리트에게 닥친 비극 ‖

프랭클린은 뉴욕에서 약 129킬로미터 떨어진 곳에서 외아들로 자랐다. 집사와 관리자, 개인 하녀, 부엌 하녀, 요리사, 보조 요리사, 세탁부, 간호사, 보모, 여성가정교사(보통 유능한 유럽인이다)가 집에 상주했다. 별채에는 마구간지기와 마부, 잔디와 과수원, 목초지, 정원을 관리하는 사람들이 있었다.

루스벨트는 어린 시절 집 안에서만 단속받은 것이 아니다. 그를 둘러싼 모든 세상이 관리 대상이었다. 인근 마을을 방문해도 좋다는 허락이 떨어지면 가정교사가 항상 동행했고, 가정교사는 루스벨트의 어머니 세라의 철저한 지시를 받았다. 어머니는 루스벨트가 절대 마을 아이들과 어울리지 못하도록 신신당부했다. 그들이 수준 떨어진다는 이유에서였다.

루스벨트는 사람들에게 돌을 맞고 조롱당하기에 충분했다. 그러나 그를 해코지하는 아이들은 없었고, 어른들은 그의 모자에 가볍게 손을 대며 인사했다. 마을 어른 대부분은 루스벨트 가문의 사유지에 생계를 의존했기에 일자리에 해가 될 일은 하지 않았다.

키가 크고 건장한 남성으로 성장한 루스벨트는 마을 사람들로부터 격리된 양육 방식의 영향을 받아 평범한 사람들에게는 차갑게 대했다. 그리고 신탁자금 덕분에 평생 일하지 않아도 되었다.

28세에 뉴욕주 상원의원에 당선되었다. (훗날 루스벨트의 업적에 핵심 역할을 했던 여성인) 사회개혁가 프랜시스 퍼킨스Frances Perkins는 아이들이 공장에서 주 54시간 이상 일하지 못하게 막는 법안을 통과시키기 위해 루스벨트를 설득하려 했다.

루스벨트는 퍼킨스를 무시했다. "지금은 안 돼요. 지금은 안 됩니다. 다른 더 중요한 사안들이 있어요." 퍼킨스는 그의 중얼거림을 기억했다. 엘리트 남성들은 대부분 새로운 생각에 반대한다는 것을 잘 알고 있었던 퍼킨스는 '남성의 마음에 관한 메모'를 만들어 어떻게 마음을 움직일 수 있는지에 대한 생각을 수년간 정리해왔다.

가장 효과적인 기술 중 하나는 힘 있는 의원들과 함께 공장을 방문해 노동자들의 사정이 얼마나 열악한지 직접 눈으로 확인시켜주는 것이었다. 의원들이 위험한 일을 경험하게 하면 효과는 더 좋았다. 어느 상원의원은 공장 벽의 작은 구멍을 기어서 통과하고, 지상에서 3.6미터 높이에 있는 얼음으로 덮인 가파른 사다리를 보고 나서야 더 안전한 노동환경을 만드는 데 적극적으로 지지했다.

그러나 루스벨트에게는 어떤 방법도 통하지 않았다. 주변에 아는 공장 노동자가 한 명도 없었고, 어머니가 고용했던 하인들이 장시간 노동에 대한 불평하는 말을 들어본 적이 없었기 때문이다. 그가 왜 신경 써야 한단 말인가? 루스벨트는 공장을 방문해 문제를 살펴볼 생각이 전혀 없었다. 훗날 퍼킨스는 이렇게 썼다. "이제야 (그가 어떤 사람인지) 보였다. 놋쇠 난간 뒤에 서서 (…) 작은 입이 오므라들었다가 살짝 열리고, 콧구멍이 확장되고, 차가운 목소리로 성가시다는 듯 말했다. '그만, 그만. 더는 듣지 않겠어요!'"

동료들에게 루스벨트는 여러모로 '오만하고' '불쾌하고' '우쭐거리며' '똑똑한 체하는' 사람이었다. 퍼킨스는 루스벨트에게 "대다수 사람을 얕잡아 보는 (…) 유감스러운 습관"이 있었다고 기억했다. 어느 나이 지긋한 정치인은 직설적으로 표현했다. "루스벨트는 건방진 개자식이었다."

집안 연줄 덕에 1913년에 해군차관보가 된 루스벨트는 언젠가 대통령이 될 거라고 친구들에게 말했다. 사촌인 시어도어 루스벨트가 되었으니 조만간 자신의 차례가 올 거라고 했다. 루스벨트는 이미 뉴욕에서 사교모임 다섯 개의 회원이었고, 워싱턴에서 여섯 번째로 메트로폴리탄 클럽에 가입했다. 이 클럽은 당시 대통령이었던 우드로

윌슨의 회원 가입을 거부한 일로 유명했다. 이유는 윌슨이 너무 평범해서였다.

루스벨트는 상류층 여성인 엘리너와 결혼했다(엘리너는 시어도어의 조카딸로 먼 친척뻘이었다. 상류층 사교계에서는 흔한 일이었다). 가끔 캠핑을 즐겼던 프랭클린은 요리를 조금은 할 줄 알았지만, 엘리너는 요리를 한 번도 해본 적이 없을 뿐만 아니라 음식을 주문조차 해본 적도 없었다. 누군가가 항상 대신 해주었기 때문이다.

루스벨트 부부는 자녀 6명을 낳았고(이 중 한명은 어렸을 때 사망했다), 루스벨트의 신탁자금과 다른 투자에서 나오는 이자로(약 45만 달러에 달했다) 집안일을 도와주는 하인을 10명 고용했다. 루스벨트의 어머니는 아들 부부에게 휴가를 보내라며 메인주의 섬에 18개의 침실이 있는 3층짜리 '작은 별장'을 주었다. 루스벨트의 아이들은 섬을 자유롭게 뛰어다니며 루스벨트가 당연하게 가졌던 우월감을 그대로 물려받았다. 큰딸의 독일 셰퍼드가 양 떼를 바다로 몰고 갔을 때 루스벨트 가족은 양의 주인이 얼마나 큰 손해를 입었는지가 아닌, 이 불쌍한 개가 벌을 받을지도 모른다는 점을 걱정했다.

소풍을 나갔을 때 아이들이 음식이나 깔고 앉을 담요를 가져오지 않았으면 지역 주민들을 고용해 가져오게 했다. 엘리너는 관리인이 한 일이 마음에 들지 않았을 때 현관 천장에 달아놓은 큰 확성기로 요란스럽게 새로 지시했다.

1913년 7월 4일에(고등학생 괴벨스가 절뚝거리는 다리 때문에 놀림 받던 '꽤 암울했던' 시기다) 루스벨트는 해군 장성들에게 군함 한 척을 보낸 후 자신의 아이들이 볼 수 있게 섬 앞바다에 정박시켜줄 수 있는지 물었다. 아이들에게 예포를 쏘는 장면을 보여줄 수 있다면 더 좋았다. (장성들은 루스벨트가 구축함 한 대를 직접 조종해서 섬 근처의 위험한 해협을 지나가겠다고 제안했을 때 반대했지만 끝내 그를 막지는 못했다. 훗날 유명해진, '황소'라는 별명을 가진 구축함의 지휘관 윌리엄 F. 홀시William F. Halsey가 이를 악물고 참고 있는 가운데 루스벨트의 아이들은 아버지가 조타실에서 700톤에 달하는 거대한 배를 조종하며 손을 흔드는 모습을 보았다.)

1920년에 루스벨트는 민주당 부통령 후보로 지명되었다. 이번에도 집안의 영향력이 크게 작용했다. 공화당이 그해 대통령 선거에서 압승했지만, 모두가 쾌활하고 젊은 루스벨트의 장래를 기대했다. 언젠가 대통령 선거에도 출마할 수 있어 보였다. 선거 후 그는 법률회사와 대형 증권회사에서 임시직으로 근무했고, 이 일은 현재 가치로 연간 35만 달러의 추가 수입을 가져다주었다. 하는 일이라고는 한 달에 며칠 자신의 인맥을 이용해 사업에 도움을 주는 것이 다였지만.

루스벨트는 해군 기지에서 군함 기둥에 연결된 밧줄을 쉽게 타고 올라갈 정도로 건강했다. 그러나 그가 39세이던 1921년 여름의 어느 오후에 메인주의 섬에서 휴가를 보내던 중 갑자기 피곤함을 느꼈다.

평소에 느끼던 피로보다 훨씬 심했다. 기운을 차리려고 아이들과 인근의 호수로 달려가 수영을 했다. 그러나 별장으로 돌아온 뒤에도 피곤은 여전히 사라지지 않았다("이렇게 느낀 적은 한 번도 없었다"). 다음 날 아침에는 몸에서 열이 났고, 서 있기조차 힘들었다.

이후로 며칠간 다리에서 힘이 점점 빠지더니 아예 다리를 들어 올릴 수조차 없어졌다. 팔과 손도 움직일 수 없었다. 몇 주 후에 의사가 하버드의 전문가에게 간결한 전보문을 보냈다.

점점 더 위축되고 힘이 줄면서 환자에게 불안을 초래함.

무슨 방법이든 추천 바람.

진단명은 소아마비였다. 충격과 치욕과 함께 사지가 제대로 움직이지 않았다. 빠르게 증가하는 바이러스로 인해 몸에 접촉이 있을 때마다, 심지어 침대 시트에 스치기만 해도 극심한 통증이 몰려왔다.

뉴욕의 타운하우스와 뉴욕 외곽에 있는 어머니의 사유지에서 몇 달간 치료받으며 증상이 점차 호전되었다. 상체를 다시 움직일 수 있었고, 검사 결과 창자와 방광에 문제가 없고 성 기능도 정상으로 돌아왔다(의사들은 "성교불능증impotentia coeundi 증상은 보이지 않음"이라고 고상하게 표현했다). 그러나 골반과 다리는 여전히 마비된 상태로 아주 희미한 근육 반응만 있을 뿐이었다.

처음에 루스벨트는 이 상황이 무엇을 의미하는지 알아차리지 못했다. 1922년 10월에 그는 (여전히 루스벨트에게 임금을 지급하는) 증권회사에서 일상적인 업무를 볼 수 있다는 것을 보여주기 위해 맨해튼으로 갔다. 어머니의 사유지에서 회사에 가기 위해 먼저 하인에게 자신의 다리에 한쪽당 5.5킬로그램이 나가는 철로 만든 버팀대를 묶게 했다. 이 버팀대는 그의 신발 뒤축에서부터 엉덩이에 딱 맞게 제작된 죔쇠가 있는 부위까지 이어졌다. 그러고 나서 하인은 푹신한 끈을 자신의 무릎과 허벅지에 단단히 둘러 고정시켰다. 하인들이 아래층까지 그를 안고 내려갔고, 그는 기사의 도움을 받아 차에 탈 수 있었다.

루스벨트가 사무실(브로드웨이 120번지에 있는 도시의 한 구획 전체)에 도착하는 장면을 배질 오코너Basil O'Connor라는 젊은 변호사가 빌딩 로비에서 목격했다.

자동차에서 나오는 일은 힘들었다. 기사가 정차하고 밖으로 나온 다음 문을 열고 루스벨트가 건물 쪽으로 몸을 비틀게 도와주었다. 잡을 수 있는 의자가 사라지자 루스벨트의 몸이 뒤로 미끄러졌다. 뒤에 있던 차들이 경적을 울리기 시작했다. 기사는 이를 무시하고, 루스벨트를 안아 올려 다리를 펼 수 있게 해주었다. 그리고 무릎에서 버팀대를 완전히 확장해 고정하기 시작했다(장치가 루스벨트의 바지 안에 있어 힘든 작업이었다).

이쯤 되자 많은 차가 경적을 울렸다. 기사는 뒤로 물러서서 이들에게 소리를 질렀다. 자부심 강하고 한때 민첩했던 루스벨트는 뻣뻣한 한쪽 다리가 자동차 밖으로 튀어나온 채 쓰러져서는 움직이지 못하고 있었다. 그때 루스벨트의 모자가 바람에 날아가자 하나둘 모여드는 구경꾼 중 한 명이 모자를 집어 머리에 다시 씌워주었다. 루스벨트는 그저 기다릴 수밖에 없었다.

마침내 기사가 루스벨트의 두 손에 목발을 쥐어준 다음 옆으로 비켜섰다. 루스벨트는 처음에 비틀거렸지만, 곧 균형을 잡았다. 그는 팔과 겨드랑이로 거의 91킬로그램의 무게를 지탱하고 있었다. 오코너는 루스벨트가 천천히, 아주 느리게 몸을 끌며 앞으로 걸어갈 때 그의 손가락 관절이 하얗게 변하는 것을 알아차렸다. 루스벨트는 고개를 숙인 채 엄청난 노력으로 거구를 끌고 있었다. 이마가 땀에 흠뻑 젖었다. 골반도 다리처럼 마비된 상태였기 때문에 한 번에 한 다리씩 앞으로 내디딜 수 없었다. 상체 전체를 회전시키면서 힘을 주고 다리를 움직여야 했다.

루스벨트가 로비에 도착했을 때쯤 사람들은 더 많이 모여들었다(사람들은 얼마 전까지 부통령 후보였던 루스벨트를 알아보았다.). 대리석 바닥이 미끄러워서 몇 발자국 만에 목발이 미끄러졌고 루스벨트는 세차게 넘어지고 말았다. 억지로 미소를 지으며 몸을 돌려 앉으려고 했다. 그러나 바닥에 드러누운 자세에서 몸을 일으키기란 쉽지 않았다. 결국 도움을 요청했다. "좀 잡아주세요." 오코너는 건장했지만, 91킬로그램인 루스벨트를 혼자 들어 올리기란 불가능했다. 급히 다가온 기사와 다른 구경꾼이 힘을 합쳐서야 그를 일으켜 세울 수 있었다. 루스벨트는 부축을 받으며 엘리베이터까지 갈 수 있었지만, 혼자서 움직일 수 없음은 명백해졌다. 정상적인 일상 활동은 불가능했다.

‖ 시련을 통해 새로운 정체성을 찾다 ‖

루스벨트는 또 다른 작은 법률회사를 차리려고 했지만 생각을 접었다. 누군가가 들어 나르거나 휠체어를 밀어주어야만 사무실로 들어갈 수 있었기 때문이다. 그는 그것을 견딜 수 없었다.

엘리너라고 더 나을 것이 없었다. 엘리너는 성관계를 그다지 좋아하지 않았던 데다(큰딸에게 털어놓은 바에 의하면 그녀에게 성관계는 '견뎌야 할 시련'이었다) 몇 년 전에 프랭클린이 바람 피우는 것을, 그것도 자신의 사교 담당 비서와 바람이 난 사실을 알게 된 후 완전히 마음이 돌아서버렸다. 이 비서는 키가 크고 호리호리했으며, 파란 눈에 허스키한 목소리를 가지고 있었다. 누구나 상처받을 일이었지만, 엘리너에게는 특히 더 상처가 컸다. 엘리너의 어머니가 그녀는 남자들이 매력을 느낄 만큼 아름답지 못하다고 말했기 때문이다. 그래서 항상 자신감이 없었고, 자신을 좋아해주는 사람이 있을 거라고 생각하지 못했다.

최선을 다해 남편을 간호하는 것 외에는 차갑게 거리를 두었다. 아들 제임스는 이 시기에 두 사람의 결혼 생활은 그저 '무장 휴전'에 지나지 않았다고 기억했다.

집안에 사랑이 거의 없는 데다 갑작스러운 장애를 갖게 된 루스벨트는 정치인이 되는 것이 불가능해 보이면서 길을 잃었다. 당시는 F. 스콧 피츠제럴드가 인기를 끌고 재즈와 함께 유흥을 즐기고, 재치 있고 날씬한 신여성들은 미니 원피스를 입던 그런 시대다. 그러나 그는 동떨어진 세상에 살았다. 그저 상속받은 유산으로 먹고 사는, 사랑받지 못하는 40대 남성일 뿐이었다. 평생 '그저 그런 인간들의 왕조'에서 시간이나 때우는 남자에 불과했다.

1923년 내내 표류하던 루스벨트는 갈팡질팡하다가 마침내 대서양 연안에서 지금까지의 삶을 버리고 떠나기로 다짐했다. 하버드대학 친구인 존 로런스는 루스벨트가 방문했을 때 다른 친구들처럼 불편해하지 않았다. 게다가 로런스는 언제나 시간을 즐겁게 보낼 줄 알았다. 루스벨트와 로런스는 크고 긴 주거용 보트를 사서 친구와 여자들을 초대했다. 자신들의 삶을 흘려보내기에 따뜻한 플로리다 바다가 최적의 장소였다.

이런 삶은 수개월 동안 지속되었다. 낚시하고, 일광욕을 하고, 술을 마시며 마이애미에서 시작해 플로리다키스제도까지 해안을 따라 항해했다. 두 사람은 보트에 둘의 이름을 합쳐 '라루코Larooco'라는 이름을 붙였다. 루스벨트는 다리는 여전히 약했지만, 어깨와 팔의 힘을 키우기 위해 수개월 동안 집에서 평행봉으로 운동했다. 덕분에 이제 라루코에서 기민하게 움직일 수 있었다. 갑판 아래의 복도에서 팔을 뻗어 난간을 붙잡고 (오직 팔 힘에만 의존해) 앞으로 몸을 흔들어 원하는 곳으로 이동할 수 있었다. 친구들은 목발을 들고 루스벨트를 기다려주었고, 그는 이 동작을 계속했다.

엘리너는 라루코에 방문한 적이 있었지만, 며칠 만에 돌아갔다. 그녀는 햇빛은 물론 수영도 좋아하지 않았다. 아무 생각 없는 듯한 이들을 이해할 수 없었다. 이들은 가치 있는 책을 읽거나 하인에게 무엇을 하라고 지시를 내리지 않았다.

라루코에서는 술이 넘쳐났고(금주법을 지지했던 엘리너가 참을 수 없던 것 중 하나였다), 매일 카드 게임을 했다. 부유한 손님들 사이에 (요리하고 보트를 조종하는 노부부를 제외하고) 유일한 블루칼라 승객이 있었다. 루스벨트가 법률회사와 부통령 선거운동을 통해 알게 된 마거리트 '미시' 르핸드Marguerite 'Missy' LeHand였다. 보스턴의 험한 동네에서 성장한 젊은 아일랜드계 가톨릭 여성이었다.

르핸드는 훗날 미국에서 중요한 사람 중 한 명이 되지만 지금 라루코에서는 그저 또 다른 패기 있는 손님이었을 뿐이다. 최소한 처음에는 그렇게 보였다.

루스벨트가 그녀를 배로 초대한 것은 우연이 아니었다. 몇 년 전에 만났던 그의 정부情婦처럼 르핸드도 큰 키에 파란 눈과 허스키한 목소리를 가지고 있었고, 거의 언제나 미소를 지었다. 르핸드를 흠모했던 어느 남성은 그녀를 '영원히 이해할 수 없는 교활함과 순수함의 혼합체'라고 묘사했다. 똑똑한 르핸드는 자신이 성장했던 서머빌(보스턴의 부유한 지역에서는 이 지역을 조롱하듯이 슬러머빌Slumerville이라고 불렀다)에서 벗어나 민주당 전국위원회에서 일하게 되었다. 1920년 대선 경선 때부터 쌓인 서신과 연락처를 처리해달라는 요청을 받고는 인상적이고 능률적인 시스템을 고안해 임무를 잘해냈다.

루스벨트는 그녀에게 완전히 빠져들었다. 주변의 시선 따위 신경 쓰지 않았다. 둘의 관계는 그저 함께 술을 마시고, 노을을 감상하고, 친구들과 수영하며 어울리는 것이 전부가 아니었다. 서로를 더 깊이 이해했다. 르핸드는 어렸을 때 심방세동atrial fibrillation: 심방의 규칙적인 수축이 소실되고 불규칙한 잔떨림이 발생하는 질환-옮긴이을 일으키는 류마티스성 열로 고통받았다. 그래서 흥겹게 노는 다른 손님들과 달리 수영을 오래 하지는 못했다. 해변을 따라 달리기를 할 수도 없었고, 테니스를 치는 것도 힘들었다.

르핸드는 이런 경험 덕분에 상속받은 재산과 (완벽한 섬에서 휴가를 보내는) 완벽한 가정 뒤에 숨겨진, 잘사는 척해야 하는 남자의 진짜 모습을 어렵지 않게 알아볼 수 있었다. 루스벨트를 제대로 이해할 수 있는 사람은 거의 없었다. 친구들은 루스벨트가 아주 살짝 자신들과 거리를 두고 있음을 알았지만 너무 밀어붙이면 그의 못되고 냉담한 측면이 분출될지 몰라 그대로 두었다.

르핸드는 루스벨트에 대해 더 많은 것을 깨달았고, 그가 느끼는 고뇌를 보았다. "라루코에서 루스벨트가 억지로 편하고 즐거운 표정을 지으며 우울감을 감춘 채 손님들을 맞이했던 날들이 있었습니다."

아내에게는 부당할 수 있지만 루스벨트는 르핸드가 자신을 이해해주는 것이 좋았다. 그는 훗날 르핸드가 '매력적인 태도'를 지녔다고 표현했다. 그녀는 재치가 넘쳤고 친절했으며 무엇보다 완벽하게 이타적이었다. 르핸드는 다른 손님들이 떠나고 난 뒤에도 자주 플로리다에 남아 보트에서 며칠 또는 몇 주를 루스벨트와 단둘이 보냈다. 루스벨트가 강한 팔로 자신의 몸을 보트의 모서리 너머로 들어 올리고 다리를 휘저을 때, 백사장이나 작은 해변으로 올라올 수 있도록 르핸드가 도왔다. 태양 아래에서 함께 휴식하고, 수다 떨고, 둘 다 좋아하는 럼주를 마셨다.

보트에 다시 올랐을 때 여전히 날이 밝으면 갑판으로 끌고 나온 커다란 매트리스 위에서 일광욕을 즐기며 함께 휴식했다. 책을 좋아했던 루스벨트의 뉴욕 타운하우스에는 특별한 서재가 있었다. 그는 책이 든 상자들을 라루코로 가져왔고, 르핸드와 함께 깔끔하게 정리해 색인을 만들었다. 그리고 오랜 시간 함께 독서를 했다. 편하게 스릴러나 추리 소설을 읽을 때도 있었고, 좀 더 진지한 내용을 다루는 책을 읽기도 했다. 독서를 마치면 해가 지고 깜깜해질 때까지 나무 갑판 위에서 술을 마시며 대화를 나누었다. 곁에 놓인 축음기에서는 음악이 흘러나왔다. 시간이 무한한 것처럼 느껴졌다.

표면상으로 루스벨트는 괴벨스와 공통점이 하나도 없어 보인다. 루스벨트는 젊은 시절에 신체 능력이 뛰어났고, 부유했으며, 인간관계가 넓었다. 그러나 소아마비에 걸린 후 길을 잃으면서 인류학자 방주네프의 통과의례를 경험하게 된다. 자신에게 익숙한 세상에서 시작해서 (어중간한 상태의) 매우 다른 영역으로 이동해 분리 기간을 거친 후에야 다시 이전의 자신과는 달라진 모습으로 세상과 연결될 수 있었다.

통과의례의 첫 번째 단계인 분리는 아내와 아이들, 직업, 기득권의 상징인 어머니의 사유지와 자신의 타운하우스를 떠나는 것이었다. 두 번째 단계인 막연하고 어중간한 상태는 라루코에서의 삶이었다. 과거나 미래는 잊고 플로리다 해안을 따라 유유자적하게 항해하며 태양과 바다, 저녁 노을, 럼주, 끝없는 대화를 즐길 뿐이었다. 수행과는 거리가 멀었다. 그러나 수행은 통과의례를 거치는 하나의 방식일 뿐이다. 이전의 삶에서 '떨어져 나온 것'만으로도 충분하다.

어디에 착륙해야 하는지 모른다면 이런 변화 단계는 괴로움을 만들어낸다. 윌리엄 블라이의 선원들에게 타히티섬은 시간을 초월한 가장 멋진 중간 상태였고, 선장이 여기서 자신들을 끌어내 영국 해군의 가차 없는 규율을 따르도록 지시하는 것이 싫었다. 그래서 선원들은 블라이를 바운티호에서 쫓아내고, 자신들이 경험한 반짝반짝 빛나는 시간을 초월한 영역으로 되돌아갔다. 괴벨스는 두 번째 단계에서 라이트의 적막한 집을 돌아와 부모님과 함께 생활했고, 먼저 문학계에서, 그 다음에는 정치계에서 탈출구를 찾았다. 루스벨트의 두 번째 단계는 라루코에서의 표류하는 삶이었다. 그는 이제 여기에 지쳐 있었다. 보이는 것만큼 평화롭지 않았으나 루스벨트가 집으로 보낸 편지에는 내색하지 않으려고 애쓴 흔적이 보였다. 당시 라루코에서의 생활은 소아마비 치료에 도움이 되지 않았고, 이렇게 표류하며 살기에는 루스벨트는 너무 똑똑했다.

술과 손님, 카드 게임, 낚시는 이제 무의미했고 시간이 지나면서 자신이 얼마나 이기적인지도 깨닫게 되었다. 힐렐의 질문 중 "내가 나만을 위해 존재한다면"에 도달한 것이다. 루스벨트에게는 어떠한 배려심도 남아 있지 않았다. 가족이 있었지만 그가 그들을 위해 무엇을 했나? 고향에 틀어박혀 있었던 큰아들 제임스는 "외로운 시기였다. 오랫동안 함께 시간을 보내고 이야기할 수 있는 아버지가 곁에 없었다. 보트에 탄 채 어딘가에서 보낸 편지가 전부였다"라고 기억했다. 루스벨트는 아내에게 거짓말했고 가족에게 무신경했다.

루스벨트가 무언가를 할 준비가 되었다고 해도 그곳이 어디일까?

어머니의 사유지나 맨해튼은 아니었다. 아이들이 아무리 보고 싶어도 아직은 아니었다. 집에서 투자가 성과를 내는 모습을 지켜보거나 돈을 더 많이 벌기 위해 가끔 맨해튼의 사무실로 출근하기 위해 힘겹게 씨름하는 것 말고는 하는 일 없이 '불구자'의 삶이 끝나기만을 기다리는 인생은 황폐하기 그지없었다. 더는 견딜 수 없었다. 다리 상태를 제외하면 건강은 완벽하게 회복했고 장수 가문임을 고려하면 루스벨트도 80세 심지어 90세까지 살 수 있을지도 몰랐다.

엘리너에게는 어떠한 도움도 기대할 수 없었다. 엘리너는 루스벨트에게 공감이라고는 찾아볼 수 없는 내용의 편지를 썼다. 아이들의 소풍을 확성기를 통해 알렸던 그녀는 "당신이 더는 입지 못하니" 남는 골프 바지가 있으면 제임스가 입게 보내줄 수 있는지 물었다.

르핸드의 존재가 중요한 이유가 여기에 있었다.

루스벨트의 사교모임 회원들은 하인들을 언제나 정중히 대했지만 자신들의 세계 외에는 거의 이해하지 못했다. 루스벨트의 먼 친척은 르핸드만큼 가난하게 자란 사람이 '배경 하나 없음'에도 유쾌하고 품격 있는 태도를 지녔다는 사실에 놀랐다. 신랄한 성격의 또 다른 친척인 앨리스 루스벨트 롱워스Alice Roosevelt Longworth는 "루스벨트는 좋은 시간을 보낼 자격이 있어요"라고 즐겨 말했다. "부인이 엘리너잖아요." 롱워스가 평소 엘리너를 못마땅하게 여겼기 때문에 한 말이었지만, 롱워스의 눈에 르핸드는 또 한 명의 불륜녀일 뿐이었다.

엘제 얀케는 괴벨스가 갈망하던 최고의 세상으로 그를 인도하지 못했다. 지방 도시의 교사에 불과했던 엘제는 독일 전역의 극장으로 보낸 괴벨스의 원고가 확실히 선택되게 할 힘이 없었다. 반면 르핸드는 경험이 풍부했고 인맥도 넓었다(그리고 함께 일하기 더 수월한 파트너가 있었다). 루스벨트의 몸은 망가졌지만, 그의 부와 연줄 덕분에 괴벨스보다 훨씬 덜 고통스러운 시간을 보낼 수 있었다. 르핸드는 루스벨트의 자신감이 많이 떨어지긴 했지만 아직 남아 있음을 알았다.

루스벨트는 다시 정치계로 진출하고 싶었지만 아직은 그럴 상태가 아니었다. 그러나 이전에 해군에서 쌓은 경력과 부통령 경선에서 수많은 사람과의 대화를 통해 배경 지식을 축적한 덕분에 여전히 정치판을 빈틈없이 파악하는 능력을 갖추고 있었다.

루스벨트의 인기가 완전히 사라진 건 아니어서 소수의 정치계 손님들이 여전히 라루코를 방문했고, 이들 중에는 사회개혁가 프랜시스 퍼킨스도 있었다. 르핸드는 그가 의미를 찾을 수 있는 유일한 분야가 정치라는 사실을 알아보았다. 그러나 정치계로 복귀하기 위해서는 최소한 좀 더 자유롭게 움직일 수 있어야 했다.

좀 더 떠나 있을 필요가 있었다. 운동으로 불규칙하게 뛰던 심장 박동을 안정적으로 만든 경험이 있는 르핸드는 루스벨트의 어머니가 아들의 회복을 포기했다는 사실을 이해할 수 없었다. 소아마비로 다리가 손상되긴 했지만 절단된 것은 아니었다. 다시 회복할 수 있다는 희망이 있었다. 루스벨트는 필사적으로 다리의 기능을 되찾고 싶어 했다. 조금만 호전되어도 목발이나 지팡이에 의지해 걸을 수 있으리라.

르핸드는 루스벨트를 흔들의자에 앉혀서 혼자서 넓적다리 근육을 사용하게 하는 기발한 방법을 생각해냈다. 처음부터 제대로 하기는 힘들었다. 루스벨트는 이렇게 기록했다. "처음에는 상체를 이용해 흔드는 속임수를 썼다." 르핸드는 물러서지 않았다. "며칠 만에 무릎과 종아리, 발 근육만을 이용해 앞뒤로 흔들 수 있었다." 이것으로 최소한 일부 근육이 아직 기능할 수 있음을 증명했다. 여전히 약했고 몸무게 전체를 지탱할 정도로 강하지는 못했지만, 아무런 진전이 없는 것보다는 훨씬 나았다.

르핸드는 루스벨트가 더 많은 치료를 받게 했다. 르핸드의 아버지는 알코올 중독자로 가족을 버렸고, 어머니는 하숙생을 받으며 르핸드와 힘들게 생활했다. 이런 성장 배경이 르핸드에게 주장을 굽히지 않는 힘을 길러주었다. 그녀의 끈기로 루스벨트는 병약자로 사는 삶의 막을 내릴 것이다.

조지아주의 시골 지역에 있는 휴양지는 새롭게 시작하기에 좋은 출발지 같았다.

‖ 웜 스프링스가 바꾸어 놓은 것들 ‖

루스벨트는 좋은 사람일까, 나쁜 사람일까? 이 질문은 유효하지 않다. 어느 쪽도 아니기 때문이다. 꼼짝 못 하고 표류하다가 현실 세계로 다시 들어가려는 루스벨트의 노력이 이제 막 시작되었을 뿐이다. 그가 관대한 사람이 될지, 이기적인 사람이 될지는 아직 정해지지 않았다.

곧장 정치 생활을 지속했다면 소아마비는 어떻게든 기적적으로 치료되고, 유쾌한 태도와 가족의 연줄로 꼭대기까지 올라갔을 것이다. 그러나 일단 권력을 손에 넣고 나면 아무런 비전도 보여주지 못하는 그저 그런 상류층 출신 정치가로 끝났을지도 모른다.

1924년 가을에 이들이 도착한 휴양지는 근사한 보트에서의 생활에 비하면 초라해 보였지만, 르핸드는 루스벨트의 상태가 더 좋아지기를 진심으로 바랐다. 조지아주 불로크빌의 작은 마을에는 낡은 호텔 하나와 300미터 위의 수목이 우거진 언덕에 지어진 작은 손님용 집들이 몇 개 있었다. 이 작은 마을은 수백만 파운드의 마그네슘이 매장된 산등성이와 가까웠다. 부글부글 넘쳐 나와 온천을 이루는 물은 마그네슘을 다량 함유했고, 인간 세포에 들어 있는 일반 물보다 밀도가 높았다. 여기에 발을 들여놓으면 몸이 위로 떠 올랐다. 루스벨트는 수심 122센티미터 물속에서 혼자 서 있을 수 있었다. 더 놀랍게도 그가 불로크빌의 온천에 몸을 담그고 팔로 물을 누르면 수직으로 서서 온천을 '걸어서' 건널 수 있었다. 그는 "내 다리에 아무런 문제가 없다는 듯이 잘 움직일 수 있었다"라고 적었다. 루스벨트가 지난 몇 년간 경험해 보지 못한 자유였고, 남아 있는 다리 힘을 키우는 완벽한 방법이었다.

지역 신문 인터뷰를 통해 루스벨트가 이곳에 있다는 소문이 퍼져나갔다. 편지가 오기 시작하더니 급기야 수십 명에서 수백 명의 사람이 찾아왔다. 전국에서 소아마비 환자가 몰려왔다. 어느 관찰자가 이들을 '초대받지 않은 사람, 방문을 알리지 않은 사람, 희망에 차 있는 사람, 절망한 사람'이라고 표현했다.

초기에 불로크빌(얼마 뒤에 '웜 스프링스'로 이름이 바뀌었다)로 루스벨트를 찾아왔던 방문객 중에 프레드 보츠Fred Botts라는 펜실베이니아 출신의 25세 청년이 있었다. 아름다운 바리톤 목소리를 지녔고, 가수가 꿈이었지만 16세에 소아마비에 걸렸다. 보츠의 가족은 어떻게 해야 할지를 몰랐고, 그 시대의 일반적인 관례에 따라 그를 농장 침실에 가두었다. 펜실베이니아 시골에서는 이 끔찍한 질병이 평범한 접촉만으로도 전염되는 건 아닌지 걱정했기 때문이다. 그를 가르치던 음악 선생은 교습을 그만두기까지 했다.

먼 곳에 있는 이 휴양지에 대해 들은 보츠는 남동생의 도움을 받아 열차에 탈 수 있었다. 다른 승객들과 함께 있는 것이 허락되지 않았기 때문에 거의 전 여정을 수화물 칸의 나무 상자 안에서 보냈다. 열차가 웜 스프링스에 도착했을 때 그는 큰 소리로 도움을 요청했고, 마침내 경비원의 도움으로 열차에서 내릴 수 있었다.

웜 스프링스에서 보츠 같은 사람들을 알게 되면서 한때 '건방진 개자식'으로 불리던 프랭클린 루스벨트는 변하기 시작했다. 철학자 존 롤스John Rawls는 『정의론』에서 사회계약을 체결할 때 합의 당사자의 능력, 재능, 심리 상태, 가치관, 사회 경제적 지위 따위를 알리지 않는 제약 조건을 '무지의 베일veil of ignorance'이라고 불렀다. 사회적 합의의 절차적 정의를 보장하기 위한 것이다. 즉, 미지의 사회로 들어갈 때 (수입과 계층, 재능 등) 어떤 위치에 있게 될지 몰라야 어디로 가든 그럴듯한 기회가 있고 최소한의 것들이 적절하게 보장되는 사회로의 변혁을 시도할 수 있다는 것이 그의 주장이다.

시대를 통틀어 귀족들은 이 주장의 다양한 형태에 시큰둥했다. 계층의 꼭대기에 있는 귀족에게는 적용되지 않기 때문이다. '세금은 보통 사람들이나 신경 쓸 일'이라는 말로 유명한 뉴욕의 부동산 여왕 리오나 헴슬리Leona Helmsley가 보여준 태도가 좋은 예다. 자신과 상관없는 사람들에게 불합리한 것에 왜 귀찮아져야 하는가?

위대한 종교는 수천 년간 타인을 향한 연민을 설파했던 선지자와 사제, 스님, 구루를 통해 이런 사고를 바꾸려고 시도했다. 하지만 계속 실패했다. "신의 은총이 없었다면 나도 그런 상황에 처했을 것이다"라고 솔직하게 인정할 수 있는 사람은 드물다. 젊은 프랭클린 루스벨트도 다를 바 없었다.

그러나 이제 그는 달라졌다.

보츠가 도착했을 때 그의 몰골은 끔찍했다. 부모가 먹을 것을 거의 주지 않아 뼈만 앙상하게 남아 있었다. 루스벨트는 이해할 수 없었다. 인간이 어떻게 자기 가족을 이 지경이 되도록 방치할 수 있는가.

루스벨트는 첫날에 보츠가 밥을 잘 먹을 수 있게 해주었다. 그리고 다음 날 아침에 그를 온천으로 데려갔다. 이미 온천탕 위에 고리와 봉을 매달아놓았다. 종업원이 이 두 장치를 내렸고(루스벨트는 자신의 약한 다리를 부끄러워하지 않았다), 보츠는 루스벨트가 시범을 보여주었을 때를 떠올렸다. "이 봉을 이런 식으로 잡고 (…) 이제 안팎으로 흔들고 (…) 더 세게! 그거예요 (…) 이제 다시 이렇게 (…)" 이후에는 온천 옆에서 함께 일광욕을 했다.

보츠가 끝이 아니었다. 루스벨트가 당시 상황을 떠올렸다. "두 명이 더 열차에서 내렸다. 어떻게 해야 할까? 이들은 모두 걷지 못한다. 회의를 한 끝에 이들을 돌보기로 했다. (…) 손님용 집을 정리하기도 전에 여덟 명이 더 도착했다.”

루스벨트와 르핸드는 물리치료 경험이 없는 새로 온 사람들에게 각 근육이 어떻게 움직이는지 이해하는 데 도움을 주기 위해 벽에 포스터를 붙였다. 또 온천으로 손쉽게 이동할 수 있도록 경사로를 만들었고, 루스벨트는 몇 시간을 쉬지 않고 온천 안에서 그들의 운동을 감독했다. 소아마비의 증상 중 최악은 근육이 굳으면서 다리에 고통스러운 경련이 일어나는 것이었다. 그는 온천 옆에서 사람들을 지켜보다가 필요한 사람들에게 몇 시간 동안 발 마사지를 해주었다.

루스벨트는 의도적으로 사람들을 나쁘게 대한 적이 없었다. 그저 그가 가진 특권과 부가 어쩔 수 없는 거리감을 만들었을 뿐이다. 그러나 자신의 약한 다리를 드러내고, 자신의 도움으로 몸 상태가 호전되어가는 (함께 대화를 나누고, 노래를 부르고, 수구를 즐겼던) 수십 명에게 둘러싸인 웜 스프링스는 메인주의 섬이나 라루코의 세계와 거리가 멀었다. 「룻기」에 나온 구절이 지금 여기서 일어나는 일과 일치했다.

호텔에서 신체 건강한 투숙객들은 휠체어에 탄 프랭클린 루스벨트가 자신들과 같은 공간에 앉는 것을 그다지 꺼리지 않았다. 루스벨트의 가문은 유명했고, 부자에다가 그의 사망한 사촌이 영웅적인 비행사였다는 사실을 모르는 이가 없었다. 그러나 새로운 방문객들은 달랐다. ‘소아마비’ 환자들은 호텔 지하에서 식사를 해야 했다. 루스벨트의 아들 제임스는 아버지가 ‘이런 옹졸한 태도에 차가운 분노’를 품었다고 회상했다.

루스벨트는 자신의 병이 자기 탓이 아님을 알았다. 그가 웜스프링스에서 만난 새로운 친구들의 고통도 그들 잘못이 아니었다. 휠체어를 탄 루스벨트는 다른 소아마비 환자들과 함께 식사하려고 지하실로 향했다.

그러나 이런 행동은 일시적인 효과밖에 없었다. 신체 건강한 사람들은 새로 들어온 소아마비 환자들이 대부분 가난하다는 이유로 이들이 경제적으로 더 여유로운 사람들과 똑같은 치료를 받을 자격이 없다고 불평했다. 몇달 후 루스벨트는 자신이 해야 할 일을 결정했다. 거의 전 재산으로 온천과 호텔, 1000에이커 이상의 땅을 포함하는 휴양지를 매입할 계획을 세웠다. 새로운 숙소들을 근사하게 짓고, 숙련된 물리치료사를 고용하며, 경사로와 훈련 시설을 곳곳에 만들 예정이었다. 돈이 있는 사람들은 돈을 내게 하고, 나머지 환자들은 기금을 통해 비용을 충당할 생각이었다. 교만한 투숙객들이 머물 자리는 없었다.

루스벨트는 지금까지 잘한 일을 보여주고, 앞으로의 계획을 논의하기 위해 엘리너를 이곳으로 불렀다. 그러나 엘리너는 처음부터 조지아주 시골 마을이 싫었다. 날씨는 무덥고, 너무 가난했으며, 라루코에서처럼 사람들이 쉴 새 없이 밤에 술을 마시고 노래를 불렀다. 심지어 지금은 사람이 더 많아졌고, 이들 중 대다수가 엘리너와 어울리지 않는 배경을 가지고 있었다.

루스벨트는 그녀에게 자신의 계획을 설명했다. 치료받는 사람들에게 자신이 목표가 되어주고, 도움을 줄 계획이었다. 그는 휴양지를 구매해도 재산의 3분의 1이 남았다. 엘리너는 루스벨트의 계획에 동의하지 않는다고 말했다. 끔찍한 생각이고 비용도 너무 많이 들었다. 이게 도대체 무슨 생각이란 말인가? 루스벨트는 침착한 사람이었지만 이번만은 참을 수 없었다. 그는 폭발했다. 엘리너가 친구에게 쓴 편지로 루스벨트가 무슨 말을 했는지 짐작할 수 있다. "그는 자신이 큰일을 하려는데 모두가 눈살을 찌푸리며 찬물을 끼얹는다고 느껴."

며칠 뒤에 엘리너는 뉴욕으로 돌아갔다. 그녀는 루스벨트를 달래려고 노력했다. "당신이 창조적인 일을 좋아한다는 것을 알아요. (…) 저는 나이가 들어서 감당이 안 돼요. (…) 저 때문에 낙담하지 마세요." 그러나 이들의 관계는 아들 제임스가 이전에 알아차렸던 휴전 상태 이후로 더 냉랭해졌다. 루스벨트는 병을 앓고부터 4년 동안 집을 떠나 웜 스프링스나 다른 곳에서 116주를 보냈다. 어머니와 2주, 엘리너와 2주를 함께 있었고, 르핸드와는 110주를 함께했다.

루스벨트와 르핸드는 마을보다 훨씬 높은 곳의(427미터) 자신들이 좋아하는 절벽으로 소풍을 나가서 몸을 뻗고 누웠다. 두 사람의 관계는 결혼 초기에 루스벨트가 아내와 만들어나가려던 관계였다. 그러나 엘리너가 루스벨트의 꿈을 거부하면서 이는 불가능해졌다.

루스벨트는 르핸드와 함께 작은 시골집을 지었고, 환자의 상태 변화에 대해 몇 시간씩 대화를 나누면서 각 환자마다 정확히 어떤 종류의 격려가 효과적인지 알아내려고 노력했다. 르핸드는 타자기로 대화 내용을 정리했다. 드물지만 두 사람이 떨어져 있을 때 편지에서 루스벨트는 르핸드에게 미시, 르핸드는 그를 에프디Effdee, F.D라고 불렀다.

루스벨트는 운전을 매우 즐겼다. 라루코에서 가끔 쾌속정을 빌려 르핸드와 함께 얕은 석호를 질주했고, 맑은 바닷물 아래 헤엄치는 가오리를 지켜보았다. 웜 스프링스에서는 자동차 정비공과 함께 루스벨트의 자동차 페달에 가는 막대를 여러 개 부착한 다음 계기판에 작은 구멍을 뚫어 막대기들이 밖으로 튀어나오도록 했다. 이렇게 해서 루스벨트는 온전히 손 조작만으로 운전할 수 있었다.

루스벨트의 친구들은 그가 운전대를 잡으면 "자신이 누구보다도 빨리 달릴 수 있다는 것을 보여주고 싶어 했다"라고 기억했다. 루스벨트는 르핸드를 태우고 바퀴 자국이 깊게 파인 붉거나 노란 흙길을 따라 운전했다. 르핸드의 머리카락이 바람에 흩날리며 뢰르 블루 향수의 잔향이 그의 주위를 감쌌다. 나무가 듬성듬성해지면 르핸드는 마음을 단단히 먹어야 했다. 루스벨트가 소나무 사이를 누비며 달렸기 때문이다.

이 둘은 거의 항상 농장의 안마당에 차를 세우고 잡화점에 들렀다. 어느 농부의 기억에 따르면 "(루스벨트는) 교육을 전혀 받지 못한 사람과도 대화할 수 있었다. 그리고 세계 최고의 교육을 받은 사람과도 대화할 능력이 있었다. 그는 모든 것에 대해 이야기할 수 있었다."

몇 주만 머물러도 그 곳의 색깔을 느끼고, 몇몇 매력적인 이야기를 들을 수 있는 시간이 생긴다. 수개월을 머문다면 더 깊이 이해할 수 있다(그리고 루스벨트는 다음 3년의 절반가량을 조지아주에서 보냈다).

루스벨트는 아무리 열심히 일해도 넉넉한 삶을 살 만한 수입을 올리기가 거의 불가능하다는 농부들의 하소연을 처음 들었을 때, 조금만 똑똑하게 생각하면 더 좋은 성과를 올릴 수 있으리라고 생각했다. 곡물과 목화가 수익을 내지 못한다면 해결책은 당연히 다른 것을 시도하는 데 있었다. 그러나 땅을 더 많이 매입하고, 지역 관리자를 고용했음에도 그가 생각했던 계획 중 어느 것도 효과가 없었다. 종이 생산을 위해 성장 속도가 빠른 나무를 심었지만, 제지 공장에서 구입하기에는 송진이 너무 많이 들어 있었다. 소를 키워봤지만 이곳에서 잘 성장하지 못했다. 다음으로 사과를 재배했으나 이것 역시 실패했다. 복숭아 재배도 수익을 내지 못했는데, 복숭아 마을이라고 자랑스럽게 불리기에는 난처한 상황이었다.

이런 경험들은 루스벨트를 겸손하게 만들었다. 농부들은 게으르지도 무지하지도 않았다. 그저 사회기반시설이 열악한 이곳에서는 뭐든 잘하는 것이 불가능했을 뿐이다. 해결책이 있다면 더 나은 도로나 전기 시설을 건설하고, 전국적인 구매 대행사를 확보하는 일이었다. 이는 더 큰 단체들만이 가져올 수 있는 발전이었다.

전국에서 온 환자들과 어울려 지내며 루스벨트는 그동안 자신이 몰랐던 세계에 대해 좀 더 알게 되었다. 뉴욕 빈민가에서 온 젊은 남성과 오후를 함께 보낸 후에 루스벨트는 (집 전체에 수도꼭지가 하나밖에 없는 곳도 있는) 견디기 힘든 공동주택에서 생활하는 사람들의 인내심을 존경한다고 말했다. 이런 주택 중 일부 건물주는 집세를 받아내는 일에만 관심이 많은 대리인에게 관리를 맡긴 부유한 사람들이었다.

보스턴의 '슬러머빌'에서 자란 르핸드는 이런 이야기에 익숙했지만, 루스벨트는 아니었다. 소아마비는 루스벨트를 제약과 의존, 취약함과 축소된 힘의 세계로 던져 넣었다. 마침내 그는 다른 사람들이 내내 이런 세계에서 살았음을 알게 되었다.

앞서 이 책에서 등장했던 독일인 목사 디트리히 본회퍼가 물었다.

나는 누구인가? 저들이 내게 말해준다

나는 불운한 날들을 견뎌냈다

고요하게, 미소를 지으며, 자랑스럽게,

승리에 익숙한 사람처럼.

그러나 자신의 가장 내밀한 정체성에 의문을 제기하면서 또 다른 궁금증이 이어졌다. 나는 정말로 다른 사람들이 말하는 그런 사람일까? 루스벨트도 자신에게 닥친 시련을 통해 이 질문을 던지게 되었다. 자신에게, 그리고 타인에게.

‖ "당신을 지지하겠소" ‖

루스벨트는 연민을 배웠다. 그가 수많은 사람의 견제를 막기 위해 쾌활함을 가장했던 것은 유일한 방식이 아니었다. 인간 내면에 존재하는 다양한 잠재적 성격 중 표면으로 드러난 일부일 뿐이었다.

여기서 괴벨스와 루스벨트가 너무나 다른 길로 건너갔음을 볼 수 있다. 괴벨스는 라이트에 사는 가족과 엘제 얀케와의 만남으로는 충분하지 않았다. 그는 더 관대해질 수도 있었지만("알다시피 나는 이 지나친 반유대주의를 딱히 좋아하지 않는다네"), 어려서부터 쌓여온 분노가 너무 컸다. 급진적인 정치 사상이 신나게 끌어내는 내면의 분노와 무자비는 너무 강력해서 저항할 도리가 없었다.

루스벨트는 달랐다. 자신이 속한 계층 바깥에 존재하는 사람들에게 무관심하기는 했지만, 이런 모습은 그의 일부일 뿐이었다. 그는 언제나 연민을 느꼈고, 웜 스프링스에서 보낸 시간을 계기로 (르핸드의 독려와 결합해) 표면으로 드러난 것이다.

프랜시스 퍼킨스는 주 54시간 근로 법안에 루스벨트가 무관심한 모습을 보인 이후로 몇 차례 더 만났었다. 루스벨트가 더 따뜻하게 행동했지만 퍼킨스는 이를 진실한 모습이라고 믿지 않았다. 루스벨트가 '사람들에게 친절한 태도를 배웠다'고 생각했다. 그러나 소아마비 상태가 수년간 지속되고, 특히 웜 스프링스로 거처를 옮기면서 퍼킨스는 루스벨트의 더 나은 측면이 마침내 모습을 드러냈다고 느꼈다.

퍼킨스는 훗날 인정했다. "입에 담기 끔찍하지만, (…) 루스벨트가 자만하고 진실하지 못하다고 생각했기에 누군가가 일격을 가하지 않는 한 친절해질 거라고 생각하지 못했다."

이것이 과도기 상태가 강력한 이유다. 라루코에서 집으로 보낸 그의 편지에서 루스벨트는 좋은 시간을 보내고 있다고 썼지만, 이 시간이 무의미함을 충분히 깨달았다. 그래서 웜 스프링스에서 새로운 경험을 할 수 있었다. 세상으로 다시 통합되는 방주네프의 세 번째 단계가 완성되었다. 퍼킨스가 당시를 떠올렸다. "그의 본성이 계발되었다. 루스벨트는 떠올랐다. (…) 영혼에 새로운 겸손을 장착하고."

질문은 이제부터 무엇을 해야 하는가였다. 치료 기간 초반에 참석해야만 했던 몇몇 정치 행사는 루스벨트에게 고문이었다. 1924년 민주당 전당대회에서 퍼킨스의 멘토인 앨 스미스Al Smith를 지명하는 연설을 부탁 받았을 때 루스벨트는 연단에 겨우 오를 수 있었다. 왼손으로 목발을 움켜쥐고 오른손은 아들 제임스를 잡은 채. "(아버지는) 환하고 자신감 넘치며 태연해 보였지만, 그의 손가락이 집게발처럼 내 팔을 파고들었다. 얼굴은 땀으로 젖어 있었다." 루스벨트는 필사적으로 다리를 끌며 걸었고, 대의원 수천 명이 숨죽이고 이 장면을 지켜보았다.

연단에 선 후 시작된 연설은 흠잡을 데 없었지만, 넘어지지 않기 위해 두 손으로 연단을 단단히 붙잡고 있어야 했기 때문에 루스벨트는 청중을 향해 손을 흔들어주거나 작은 몸짓조차도 보여줄 수 없었다. 첫 줄에 앉아 있던 퍼킨스는 연설이 끝났을 때 루스벨트의 손이 떨리는 모습을 보았다. 그리고 아무도 루스벨트가 연단에서 내려올 때를 대비하지 않았음을 깨달았다. "그의 주변에 게으른 뚱보 (남성) 정치인들이 있었는데, 아무도 이 생각을 하지 못했다."

퍼킨스는 서둘러 다른 여성을 대동하여 루스벨트에게 다가갔고, 두 사람이 축하의 말을 건네는 것처럼 보이게 그의 앞에 서 있었다. 덕분에 청중들의 시야를 가린 채 루스벨트를 휠체어에 태워 데리고 나갔다. 사람들은 그가 힘들어하는 모습을 볼 수 없었다.

웜 스프링스에서 보낸 시간이 소아마비를 완치시켜주지는 않았지만, 아주 약간의 호전도 언제나 만족스러웠다. 한번은 비서가 서명을 받기 위해 수표를 들고 갔을 때 루스벨트가 말했다. "잠시 기다려. 자네에게 보여주고 싶은 것이 있어." 그는 한쪽 다리의 바지통을 잡고 세게 들어 올려 반대쪽 다리 위에 올려놓으면서 다리를 꼬았다. 완벽하게 정상으로 보였다. 그가 활짝 웃으며 말했다. "자, 어떻게 생각해?"

1928년경에 루스벨트가 다리의 힘이 훨씬 좋아져서 지팡이를 짚고 (조심스럽게 주의하며) 걸을 수 있게 되었을 때, 모두가 그 의미를 알아차렸다. 앨 스미스는 대통령 출마를 계획했고, 선거에 도움이 되도록 루스벨트가 뉴욕 주지사에 출마해주기를 바랐다.

르핸드는 루스벨트가 아직 준비되지 않았다고 생각했다. 제안을 듣고 난 후 첫 번째 회의를 마치고 돌아가던 중에 말했다. "어디 그러기만 해봐요." 그러나 루스벨트는 때가 되었다고 생각했다.

르핸드를 설득한 루스벨트는 주지사 선거에 출마했다. 경쟁이 너무 치열해서 선거운동본부를 나왔을 때 패했다고 생각했다. 그런데 새벽이 다 되었을 무렵 퍼킨스와 루스벨트의 어머니만 남아 있던 본부에 루스벨트의 당선 소식이 전해졌다.

루스벨트가 꾸려간 주州 행정부는 성공적이었다. 민주당이 1932년에 대통령 후보로 루스벨트를 선택한 것은 당연했다. 재임 중이었던 허버트 후버 대통령은 1927년 미시시피강 대홍수 피해자들의 마음을 다독여준 것으로 명성을 얻은, 한때 위대한 기술자이자 인도주의자라는 찬사를 받은 인물이었다. 그러나 대공황을 끝내는 데 실패하고, 고통받는 사람들에 대한 배려가 부족하다는 평가를 받으면서 유권자들에게 신임을 잃었다.

루스벨트는 1932년에 민주당 후보로 대통령 선거에 출마해 당선되었다. 미국 역사상 가장 압도적인 득표로 승리한 선거 중 하나였다.

미국 전역이 위기에 처한 시기였다. 경제가 붕괴하고 사회 구조가 무너졌다. "1000만이나 2000천만 명의 실업자들이 존재하는 한 이 나라는 민주국가로 존속할 수 없습니다." 당시 루스벨트와 아주 가까운 조언자 중 한 명이 이렇게 말했다. "그냥 불가능해요." 이 문제를 해결하기 위해서는 일자리와 고용 안정과 사회적 신뢰가 필수였다. 오래전부터 참을 수 없을 만큼 평범해 보였던 (즉 루스벨트의 계층보다 낮은 세계에 속한) 프랜시스 퍼킨스가 이 문제를 해결하는 데 필요한 인물이었다. 루스벨트는 이제 깨달았다. 지금까지 여성 장관은 존재한 적이 없었지만, 자신도 이 자리에 오기까지 많은 선례를 깼다. 백악관에 입성한 '불구자'는 없었다.

1933년 2월에 루스벨트는 퍼킨스를 자신의 뉴욕 타운하우스로 초대해 노동부 장관 자리를 제안했다. 잠시 퍼킨스가 어떤 사람인지 잊은 채 격식 있고 형식적인 면접 장면을 상상했는지 모른다. 퍼킨스는 노동부 장관 후보로서 그곳에 있지 않았다. 오히려 루스벨트에게 질문을 던졌다. 바쁜 대통령이 자신과 합의한 내용을 지킬지 확신하지 못했기 때문이다. 이때 '남성의 마음에 관한 메모'가 그녀에게 필요한 지침을 주었다. 퍼킨스가 할 일은 다음과 같았다. 우선 자신이 원하는 사항을 요약한 문서를 가져와 내용을 설명하고 상대 남자가 승인해야 하는 행동 목록을 열거한 다음 예상 문제점을 살펴보는 것이었다. 그리고 마지막으로 합의된 내용을 상대가 반복해서 말하게 하는 것이 가장 중요했다. 이것은 8세 소년들에게 효과가 좋았던 기술이었다.

이에 따라 퍼킨스는 루스벨트에게 자신이 작성한 목록을 읽어주었다. 목록에는 당시로서 가장 급진적이며 이단적인 생각이 들어 있었다. 바로 최저임금 보장, 최대 근로시간 제한, 퇴직연금과 실업보험 제도에 관한 것이었다. "지금까지 이런 제도는 없었어요." 그녀가 결론을 내렸다. "당신도 알잖아요, 그렇죠?" 그런 다음에는 아버지의 가르침을 떠올리며 그대로 따랐다. 할 말이 있으면 분명하게 이야기하고 멈추어라. 루스벨트의 서재에 잠시 정적이 흘렀다.

루스벨트가 퍼킨스를 뉴욕주의 주도에서 처음 만났을 때는 어려움을 겪는 사람들의 환경을 개선하는 문제에 대해 하나도 '듣지' 않았다. 웜 스프링스가 모든 것을 바꾸어놓았다. 루스벨트는 (누구도 무시하지 않으면서) 고개를 끄덕이며 동의했다. “당신을 지지하겠소.”

신임 대통령 취임식이 조만간 열릴 예정이었다. 르핸드는 백악관에서 중요한 위치에 오를 것이고, 퍼킨스도 합류하게 될 것이었다. 이들은 할 일이 많았다. 루스벨트가 대통령이 되고 보낼 100일이 이제 막 시작되려고 했다(루스벨트는 취임 후 100일 동안 개혁 정책을 제시하고 입법화하는 데 성공했다. 이를 ‘백일의회’라고 부르기도 한다).

공정성의 기술

분열된 조직을 하나로 뭉친 비밀

"루스벨트는 지금까지 백악관에 있던 사람 중
내 상사가 개새끼라는 사실을 이해한 유일한 인물이에요."

‖ 품격에 대한 흔한 착각 ‖

괴벨스와 히틀러는 루스벨트의 선거에 큰 관심을 가졌다. 처음에는 루스벨트의 승리가 자신들에게 긍정적인 영향을 줄지도 모른다고 생각했고, 두 국가 사이에 친밀감이 더욱 깊어갔다. 독일 세대들은 작가 카를 메이Karl May의 미국 서부개척시대를 다룬 소설을 읽으며 성장했다. 결의에 찬 독일 이민자가 열등한 군사 기술을 가진 부족들이 사는 땅으로 끊임없이 영토를 확장해가면서 미국이 멋진 기회의 땅임을 깨닫게 된다는 이야기가 시리즈 중 첫 번째 책(히틀러가 읽었고, 이후에 수십만 권을 독일 군대에 배포했다)에 나온다.

"총을 쏠 수 있겠나?" 내 일행이 갑자기 물었다.

"그럭저럭." 나는 그렇게 두렵지는 않다고 말했다. 이렇게 말한 이유는 내가 숙련된 저격병이었다는 사실을 그가 알고 기뻐하기를 바라며 겸손을 떤 것이다.

500만이 넘는 독일인이 수년에 걸쳐 미국에 정착했고, 미 재무부는 제1차 세계대전 배상금을 경감시켜서 독일 경제를 끌어올려주고자 프랑스와 영국에 압력을 행사했었다. 미국 산업이 (그리고 매력적인 고층 건물이) 가진 잠재력을 모르는 사람은 없었고, 미국과 독일 사이의 교역은 굳건했다.

두 국가 모두 대공황에서 벗어나게 할 강력한 지도자를 찾았다. 루스벨트는 히틀러가 수상이 된 지 고작 몇 주밖에 지나지 않아 1933년 3월 4일에 취임했고, 즉각 히틀러를 백악관으로 초청했다. 괴벨스는 라디오에서 "나는 미국의 발전에 큰 관심이 있다"라고 선언했고, 이 방송은 전 세계에 퍼졌다. "루스벨트 대통령이 올바른 길을 선택했다고 믿는다. 우리는 전례 없는 거대한 사회 문제를 다루고 있다."

무엇보다 괴벨스는 당시 드러난 두 국가의 유사점을 좋은 징조로 받아들였다. 미국 법은 특정 인종 집단의 열등함을 반영했다. 다른 인종과의 성관계를 엄하게 벌했고, 흑인과 북미 원주민은 자신들의 제한된 지역을 벗어날 수 없다는 규칙이 거의 전국적으로 적용되었다.

이후 미국에서 인종 갈등이 점점 심화했다. 동유럽 이민자들은 미국 입국이 대부분 차단되었다. 사형私刑: 국가의 법관 이외의 자가 범죄인에 대하여 행하는 형사제재-옮긴이이 증가했고, 조직화된 수천 명의 폭도가 모여들어 이런 장면을 지켜보는 일이 흔했다. 유전자풀을 약하게 만든다고 여겨지는 여성들에게는 강제로 불임시술을 시켰다. 이는 민족적 자긍심의 문제였다. 캘리포니아에서만 1930년대에 매년 약 1000명의 '바람직하지 못한 사람'을 체포한 후 불임시술을 했다. 버지니아 어느 주 공무원이 이렇게 기억했다. "그 당시에 복지금을 받는 사람들은 모두 자신들이 시술 대상이 될까 봐 두려워했다. 이들은 산속으로 들어가 숨었고, 보안관과 부하들이 그 뒤를 쫓았다. (…) 보안관들은 도망자들을 찾아내 차에 태워 불임시술을 위해 (주립병원인) 스톤튼으로 데려갔다."

독일 선전부의 관점에서 반유대주의도 조장되는 것처럼 보였다. 여론조사는 대다수 미국인이 유대인에게 동등한 권리를 주는 것에 반대함을 보여주었다(어느 여론조사에서는 유대인을 국가에서 추방해야 한다고 생각하는 비율이 10퍼센트였다). 하버드와 예일 같은 상위 대학들은 공식적으로 유대인 학생 수를 제한한 한편, 루스벨트가 취임하고 다음 해에 하버드를 방문했던 나치 독일의 선전부 직원은 환대받았다. 루스벨트는 취임사에서 유대인을 직접적으로 공격하지는 않았지만 은행가들을 폄하했다(당시 유대인들은 월스트리트를 중심으로 무역과 금융업을 주도했다). 독일의 전문가들은 이것을 보며 루스벨트가 어떤 조치를 하리라는 긍정적 신호로 해석했다.

그러나 모두 독일의 착각이었다. 루스벨트는 히틀러 정부가 생각하는 것과 근본적으로 달랐다. 그와 르핸드는 특히 대통령 취임 후 두 달이 지났을 때 괴벨스가 저지른 1933년 5월의 분서焚書 사건에 혐오감을 느꼈다.

괴벨스는 선전부를 이용해 책을 태운 사건이 몇몇 학생들의 자발적 행동이라고 거짓말하며 교묘하게 빠져나가려고 했다. 작품이 불에 탄 작가 중 한 명은 미국에서 큰 사랑을 받는 시청각장애인 헬렌 켈러였다. 그녀는 여성 참정권 운동가이자 인종차별 반대 운동가이며, 산아 제한(이것이 여전히 불법이던 시기였다) 지지자로 사회복지사업에 앞장선 인물이었다. 헬렌 켈러가 독일 학생들에게 분서 사건을 비판하는 공개 항의서를 보냈을 때(이 항의서는《뉴욕 타임스》1면을 비롯해 수많은 여러 미국 신문에 실렸다) 괴벨스는 선전부를 시켜 그녀의 작품은 하나도 불태워지지 않았다는 말을 덧붙였다.

앞뒤가 맞지 않았다. 괴벨스가 분서 사건을 기획했다는 사실을 모르는 사람은 없었다. 그의 선전부가 자랑스럽게 떠벌렸기 때문이다. 켈러의 책이 모닥불 속으로 던져지는 장면을 수백 명이 목격했고, 선전부 소속 카메라맨이 이를 녹화했다. 말을 뒤집는 괴벨스의 전략이 자국 내에서는 효과적이었는지 몰라도 미국에서는 비웃음을 샀다.

오래지 않아 괴벨스는 루스벨트가 미국에서 자신과 히틀러의 마음에 드는 현상을 부추기지 않을 것을 깨달았다. 오히려 루스벨트는 차별을 억누르고 있었다. 결국 히틀러를 백악관으로 초대하려던 루스벨트의 계획은 실현되지 않았다.

괴벨스의 선전부는 노선을 바꾸기 시작했다. 미국의 과거 경제적 성공이 인상적이기는 하나 빈껍데기에 불과하다는 식의 새로운 메시지와 함께 독일인들에게 미국이 얼마나 가난해졌는지 보여주었다. 기름통으로 만든 대피소에서 사는 사람들의 사진(대공황 시기에 이런 사진들은 어렵지 않게 찾을 수 있었다)이 전국으로 뿌려졌다. 또 반복해서 미국은 공공기관이 (히틀러와 새로운 나치 엘리트들이 독일을 효율적으로 운영하듯이) 합리적이고 능률적으로 운영되고 있지 않으며, 다양한 조합과 주의회, 대기업, 독립적인 전문가협회 등이 티격태격하는 실패한 민주주의의 전형을 보여주며 취약성을 드러내고 있다고 설명했다.

시간이 지날수록 두 국가의 격차는 더욱 벌어졌다. 독일에서는 근사한 새로운 도로가 생겼을 뿐만 아니라 지도부에서 명령이 떨어지는 즉시 일사불란하게 작업을 수행했다. 누구도 이의를 제기하지 않았다. 독일 법원은 정부의 수하가 되었다. 반면 루스벨트는 대법원의 비실거리는 노인네들의 판결을 뒤집을 엄두도 못 냈다. 또 국력의 근간이 되는 군대 비슷한 것도 만들지 못했다. 1939년 말, 미국에서 지원할 수 있는 실제로 가동 중인 육군 사단이 5개 정도에 불과했다면, 독일은 136개에 육박했다. 미국의 군사 장비 보유량이 너무 부족해서 전도유망한 아이젠하워Dwight Eisenhower 대령이 루이지애나에서 통솔했던 대규모 군사훈련에서마저 군인들이 소총 대신 나무막대기를 (그리고 탱크 대신 큰 빗자루를 단 트럭을) 사용하는 일이 흔했다. 이에 반해 많은 독일 사단은 최신식 탱크를 갖추었고, 신속하게 적진을 파고드는 기동작전을 수행할 준비가 되어 있었다.

이 약점은 예고된 것이었다. 히틀러는 미국을 두고 '절반이 유대인과 흑인들에게 장악된 사회'라고 주장했다. "루스벨트 대통령의 시련"이라고 비아냥거리는 제목이 붙은 기사에서 괴벨스는 미국을 실제로 이끄는 사람이 루스벨트가 아니라고 설명했다. 루스벨트는 그저 "유대인이 주도하는 금권정치의 경건한 허튼소리"를 위한 대변인일 뿐이라고 했다. "이런 자가 뻔뻔하게 우리를 심판하는 것은" 비양심적인 행위라고 목소리를 높였다.

괴벨스의 선전부는 여기서 멈추지 않고 루스벨트가 '소아마비가 아닌 매독에 걸린 것'이라는 암시를 주었다. '주변의 유대인들에게 루스벨트는 철저하게 이용당하고 있으며, 공정함이나 품격 따위의 나약한 생각들로 시간을 낭비하고 있다. 심지어 여성(프랜시스 퍼킨스)을 장관으로 임명해 중대한 국내 정책들을 맡겼고, 또 다른 여성(르핸드)은 대통령 집무실 문지기로 알려져 있다.'

이런 남자가 어떻게 잡종 국가를 바꾸어놓을 수 있겠는가?

괴벨스는 품위 있는 사람이 가지는 힘에 대해 과소평가했다. 루스벨트의 경험은 그를 나약하게 만들지 않았다. 오히려 그는 강해졌다. 타인과 유일하게 대화로만 상호작용할 수 있었을 때, 휠체어를 타고 보낸 시간이 그의 투지를 키워주었다.

모든 점에서 루스벨트와 괴벨스는 완전히 달랐다. 괴벨스는 과도기 단계에서 나와 폭력을 즐기고, 독일의 분열을 악화시키는 방식으로 자연적 제약과 한계를 극복했다. 그러나 루스벨트는 라루코와 웜 스프링스에서의 삶에서 나왔을 때, 강력한 '제약들'에 대해 놀라울 정도로 공정성을 높이는 방식으로 대항하는 사람이 되어 있었다. 루스벨트의 주요 행동 영역들을 엮어가면서 앞서 소개한 지침들을 되새겨보자. 이것들은 사회가 더 공정한 방향으로 나아가도록 세상을 대대적으로 재설정하는 데 매우 효과적이다.

‖ 침묵시키기가 아니라 '경청하기' ‖

괴벨스는 독일의 독립 신문사들을 무너뜨렸다. 그는 정보가 나치의 중심부에서 외부로, 한 방향으로만 전달되기를 바랐다. 나치 정권의

식견에 의문을 제기하는 것은 금지되었다. 반대로 루스벨트는 백악관에서 오랜 역사를 지닌《헤럴드 트리뷴》을 훑어보며 하루를 시작했다. 여기에 더해《뉴욕 타임스》와《월스트리트 저널》,《워싱턴 포스트》등과 지역 신문들도 읽었다.

이렇게 하는 데는 두둑한 배짱이 필요했다. 대부분의 신문사 소유주들은 루스벨트가 진행하는 일을 우려했기에 신문에 실린 사설은 일반적으로 이런 우려를 표현하는 내용이었기 때문이다. 그럼에도 루스벨트는 신문사를 '거짓' 언론이라고 비난하지 않았을 뿐 아니라 무조건 자신을 두둔하는 예스맨들을 곁에 두지도 않았다. 왜 그런 식으로 자신의 눈을 가린단 말인가? 반대자들이 무슨 생각을 하는지 아는 것은 중요했다. 신문사 소유주의 의견과 관계없이 신문 지면들은 루스벨트가 알아야 하는 의견과 사실로 채워졌다. 부정적인 논평을 제외하지 말라는 루스벨트의 지시 아래 보좌관들은 매일 다양한 기사를 스크랩해서 그에게 전해주었다.

루스벨트는 매주 수요일과 금요일마다 기자들을 백악관 집무실로 불러 특별히 견문이 넓거나 지식이 많은 이들과 함께 책상에 편하게 둘러앉아 비공식적인 대화를 나누었다. 기자들뿐 아니라 다양한 사람들이 루스벨트의 집무실을 방문했다. 언제나 그는 손님들의 말을 끝까지 경청하고, 그들을 편안하게 해주는 미소를 지으며 환영하는 것으로 유명했다.

루스벨트는 정보에 매우 정통해야 함을 알았다. 전국적으로 고용을 활성화하는 일은 결코 쉬운 일이 아니었다. 어느 조언자가 말했듯이 "아즈텍인에게 갑자기 비행기를 만들라는 것과 같았다." 독일과 일본의 패권주의를 예의 주시하기 위해서는 (그리고 공산주의를 지지하는 모스크바의 편향된 보고에 속지 않기 위해서는) 다수의 독자적인 정보원이 필요했다. 괴벨스를 포함한 독일 지도부와 달리 루스벨트는 당연하다는 듯이 전문가들을 비웃지 않았다.

그는 제대로 이해할 때까지 질문했다. 어느 브리핑 후에 루스벨트는 여전히 혼란스러워하며, 이전과 신규 대출을 취급하는 방식에 차이가 있는 이유를 모르겠다고 말했다. "누가 좀 알려 줄 수 없나?" 또 한번은 경제 문제와 관련한 전화 브리핑을 듣고 난 후에 동의하는 말을 중얼거리고 전화를 끊었다. 그리고 생각에 잠기더니 다시 전화를 걸었다. "아직 다 이해하지 못했네."

그러나 루스벨트가 무의식적으로 권위주의에 빠질 때도 있었다. 그저 자신의 의견에 반대했다는 이유로 어느 기관의 문을 닫게 하려 했다. 이런 유혹은 곳곳에 존재했다. 당시 대법원은 시대에 심각하게 뒤떨어져 있었다. 대법원 판사 중 한 명인 제임스 맥레이놀즈James McReynolds는 미국 남북전쟁 때 최대의 격전이었던 게티즈버그 전투 이전에 태어났다. 다른 네 명도 마찬가지로 나이가 많았다. 이들은 특권과 계급이 존재하는 세상에서 성장했고, 몇몇은 고문 변호사로 있었으며, 자신들이 아는 세상을 위협하는 모든 것을 혐오했다. 맥레이놀즈는 루스벨트를 한 번도 이름으로 부르지 않았고, 그저 "백악관의 (…) 그 불구자 개자식"이라고 지칭했다.

판사들이 (15세 소녀들을 노동력 착취로부터 보호하는 법을 포함해서) 많은 뉴딜 정책에 제동을 걸었을 때 루스벨트는 대법원도 개혁이 필요하다고 결정했다. 대통령이 대법원 판사의 수를 늘릴 수 있도록 승인하는 법안을 발의했다. 이렇게 하면 반대표의 영향력을 무력하게 만들 수 있었다. 그렇지만 이런 식의 대처는 독재 정권을 낳을 뿐이다. 헌법에서 대법원을 독립 기관으로 제정한 이유가 대통령의 의사에 반하는 결정을 내릴 수 있도록 하기 위함이다. 루스벨트의 법안은 의회의 엄청난 비난을 받았다. 그가 (그에게 반대했던 의원들을 물리치기 위해 정치 자금을 낭비하면서) 어린아이처럼 부루퉁해지기는 했지만, 결국 비난을 수용했고, 다시는 이런 식으로 옆길로 새지 않았다. 자제하는 것에 익숙해졌던 그의 삶이 경로를 이탈하지 않게 도와주었다. 운 좋게도 미국은 이런 제약을 통해 오히려 자유를 얻은 그가 어떤 사람으로 변모하는지를 볼 수 있었다.

‖ 약화시키기가 아니라 '제공하기' ‖

이번에는 어설라 그레이엄 바우어와 건설업자 폴 스타렛 같은 사람들이 솜씨 좋게 발휘했던 제공하기 기술이다. 루스벨트는 극심하게 요동치는 시장에서 노동자들을 보호하기 위해 지속 가능한 제도가 필요하다고 느꼈다. 시카고에서 작가 에드먼드 윌슨Edmund Wilson은 일생을 열심히 일하면서 살았을 수백 명의 노인이 살기 위해 쓰레기 처리장을 뒤져야 하는 삶으로 내몰린 모습을 보고 깜짝 놀랐다. 문제를 해결하려면 어떤 제도가 필요하며 이것을 어떻게 제정할 것인가?

새로운 기회가 보이고, 이를 분별 있게 활용하는 방법이 있을 때 희망적인 길이 열린다. 1920년대에 엘리트층과 대다수 중산층은 자본주의가 최고라는 믿음에 갇혀 있었다. 그러나 대공황을 겪으면서 방황한 미국은 취약해졌다가 아주 잠깐 변화의 문이 열렸다.

르핸드의 도움을 받아 시련을 극복하고 다시 일어난 루스벨트는 자신이 받은 도움을 전국으로 확대해 사회를 더 너그러운 방향으로 전환하고 싶었다. 유럽에서는 이미 다양한 형태의 사회보장제도를 시행하고 있었고, 미국에서도 25년 전에 그의 먼 사촌인 시어도어 루스벨트가 시도했었다. 프랭클린 루스벨트는 '사회보장제도가 미국에서 더 널리 시행되도록 이를 수정하는' 계획을 명쾌하게 제시하지는 않았으나, 이것이 그가 가진 생각의 핵심이었다. 이 목표를 추진하는 데 가장 안성맞춤 인물이 프랜시스 퍼킨스였다.

표면상으로 복잡할 게 없어 보였다. 퍼킨스가 뉴욕주 사업위원회의 조사관이었을 때 돌을 던지는 파업 노동자들에 맞섰고, 농성 중에 사용하려고 다이너마이트를 비축해놓은 단체를 해산시키기 위해 비밀리에 잠입까지 한 전적이 있었다. "보통 강단이 아니네요." 뉴욕 카운티의 보안관이 그녀에게 말했다. "위험한 일이었습니다." 그녀는 웬만해서는 겁먹지 않았다.

그러나 백악관은 달랐다. 취임 후 4일 뒤에 첫 각료회의가 소집되었을 때, 루스벨트는 목발을 짚고 다리를 절며 들어왔다. 그런 다음 도움을 받아 상석에 자리를 잡았다. 노동부 장관 퍼킨스는 그와 멀리 떨어진 제일 끝에 앉았다.

"나는 모두가 나를 주목하고 있음을 알았다." 퍼킨스가 당시를 떠올렸다. 이전에는 정부 내각에 여성이 포함된 적이 한 번도 없었다. "나는 미동도 하지 않았다." 대화가 시작되고 각료들이 부서의 서열 순서

대로 발표했다. 마지막, 퍼킨스의 차례가 왔을 때 모두가 그녀를 주시했다.

그녀는 입을 떼지 못했다.

그녀의 전 생애가 이 순간을 위해 만들어져 왔었다. 2월에 그녀의 계획을 승인받기 위해 루스벨트를 만나고 다음 날 밤, 퍼킨스는 언론의 주목이 10대 딸에게 무슨 영향을 줄지 몰라 두려워하며 침대에서 울었다. 퍼킨스의 남편은 결혼생활 중 많은 시간 정신병원을 들락거렸고, 당시에는 이 사실을 영원히 비밀로 해야 했다. 이것 말고도 그녀는 (모두에게서) 일 중독자라는 비난을 받았다.

여기, 타원형 창문을 통해 햇살이 쏟아져 들어오는 이 매력적인 내각실에서 퍼킨스는 물러서면 안 된다는 사실을 알았다. 말을 꺼내지도 못한다면 그녀를 지지했던 모든 사람의 기대를 저버리게 될 것이다. "나는 오래전에 할머니로부터 누구든 문을 열면 항상 문을 통과해야 한다고 배웠다. (…) 여성을 위해 그 문이 열리는 일은 아주 오랫동안 없을지도 모른다." 그러나 너무나 위협적인 환경이었다. 상급 각료들이 그녀를 계속해서 빤히 쳐다보았다. "몇몇은 내가 끝내 말하지 못하리라 생각하는 것 같았다."

침묵이 계속되었다.

부하가 긴장하면 쉽게 할 수 있는 부분부터 시작하게 이끌어주는 것이 리더로서 현명하다. 루스벨트는 퍼킨스가 준비되어 있다는 점만큼은 의심하지 않았다. 이전에 그녀로부터 긴 불평등 목록을 받은 적이 있었기 때문이다. 이 각료회의에서, 훗날 그녀가 기억하기로 루스벨트는 그녀에게 미소를 지어 보였다. "프랜시스, 하고 싶은 말이 있지 않나?"

괴벨스가 단순히 마음에 들지 않아서나 그저 가지고 놀려는 의도로 부하들을 감옥에 보내 짓밟는 것과는 반대였다. 루스벨트의 격려로 마침내 퍼킨스는 입을 열었다. 연방 고용 서비스에 대한 계획을 세우고 있다고 말했다. 그리고 준비한 자료를 자신 있게 펼쳐 보였다. 권력을 잡은 여성을 가장 신뢰하지 않는 텍사스 출신 부통령 존 낸스 가너John Nance Garner는 퍼킨스가 모든 사실과 통계 자료들을 쏟아내며 이야기하는 동안 시가를 뻐끔뻐끔 피웠다. 루스벨트는 퍼킨스 앞에서는 무뚝뚝했지만, 나중에 아내에게 "퍼킨스는 내가 들을 수 있을 만큼 충분히 큰 소리로 자신 있게 말했어. 명료하고 분명했지"라며 그녀를 인정했다.

출발이 좋았다. 그러나 루스벨트는 격려가 언제나 도움이 되는 것은 아니라는 점도 잘 알았다. 창의성은 끊임없는 격려에서 나오지 않는다. 잘못된 것은 확실히 지적하는 선택적 격려에서 생겨난다. 어느 각료회의에서 루스벨트는 퍼킨스가 뉴욕의 건설 프로젝트 지원 목록을 열거하기 시작했을 때, 그녀를 제지하며 그런 사업들이 정치적 지지를 받는 일은 절대로 없다는 사실을 알아야 한다고 말했다. 내무장관 해럴드 이키즈Harold Ickes는 움찔했다. 여성에게 이토록 매정한 태도를 보이다니! 루스벨트에게는 그저 그녀가 자신의 과업을 완수하도록 조언했을 뿐 개인적인 감정은 없었다.

이후로도 루스벨트는 그녀에게 몇 번 더 지침을 주었다. 새 행정부가 이루게 될 업적의 핵심, 고령자와 가난한 사람, 실업자에게 도움을 주는 사회보장제도 수립을 퍼킨스가 주도하고 있었다. 그런데 이 제도를 준비하는 과정에서 퍼킨스를 돕는 전문가 두 명이 추진 절차에 대한 의견이 크게 갈렸다. 경제학자 에드윈 위트Edwin Witte와 바버라 암스트롱Barbara Armstrong이었다.

위트와 암스트롱은 상대가 스스로 무슨 말을 하는지 모른다고 확신하며 이를 사람들에게 퍼뜨렸다. 암스트롱은 반복적으로 강력하게, 그리고 (가능한 경우) 언론에 흘려서 다른 사람들이 알게 했다. 그녀가 위트를 멍청이란 뜻의 '반쪽짜리 위트half-Witte: 영어에서 멍청이, 얼간이란 뜻을 가진 'halfwit'와 발음이 유사해진다–옮긴이'라고 부르기 시작하자 기사들이 쏟아졌다.

루스벨트는 퍼킨스가 이 상황을 정리해야 함을 알고 있었지만, 각료회의에서 프로젝트에 대해 그녀에게 직설적인 지시를 내리는 것은 이례적이었다. 퍼킨스도 정치적 분쟁에서 때때로 기술이 필요하다는 것을 알고 있었지만, 이 시기의 루스벨트는 이 방면에서 거의 전문가가 되어 있었다. 그는 퍼킨스의 감정을 상하게 하고 싶지 않았다. 까다로운 이야기를 해야 할 때면 직접 하지 않고 주로 다른 사람을 시켰다. 퍼킨스의 기억에 따르면 한번은 각료회의 후에 그녀와 대화를 나누면서 루스벨트가 아무렇지도 않게 "내 아내에게서 이야기는 전달받았나?"라고 물었다. "네, 저와 그런 식으로 소통하다니 참신한 생각이네요." 퍼킨스가 답했다. 각료들은 대통령에게 비딱한 태도를 보이면 안 되지만 이번 경우는 루스벨트가 자초한 일이었다. 루스벨트는 종종 엘리너에게 계획과 관련된 어려운 메시지를 퍼킨스에게 전달해달라고 부탁했다. "내가 직접 말하려고 했는데, 계획에 대해 생각할수록 내가 어떻게 할 수 있는지 모르겠더군."

마침내 사회보장제도가 준비되었다. 퍼킨스는 그 어느 때보다도 성공적으로 과업을 완수했다. 임금에 곧장 세금을 부과함으로써 노동자들이 복리후생비를 내고 수당을 받는 것이라고 느끼게 했다. 루스벨트는 이 기발한 발상의 진가를 알아보았다. 가난한 사람에게만 혜택을 주면 다수의 반발에 부딪히기 쉽다. 그러나 원칙적으로 모두에게 혜택이 돌아간다면 이 제도가 더 깊숙이 뿌리내릴 수 있다. 퍼킨스와 루스벨트는 인정 없는 승자독식의 시절로 돌아가자는 주장을 약화시키면서 이 제도가 미래에도 지속될 수 있기를 바랐다. 그리고 수당이 거저가 아니라 받을 만한 당위성을 가지면서 1935년에 사회보장법이 제정되었다.

사회보장제도는 미국 문명사회의 큰 성과 중 하나였다. 극도의 빈곤에 마침표를 찍고, 거의 반세기 동안 인내했던 중산층의 안정적인 버팀목이 되어주었다. 루스벨트는 자신이 운이 좋았음을 알았다. 민주당이 국회의 상하 양원에서 다수 의석을 차지하고 있었기에 가능했다. 그러나 루스벨트는 이를 기회로 이용할 만큼 충분한 능력도 갖추고 있었다. (환경과 능력) 이 두 가지가 없었다면 광범위하게 선善을 실천하려는 모든 숭고한 의도는 사라졌을 것이다.

퍼킨스는 루스벨트의 신뢰를 이용하지 않았지만, 다른 사람들도 그렇다고 장담할 수 없었다. 이 부분에서 루스벨트는 매우 유리한 고지에 있었다. 제1차 세계대전 때 해군성에서 근무했던 시기에 군함 계약으로 얻게 될 막대한 수익을 노리는 사기꾼들을 수없이 많이 상대하며 불순한 의도로 접근하는 사람들을 알아보는 안목을 갖게 되었다. 이제 대통령으로서 노련하게 감시할 필요가 있음을 인지했고, 기쁘게도 곧 이 기술의 대가를 찾았다. 키가 크고 호리호리한 아이오와주 출신의 해리 홉킨스Harry Hopkins였다.

홉킨스의 친구 중 한 명은 그를 '아시시의 성聖 프란치스코의 순수함과 (…) 경마장의 약삭빠른 염탐꾼을 합쳐놓은 것 같다'고 묘사했다. 그저 은유적인 표현만은 아니었다. "다수의 중요한 간부회의를 (…) 자동차를 타고 메릴랜드주의 경마장으로 향하거나 경마장에서 집으로 돌아오는 길에 했다."

홉킨스는 새로 찍어낸 수십억 달러의 돈 냄새에 지방 정부들이 오래 저항하지 못할 것을 알았다. 루스벨트는 임무 수행에 필요한 일반 지침을 주었지만, 이를 어떻게 잘 완수할 수 있을까에 대한 답은 홉킨스가 직접 찾아야 할 몫이었다. 홉킨스는 엠파이어스테이트 빌딩 관리자들처럼 자금이 다른 곳으로 흘러 들어가지 않도록 회계 감사원을 파견하는 것으로 시작했다. 그런 다음에 외부 회계 감사원을 보내 또다시 확인하게 했다.

이런 와중에 경마장에서 잠시 쉬는 시간에 홉킨스는 더 좋은 방법을 떠올렸다. 가장 큰 문제점은 뉴딜 정책의 수많은 프로젝트 노동자들에게 장비를 구입해주고, 실제로 봉급을 지급하는 데 있었다. 재향군인 관리국이 사용하는 지급망에 편승하면 왜 안 되겠는가? 이미 검증된 망이었다. 유용한 장비들로 가득 찬 근사하고 적합한 군사 창고가 전국에 마련되어 있는데 무수히 많은 주 공무원이 물품을 조달해줄 때까지 왜 기다려야 하는가?

홉킨스와 함께 일하는 사람들이 기뻐했다. 다른 사람들을 도와주기 위해 정부에 들어온 이들에게 기회가 생겼다. 이 계획이 진행 중일 때 홉킨스의 사무실을 자세히 살펴보았던 육군의 존 C. H. 리John C. H. Lee

중령은 육군 기지에서 당연시되던 상사의 고함이 들리지 않는 것을 알았다. 존 리는 "보좌진이 홉킨스 씨를 친근하게 '해리'라고 불렀다"라며 놀라워 했다. "엄격함과 형식은 존재하지 않았지만, 그럼에도 홉킨스는 팀원들의 존경을 받았고, 자신감이 있었으며, 진심 어린 협조를 끌어냈다."

루스벨트의 모든 관대한 행동이 도움이 되어 돌아왔다. 많은 육군 장교와 재향군인 관리국 직원들은 이미 루스벨트의 계획이 크게는 국가 전체, 작게는 이들이 살았던 지역이나 지방에 도움을 주고 있음을 보았다.

루스벨트가 경제를 바로잡기 위한 개입에 절제하는 행동을 보이는 가운데 전쟁이 임박하면서 사업가들은 정부와 기꺼이 손을 잡고 싶어 했다. 정부가 규제를 느슨하게 풀어주기는 했지만(예를 들면 기계에 투자하면 세금을 면제받을 수 있었다), 계약을 체결할 때 경험 많은 군사 회계 감사원들의 말을 귀담아들었다. 협상을 이끌기 위해 루스벨트가 임명한 장군이 말했다. "우리는 기업이 수익을 올리는 것에 반대하지 않는다. (…) 그러나 저들은 절대로 막대한 초과이윤을 내지 못할 것이다."

루스벨트가 제일 윗선에서 올바른 표본을 만들지 않았다면 그 무엇도 실현하지 못했을 것이다. 전쟁이 발발하고 1년 뒤에 홉킨스가 사망했을 때 수천억 달러가 지급되었지만, 그때 홉킨스의 개인 현금 저축액은 총 1만 5000달러에 불과했다. 루스벨트 본인은 모든 재산을 백지 위임했다. 그의 아들 제임스가 사익을 위해 백악관 지위와 가족의 이름을 이용했다는 뉴스가 터졌을 때는 제임스의 소득세 신고를 공개하고 어떤 식으로든 다시는 백악관에서 일하지 못하도록 했다. 제임스의 소식을 루스벨트에게 제일 먼저 전한 윌리엄 O. 더글러스William O. Douglas에 따르면 그는 집무실 책상에 앉아 오랫동안 슬픔에 고개를 떨구었다고 했다.

‖ 공격하기가 아니라 '방어하기' ‖

1933년 루스벨트는 취임했을 때부터 미국이 가장 위험한 상황임을 알았다. 이런 상황에서 (루스벨트와 함께 성장했던 많은 사람을 포함해) 미국의 지도층 일부는 언제나 대중을 무시했다. "이 국가는 이를 소유한 사람들이 통치해야 한다." 연방최고재판소 초대 장관이었던 존 제이John Jay가 했던 유명한 말이다. 루스벨트의 계획이 사람들을 다시 일터로 복귀시키기 시작했을 때 경제잡지 《포춘》은 콧방귀를 뀌었다. "(수혜자들이) 여전히 자신이 도움 되는 시민이라는 허황한 생각을 하게 만든다."

사람들이 대량 실업을 핑계로 가뜩이나 낮은 임금을 더 삭감하는 기업에 저항하고, 대출금을 상환하지 못한 담보물을 퍼 담아가는 은행에 농장 판매를 강요한 보안관이나 주 방위군에 맞서면서 폭동과 때로는 총격 사건까지 일으켰다. 점점 더 많은 무장 군인들이 중서부와 샌프란시스코, 철광 마을에 배치되었다.

내면에 도사리는 최악의 측면을 끌어내고 싶어 하는 괴벨스 같은 사람들은 독일에만 있지 않았다. 미국에서도 더글러스 맥아더Douglas MacArthur 같은 잠재적 전제 군주들이 루이지애나의 휴이 롱Huey Long 같은 선동 정치가들과 인기 있는 근본주의자 제럴드 L. K. 스미스Gerald L. K. Smith와 함께 활보했다. "제가 저들에게 미워하는 법을 가르쳐줄게요." 스미스가 말했다. "종교와 애국심. 이것을 계속 이용하세요. 저들을 정말로 분개하게 만들 수 있죠." 의사당 계단에서 2열로 늘어선 경찰들이 소총을 들고 경비를 섰다. 의회를 안전하게 지키는 유일한 방법이었다. 미국은 보호받을 필요가 있었다. 이런 위험들이 더 심각해지지 않게 사회를 변화시키고, 대중의 저항을 촉발하는 경제 문제를 해결해야 했다. 그러나 이런 긴급 방어 수단에서도 루스벨트는 균형을 고집했다.

괴벨스는 피를 빨아먹는 해충이라며 자본가들을 비난했다. 미국의 은행가들도 (특히 월스트리트가 검은 목요일 사태를 일으킨 후에 자신들을 구조해달라고 정부에 요청했을 때) 유사한 이유로 정부에게 외면당했다. 한편 루스벨트는 이들의 과도한 행위에 제동을 걸어야 한다고 생각했다. 그는 내부자 거래를 금지했고, 주택 소유자가 집을 잃지 않도록 밀린 대출금과 다른 빚을 갚을 시간을 벌어주는 기관을 만들었다. 투자사들이 일반 예금주의 돈으로 도박 같은 투자를 하다가 경제가 붕괴되는 최악의 광란이 시작된 이후로, 루스벨트는 카터 글래스Carter Glass 상원의원과 헨리 B. 스티걸Henry B. Steagall 하원의원을 종용해서 투자은행이 상업은행의 돈을 조금씩 빼돌리며 주워 담지 못하게 막는 입법을 추진하게 했다.

그러나 은행가들은 흡혈귀가 아니라 인간이었다. 이들이 하는 일도 다른 사람들의 일만큼 가치가 있었다. 루스벨트는 "자본금을 산업에 투자해야 한다"라고 말했다. 투자하면서 공정한 수익을 올리는 것은 모두에게 득이었다. 다만 '전문 도박꾼들의 조작 없이' 이루어지면 되었다.

루스벨트는 본능적으로 균형을 맞추는 습관이 있었기 때문에 대문을 열어주는 행위는 어렵지 않았다. 영국의 철학자 버트런드 러셀은 말했다. “영국인이 모두 어리석다고 선언한다면 성난 영국민의 공격을 받게 될 것이지만, 영국인의 90퍼센트가 어리석다고 말한다면 국민 모두가 당신의 통찰력을 높이 살 것이다.”

뉴딜 정책 시행 초반에 기업인들을 모욕의 대상으로 분류하지 않으면서 루스벨트는 미국의 훌륭한 기업 경영자들을 챙겼다. 강경한 보수주의자들은 끝까지 이해시킬 수 없었지만, 설득에 성공한 제너럴 모터스의 최고경영자를 포함해 동요하는 사람들이 많았다.

또 루스벨트는 최소한 몇 명이라도 공화당 의원들의 지원을 받으면 도움이 될 것을 알았다. 이것 역시 아첨을 떨며 자신의 편에 서지 않는 사람에게 주저 없이 등을 돌렸던 괴벨스의 접근법과 반대였다. 괴벨스는 히틀러가 돌격대의 지휘관 에른스트 룀을 살해한 사실을 정당화했다. 룀이 훗날 정치적 위협이 될지도 모른다는 이유가 가장 컸다. 루스벨트의 취임 초반에 독일에서는 히틀러의 새로운 정부에 저항했던 수많은 정치 지도자들과 조합 위원들이 체포되고, 새로 지어진 다하우 강제수용소로 보내졌다.

미국에도 수많은 목소리가 있었다. 휴이 롱은 반대자들이 활개를 치게 놔두는 것이 위험하다고 설파했다. 그러나 루스벨트는 무턱대고 반대만 하지 않는 공화당원들에는 거부감이 없음을 보여주는, 가능한 한 가장 수용적인 방법을 선택했다. 그는 공화당 중도파 당원 중 세 명을 자신의 내각에 임명했다. (20년 뒤에 공화당 대통령으로 당선된 아이젠하워도 유명한 민주당원을 자신의 첫 번째 내각에 임명했다. 그의 뒤를 이은 민주당 소속의 존 F. 케네디도 두 명의 공화당원을 자신의 내각에 임명했다.)

그러나 모든 상황에서 이런 방법이 통하는 것은 아니다. 누군가를 싫어하는 마음이 평생 바뀌지 않는 사람들도 있다. 루스벨트는 불가항력이라는 말을 잘 이해했다. 독일 같은 적과 싸울 때, 가장 근절하기 어려운 대기업 로비스트와 이들로부터 돈을 챙기는 국회의원들과 맞설 때가 그렇다.

대법원 판사 맥레이놀즈(대통령을 '불구자 개자식'이라고 불렀던 인물이다)는 루스벨트의 정중한 태도를 혐오했다. 유대인과 흑인, 여성이 공정하게 대우받아야 한다는 생각을 싫어했다. 그는 법원의 공식적인 사진 촬영을 취소한 적이 있는데, 유대인 루이스 브랜다이스Louis Brandeis의 옆자리에 앉게 될지도 모른다는 이야기를 들었기 때문이다. 하버드대학을 졸업한 유능한 흑인 변호사 찰스 휴스턴Charles Houston이 법정에서 변론을 펼칠 때 맥레이놀즈는 그의 말을 듣지 않겠다는 표현으로 의자를 뒤로 돌려 앉았다. 심지어 여성이 사건을 변호할 때는 법정 밖으로 나갔다.

대법원 개편은 기존 판사들이 사망하거나 은퇴하고, 대통령의 지명이 상원을 통과하기까지 기다리면서 의도적으로 천천히 진행되었다. 우파 언론의 신문란에 맥레이놀즈를 부추기는 글이 종종 올라오기는 했지만, 대표적인 우파 신문사인《타임》지 소유주조차 그의 폐쇄적인 관점은 잘못되었음을 인정했다. 이러한 사회적 압력이 (웃음기 없는 얼굴이었지만, 맥레이놀즈가 브랜다이스 근처에 앉아 있는 사진이 이를 보여주듯이) 맥레이놀즈의 성향을 조금은 누그러뜨렸다.

루스벨트는 필요할 때는 단호하게 행동했다. 그러나 그 외에는 언제나 유연한 사고를 보여주었다. 심지어 집에서도 이런 성향이 좋은 결과로 이어졌던 수많은 상황이 있었다. 편향적인 성향의 아내는 젊었을 때 종종 루스벨트의 신경을 거슬리게 했다. 아내는 저자가 '혐오스럽고 작은 유대인'이라는 이유로 특정 책을 읽지 않았다. 또 어느 오찬 손님에 대한 글을 쓰면서 '흥미로운 남자이지만 유대인이다'라고 얕잡아 보았다. 루스벨트는 아내의 이런 관점들이 마음에 들지 않았지만, 곧장 질책하기보다는 아내가 스스로 생각을 바꿀 수 있도록 손님의 우수한 면을 더 잘 알 수 있게 해주었다. 이 손님은 그의 친구인 펠릭스 프랑크푸르터Felix Frankfurter로 하버드대학 교수이며 뉴딜 정책의 충직한 지지자였다. 프랑크푸르터와 시간을 보내면서 엘리너는 태도가 바뀌었고, 나아가 이후에 탄압받는 사람들의 강력한 옹호자가 되었다.

또 '미국 혁명의 딸들Daughters of the American Revolution'이라는 여성회(미국 독립전쟁 때 싸운 이들의 자손으로 구성되었다)가 아프리카계 미국인 성악가 매리언 앤더슨Marian Anderson이 워싱턴 컨스티튜션 홀에서 공연하는 것을 거부했을 때에도 루스벨트는 여성회를 시대에 뒤떨어진 엘리트주의적이라고 공격하지 않았다. 그 대신 앤더슨이 링컨 기념관에서 공연할 수 있게 도와주고, 영국의 조지 6세가 공식 방문하는 동안 백악관으로 초청하면서 앤더슨을 지원했다. 그런 다음 여성회와 만났을 때 유머를 섞어가며 자신의 생각을 전달했다. 자신과 그들이 모두 이민자의 후손이라는 사실을 부끄러워할 필요가 없다는 요지였다. '우리의 잘못이 아니기' 때문이었다.

루스벨트가 최대한 정중하게 하고자 했던 말은 영국에서 넘어온 조상이 메이플라워호에 탑승한 역사가 여성회 회원들의 잘못이 아니듯 공적 또한 아니라는 것이었다. 그는 자신의 생각을 관철하는 데 확고했다. 그러나 이번에도 루스벨트는 자신에게 반대했던 사람들이 스스로 생각을 전환할 수 있는 기회를 제공했다.

이 일화에는 더 큰 지혜가 담겨 있다. 루스벨트는 자신을 제물로 삼아 농담하거나 앤더슨 같은 가수를 보호할 때마다 자신이 지향하는 방식으로 행동하도록 스스로를 단단히 훈련시켰다. 이로써 습관이 몸에 뱄고 조국을 위한 좋은 본보기가 되었다.

‖ 제외하기가 아니라 '포함하기' ‖

마지막으로 루스벨트는 뛰어난 방어 솜씨에 따라오는 강력한 결과를 활용했다. 확장하고, 보편화하고, 포함하는 것이다. 괴벨스가 집회에서 고함을 지르며 적들을 위협했던 것과는 다르게 루스벨트는 취임 후 거의 바로 전국 라디오 방송을 통해 차분하게 담화를 시작했다. 편안하고 여유로운 어조로 호소력이 있었다. 첫 라디오 연설이 시작되었다. "친우 여러분, 저는 잠시 시민과 이야기를 나누고 싶습니다." 이 자체로 효과적인 선전 방법이 될 수 있었지만, 그가 말한 내용은 달랐다. 미지의 반대 세력에 대한 분노도, 폭포처럼 쏟아지는 학대와 욕설도 없었다. 모두가 초대받았다.

당시에도 지금과 마찬가지로 종교가 큰 문제였다. 정적을 내각에 불러들이고, 금융가를 실수할 수 있는 인간으로 대하던 루스벨트는 어느 인터뷰에서 "까마득한 옛날에 제 조상은 어쩌면 유대인이거나 가톨릭 신자, 개신교 신자였을지도 모릅니다. 저는 그저 조상들이 선량한 시민이며 하느님을 믿는가에 관심을 가질 뿐입니다"라고 말했다. 루스벨트는 수많은 유대인을 조언자로 곁에 두었는데, 이는 독일과 미국의 반유대주의자를 질책하는 최고의 방식이었다. 또 미국의 인종차별주의자에 대한 질책으로 최초의 흑인 지방법원 판사를 임명했고, 다수의 흑인을 조언자로 지정한 후 정기적으로 백악관에 방문시켜 자문을 구했다.

하지만 루스벨트도 완벽한 인간은 아니었다. 그는 인종이 섞이는 것을 혐오하는 많은 민주당 의원들에게 자주 무릎을 꿇었다. 사형을 금지하는 법안이 절대로 통과되지 못하게 상원에서 남부 출신의 민주당 의원들이 막을 때, 루스벨트가 중립을 지키자 그를 지지하는 진보적 인사들은 큰 충격을 받았다. 물론 그의 윤리적 근거가 반영된 입장은 아니고, 정치 권력을 위한 전략일 뿐이었다. 뉴딜 정책에 필요한 법률을 제정하기 위해 인종차별주의자들의 표가 필요했다.

공정함을 기술적으로 적용했을 때 따라오는 힘의 요점은 여전히 유효하다. 개인처럼 국가도 표출되기를 기다리는 잠재된 다른 성질이 있다. 1930년대 미국에는 인종차별주의가 여전히 심각했다. 예를 들어 흑인 올림픽 육상 금메달리스트인 제시 오언스Jesse Owens가 뉴욕을 방문했을 때, 그는 자신이 묵었던 고급 호텔의 옆문을 이용해야만 했다. 그러나 활짝 개방된 태도도 존재했다. 오언스가 뉴욕에 온 이유는 흑인과 백인 상관없이 색종이를 흩날리며 성공을 축하하는 퍼레이드에 참석하기 위해서였다. 사람들의 내면에 존재하는 최악의 측면을 끌어내는 것이 괴벨스가 이끄는 선전부의 목표였다면, 루스벨트는 최고의 측면을 끌어내려고 했다. 그가 추구한 것은 비슷한 사람끼리 모인 하나의 선호하는 집단이 아니라 범위를 확장해 모두를 아우르는 사회 계약이었다.

이 생각은 성서 내용에 해박했던 루스벨트에게 익숙했다. 여러 정당이 함께 협력하고 (일생의 과제일 가능성이 있는) 과제를 공유하기로 동의할 때 계약이 성립되고, 계약 관계 내에서는 누구도 다른 사람을 짓밟지 않는다는 것이었다. 결혼이 대표적인 계약이다. 같은 목표를 두고 단결하는 회사도 마찬가지다. 미국도 계약으로 이루어졌다('연방의 federal'란 단어는 계약과 연맹이란 뜻을 가진 라틴어 '포에두스foedus'에서 나왔다. 영어로 '계약covenant'으로 번역한 원래의 히브리어 단어를 라틴어 성경에서는 '포에두스'라고 번역했다). 사회 계약은 힐렐의 두 질문, 즉 자신과 타인의 권리 사이에서 균형을 잡는 방법에 대한 완벽한 해답이다.

루스벨트는 모두가 지지할 수 있는 방식으로 포함 범위를 넓히면서 지독하게 분열된 미국의 균형을 회복하려고 했다. 사티아 나델라가 마이크로소프트를 변화시켰듯이 우리는 포함하는 방식으로 성장할 수 있지만, 다른 사람을 조롱하고 모든 관계를 제로섬으로 생각하는 괴벨스가 선택한 길보다 더 힘든 길이다.

다시 한번 말하지만, 항상 성공적이지는 않았다. 이상을 가지고 있다고 해도 그랬다. 루스벨트는 뉴딜 정책의 자금이 삶의 질을 높이는 데 사용되는 것에 더해 필요한 모두에게 동등하게 나누어지기를 바랐다. 그러나 남부의 민주당 의원들이 홉킨스가 진지하게 최저임금법을 강행하고 있음을 알고 반기를 들었다. 이들이 뉴딜 정책을 계속 진행하면서 바라는 대가는 자신들의 주에서 아프리카계 미국인들이 백인들과 같은 권리를 보장받아야 한다는 말도 안 되는 소리를 끝내는 것이었다. 부끄럽게도 루스벨트는 여기에 굴복했다.

한번은 일본의 진주만 공격으로 급격한 심경 변화를 겪기도 했다. 그가 좋아하던 함대가 폭격을 받자 매우 분노했다. FBI 국장 존 에드거 후버J. Edgar Hoover가 일본계 미국인들은 위협의 대상이 아니라고 설득했지만 루스벨트는 무시했다. 그러고는 헌법의 보호를 받는 미국 시민이었음에도, 서부 해안에 거주하는 일본인을 모두 체포하여 재판 없이 서부 사막에 구금하라고 명령했다. 일본이 침공할 위협이 사라졌을 때도 노선을 재빨리 바꾸지 않았다. 일부 개인은(특히 미군에 자원입대하거나 추수에 필요한 농부는) 이동이 허락되었지만, 전쟁이 끝날 때까지 루스벨트는 이 그릇된 정책을 고수했다.

다행히도 이런 행동은 드물었다. 루스벨트는 고약한 성미를 드러낼 때도 있었고, 약속의 개념이 매우 유연할 때도 있었다. 그래도 최소한 그를 상류층의 배신자로 여기는 사회 명사들과 이익이 최우선인 재계의 일부 인사들을 제외하면 거의 모두가 대통령이 자신들의 편이라고 느꼈다. 루스벨트가 남부 출신 민주당 의원들에게 항복했음에도 전통적으로 링컨의 공화당을 지지했던 아프리카계 미국인들이 루스벨트를 지지하게 되었다. 어느 공장 노동자가 그들 대다수의 생각을 대표했다. "루스벨트는 지금까지 백악관에 있던 사람 중 내 상사가 개새끼라는 사실을 이해한 유일한 인물이에요."

‖ 생산성을 높이는 노사관계의 핵심 ‖

독일에서 미국을 지켜보던 괴벨스는 루스벨트와 그의 지지자들의 노력이 가소롭게 보였다. 유럽에서 전쟁이 발발했을 때(미국이 방관자로 있을 때) 독일은 모든 적군을 합친 것보다 더 현대적인 비행기를 보유하고 있었다. 독일노동전선을 이끄는 라이 박사가 명령을 내리면 독일 시민은 곧장 따랐다. 명령에 불복종하면 어떻게 되는지 모두가 잘 알았다.

미국에는 라이와 같은 무소불위의 권력을 휘두를 수 있는 인물이 없었다. 디트로이트 인근의 새로운 전투기 공장에서 노동자 구인 공고를 냈을 때 켄터키주에 사는 어느 여성이 관리자들에게 자신이 갈 수 없는 이유를 적은 편지를 보냈다. "공장에서 일하지 못해서 유감이에요. 하지만 저는 혼자 갔었고, 그곳에 아는 사람이 한 명도 없었죠. 묵을 곳도 없었어요. 단 하룻밤도요. 그래서 집으로 돌아왔죠." 그리고 다른 곳에서는 농성 파업이 있었다. 최고경영자들은 정부와 손잡기를 거부했고, 심지어 루스벨트가 너무 싫어서 독일 공장에 투자하면서 나치를 도와주는 기업가들도 있었다.

괴벨스는 이것이 미국의 나약함을 보여준다고 오판했다. 파업은 받아들일 수 있는 것과 없는 것에 대한 정보를 전해준다. 근무환경이 적절하게 개선되면 노동자들의 생산성은 늘어난다. 켄터키주의 여성이 머무를 집을 못 구한 이유는 생산이 너무 빠르게 늘어났기 때문이다. 1940년에 윌로런이라는 지역에 단풍나무 농장이 있었다. 1년 후에 폭격기 생산에 필요한 설비를 갖춘 세계에서 가장 큰 공장 중 하나가 그

자리에 들어섰고, 생산 회사의 수익은 (여전히 상당한 액수이기는 했으나) 신중한 감시하에 제한되었고 미국 전역에 건설 중인 다른 새로운 공장과 조선소에서 필요한 자금을 최대한 확보하게 해주었다.

무엇보다도 루스벨트는 누구도 배제되지 않도록 보장하면서 전쟁을 준비했다. 기계 장비와 다른 자원은 루스벨트가 홉킨스에게 제시했던 원래의 목표에 최대한 부합하는 방식으로 조달했다. 최저임금제를 관철하지 못한 것에 일부분 책임을 느낀 루스벨트는 전시에 새로운 계약을 맺을 때 흑인 노동자와 흑인 소유의 회사들에 대한 평등한 대우 보장을 강력히 요구했다. 그 결과 흑인들의 기여가 급증했을 뿐 아니라 다수의 인종 집단이 잇따라 자신들의 삶이 더 나아지는 변화를 맛보았다. 홉킨스의 가까운 친구가 다음과 같이 썼다. "방대한 작업의 전략보다 더 중요한 것은 노동자 스스로 가지고 있던 낡은 생각에서 구조되는 것이다." 이것이 계속 확장되어 가는 계약의 핵심이었고, 공정성이 불러오는 풍요로움이었다.

우리는 함께 어울리는 사람들의 영향을 크게 받는다. 다행히 어떤 사람으로부터 어떤 영향을 받을 것인지 고를 수 있는 선택권이 있다. 괴벨스는 유대인 여자친구의 친구들이 아닌 자신의 지역 나치당의 폭력적인 무리를 선호했다. 루스벨트에게는 그의 가장 가까운 조언자로서 백악관에서 생활했던 (철두철미한 신사인) 해리 홉킨스가 있었다. 감사 초기에 홉킨스는 부하들에게 다음과 같이 지시했다. "설교사와 교사, 사업가, 노동자, 농부들과 대화하라. 생활보장 대상자와 대상자가 아닌 실업자들과 대화하라. 그리고 이들과 이야기할 때 신의 은총이 없었다면 당신이나 나, 우리의 친구들도 그러한 처지에 놓일 수 있었음을 항상 명심하라." 홉킨스가 공정한 기술을 더 폭넓게 적용한 것이 괴벨스에게는 아무런 의미가 없었을 것이다. 괴벨스는 자신이 공격했던 수많은 사람을 불공정하게 대했다는 사실을 신경 쓰지 않았기 때문이다.

백악관에서 생활한 르핸드도 라루코와 웜 스프링스에서 지냈을 때와 똑같이 선한 사람이었다. 실제로 그녀와 루스벨트는 계산적인 정치인들을 상대하는 일상에서 벗어나 웜 스프링스에스에서 휴식 시간을 자주 보냈다. 루스벨트는 이 휴식처에서 활력을 충전함으로써 그의 본성에서 더 나은 측면을 밖으로 끌어냈다. 어느 전기 작가의 표현에 따르면 "백악관의 스위스 아미 나이프Swiss Army Knife: 다양한 날과 연장이 달려 접었다 뺐다 할 수 있는 다목적 칼-옮긴이인 르핸드는 대통령 집무실에서 커뮤니케이션을 감독하고, 문지기 역할을 하느라 바빴다."

르핸드와 루스벨트는 아침에는 대부분 시간을 수영하며 보냈고, 저녁 7시 이후에는 다른 사람들과 자주 술을 마셨다. 중요한 것은 두 사람이 어떠한 육체적 친밀감을 느꼈는지가 아니다. 이들이 공유한 가치였다. (르핸드는 독실한 가톨릭 신자였고, 루스벨트는 굳이 따지자면 성공회 신자에 가까웠지만) 둘 다 루스벨트의 취임식에서 성경의 「고린도 전서」 13장을 펼쳐놓고 싶어 했다. "그러므로 믿음, 소망, 사랑, 이 세 가지는 항상 있을 것인데, 그 가운데서 으뜸은 사랑입니다."

이들은 바울이 고린도에 보낸 서신에 담긴 이 말이 어느 인간도 감히 깨서는 안 되는 약속이라고 믿었다.

CHAPTER

07

전쟁의 승리자

좋은 사람은 어떻게 성공하는가

—

선택이라는 무기

"나는 더 이상 군인이 아닌, 단 하나의 본능에 충실한 동물들과 함께 있었다. 바로 자기 보호였다."

‖ 상반된 두 세계 ‖

1941년 12월, 미국과 독일의 차이가 정점에 달했다. 지금부터는 루스벨트의 정중한 태도를 바탕으로 한 공정한 접근 방식이 효과를 거두는 모습과 괴벨스의 정반대 방식이 (초반에는 성과를 거두었지만) 결국 실패하고 만 모습을 볼 것이다.

12월이 시작될 때 괴벨스는 앞서 보았듯이 모든 것을 가졌다. 독일의 거의 모든 신문과 영화, 연극, 뉴스영화, 라디오를 자신의 손아귀에 넣고 마음대로 움직이며 뻔뻔하게 자화자찬했다. 히틀러가 연설을 줄이면서 역할을 넘겨받은 괴벨스는 독일인들에게 정기적으로 엄청나고 열정적인 찬사를 섞어가며 연설했다.

서쪽에서 독일 병력이 대서양 연안에 참호를 파고 안전하게 숨어 있었다. 동쪽에서는 정찰대가 쌍안경으로 크렘린궁의 탑을 볼 수 있을 정도로 모스크바 가까이 진격했다. 괴벨스는 베를린의 브란덴부르크문 인근의 성에서 살았는데, 나란히 위치한 거대한 선전부 건물까지 몇 계단 만에 넘어갈 수 있도록 설계되었다. 한 비서는 괴벨스가 "서재를 통과해 아름다운 집무실까지 계단을 올라가는 모습이 작은 군주 같았다"라고 기억했다. "그는 가장 좋은 정장을 입었고, 언제나 살짝 선탠을 했다. (아마도 매일 손톱 손질을 한 것처럼) 깔끔하게 다듬어진 손과 (…) 때때로 자녀들이 집에서 키우는 사랑스러운 개를 데리고 방문했다. 아이들은 매우 예의 바르게 인사하며 우리와 악수했다." 우리는 사람이 다른 환경에서 어떻게 바뀔 수 있는지 보았다. 자녀들에게 괴벨스는 인정 많고 사려 깊은 아버지였다. 일기에서 그가 거의 유일하게 누군가에게 온정을 드러낸 존재가 아이들이었다. 아이들은 (그리고 사랑스러운 반려동물도) 이미 완벽하게 그의 통제하에 있었다.

괴벨스는 (정말로 유대인을 혐오하게 되었고) 독일 병력과 경찰, 지방의 지원군이 진군하면서 이미 완수한 일에 대한 소식을 은폐할 수 있었던 것에 매우 만족스러워했다. 얀케나 그녀의 가족들에게 느꼈던 감정은 이미 오래전에 사라졌다. 괴벨스가 잘 알던 한 장교가 독소전쟁이 일어나기 전에 리가 지역 인근에서 유대인 대량 학살을 계획했을 때, 장교의 선전 메시지에 현혹된 사람들이 아이들과 장애인들이 숨지 못하게 막으며 조금 돕긴 했으나, 대부분의 작업은 수년간 괴벨스의 유려하고 깊은 목소리에 세뇌된 무장한 남성들이 완수했다. 이들은 수많은 유대인을 한자리에 몰아넣고 재미로 총을 쏘았으며, 겁에 질린 유대인들을 숲으로 데리고 간 다음 수천 명을 거대한 구덩이에 넣고 조직적으로 살해했다. 탈출에 성공한 몇몇 여성들도 무참히 살해했다. 괴벨스는 이 사건의 보고서를 읽으며 흡족해했다.

정작 계속 주시해야 했던 문제는 따로 있었다. 모스크바 외곽의 추운 날씨를 불평하는 최전방 군사들의 편지를 군대의 검열관들은 조금도 신경 쓰지 않았다. 괴벨스는 군사들의 이야기에 귀 기울이고 불평을 해소해주었어야 했다. 또 러시아와 우크라이나 게릴라들이 독일의 보급 열차를 습격한다는 보고가 지속해서 전해졌는데, 이 역시 흘려듣지 않고 엄중하게 조치했어야 했다. 그러나 영국은 약했고, 러시아는 이제 약해졌고, 멍청한 루스벨트가 이끄는 미국은 참전조차 하지 않았다는 이유로 무엇도 주의 깊게 받아들이지 않았다.

그러다가 7일도 채 지나지 않아 괴벨스가 자랑스럽게 여기던 모든 것들이 무너져 내리기 시작했다.

12월 4일 목요일 밤 모스크바 외곽에서 혹독한 겨울을 보내고 있던 독일 보초병들이 불길한 소리를 듣기 시작했다. 독일 보초병과 장교들이 모르는 사이 시베리아에 주둔하던 소련군 병력 18개 사단이 국토를 가로질러 모스크바까지 이동했다는 소식이었다. 새로운 병력은 추위에 강한 겨울 복장을 갖추었고, 대개 흰색의 위장용 군복을 입었다. 또 탱크와 전투기, 그리고 (소련의 자랑인) 횡렬로 늘어선 중포를 지원받았다. 소련군은 밤에 공격을 개시했고 소리가 점점 커졌다. 머지않아 독일의 방어선을 뚫고 들어가 독일군을 포위하며 위협했다.

12월 7일 일요일에는 일본군이 집결시킨 가장 큰 규모의 함대가 태평양 한가운데 있는 진주만의 미 해군 기지를 습격했다. 미국은 일본을 상대로 즉각 전쟁을 선포했다.

독일이 무엇을 할 수 있었을까?

독일이 일본을 지원해야 한다는 조약은 없었다(그리고 독일 정부는 득이 되지 않는 조약은 쉽게 무시했다). 상황이 얼마나 위태로운지 알았던 처칠은 이후 며칠이 그의 생애에서 가장 불안한 날들에 속했다고 훗날 말했다. 미국의 관심은 일본에 쏠려 독일에 전쟁을 선포하자는 주장은 거의 지지를 받지 못했다. 미국이 모든 노력을 태평양에 쏟는다면 독일은 유럽에서 전열을 가다듬을 기회가 생길 터였다. 그러면 소련군을 처리하고 나서 영국에 다시 총공세를 퍼부을 수 있었다.

경험 많은 해외 특파원들은 모두 미국이 일본에 모든 주의를 집중함으로써, 비공식이기는 하지만 북대서양에서 독일의 잠수함 유보트에 맞서 이미 진행 중이던 상당한 미 해군 작전뿐 아니라 영국과 러시아에 보내는 중요한 물자가 줄게 될 것이고 그러면 이 두 국가가 큰 타격을 받을 것으로 판단했다. 기자들은 텔렉스를 보내거나 방송으로 이를 보고했다. 그러나 자신에게 동의하지 않는 모든 신문을 '거짓' 언론이라고 주장했던 괴벨스는 1933년에 권력을 잡자 독일의 독립 신문사들을 폐쇄했다. (계획적으로 전 국민의 눈을 가리는) 이례적인 행동이었다. 여기서 더 나아가 해외 방송을, 그중에서도 BBC를 청취하는 것을 불법으로 규정했다. 정부 장관들을 포함해 모두가 따라야 하는 명령이었다. 괴벨스는 몇몇 공무원들이 빠져나갈 구멍을 찾을 것을 알았고, 이를 차단할 준비가 되어 있었다. 일기에 이렇게 썼다. "장관들이 총통에게 해외 라디오 방송을 들을 수 있게 해달라고 요청하며 다가가는 모습이 정말 재밌다." 괴벨스는 이런 요청을 거의 확실하게 차단했다.

군대에서 필요할지 모르는 정보를 막는 행위는 만족스럽게 이루어졌다. "나는 군 최고사령부에 (감시 서비스하에) 글로 받아쓴 사본 2개만 전달되는 것을 허락했다." 당연히 그의 선전부는 예외였다. "그러나 이것은 걱정할 필요가 전혀 없다. 내가 매일 사상교육을 하기 때문이다. 내 밑에 있는 부하들이 감염될 가능성은 없다."

선전부 밖에서 독립된 정보 출처를 가진 사람은 거의 없었기 때문에 (있다고 해도 괴벨스의 잔악한 보복이 두려워 거의 아무 말도 하지 않았기 때문에) 괴벨스는 12월 9일에 히틀러를 만나 어떤 행동을 취할지를 은밀하게 결정할 수 있었다.

독일은 미국을 향해 전쟁을 선포할 것이었다. 파멸을 자초하는 선택이었다. 하지만 괴벨스는 히틀러의 결정이 타당하다는 세계관을 창조했다. 유대인이 미국을 움직인다는 사실을 모두가 '알았다.' 괴벨스의 선전부는 루스벨트가 그저 꼭두각시일 뿐이라는 말을 수년간 쉬지 않고 퍼트려왔다. 비록 유대인이 전능하고 어디에나 존재한다고 해도 이들의 실체는 나약하고 쇠락한 민족이라는 것이 괴벨스와 선전부의 주장이었다. 과거 《데어 안그리프》를 이용해 베를린 경찰청의 유대인 참전 용사 베른하르트 바이스 부청장을 비방했던 날들로 거슬러 올라갔다. 유대인이 운영하는 나라는 근본적으로 강할 수 없다고 믿는 괴벨스는 전쟁 물자의 생산량을 크게 늘리는 계획을 이야기하는 루스벨트가 착각에 빠졌다고 보았다.

그러나 괴벨스는 국민의 눈을 가리면서 자신의 눈도 가렸다. 이틀 뒤인 12월 11일에(모스크바 외곽에서 반격이 있고 일주일 뒤) 히틀러는 제국의회의 금속으로 만든 거대한 독수리 조각 앞에 서서 독일이 미국과 전쟁에 돌입한다고 세계에 선포했다. "우리의 막강한 무기 앞에서 미국이 무엇을 할 수 있겠는가?" 괴벨스는 미국을 비웃었다. "루스벨트는 유럽 전체의 경제를 손에 쥔 우리만큼 많은 무기를 생산하지 못할 것이다!"

완전한 오판이었다. 루스벨트의 전시생산국을 (대다수가 명목상으로 보수를 1달러만 받고) 운영했던 사업가들과 마법 같은 일을 실현한 사람들(여성이 노동시장에 뛰어들고, 부패를 방지하기 위해 계약서를 꼼꼼히 감독하고, 이탈리아인과 스코틀랜드인, 헝가리인, 아일랜드인이 공장과 조선소에서 힘을 합치고, 실직했던 기술자들이 일자리로 복귀하고, 무시당했던 수많은 흑인 노동자들이 공장에서 생산 감독으로서 능력을 드러냈다) 덕분에 생산량이 괴벨스의 상상을 훌쩍 뛰어넘었다.

1940년의 브리튼 전투는 중대한 사건이었다. 한 번에 수십 대 또는 많으면 수백 대의 전투기가 항공전을 벌였다. 총 전투기 보유 대수는 영국이 약 1000대이고, 독일은 이보다 두 배가량 더 많았다. 반면 미국은 전쟁 첫해에 4만 7000대의 군용기를 제작했고, 이렇게 많은 병력이 전쟁에 투입되는 순간 항공전의 균형이 깨졌다. 1944년경에 미국은 독일과 일본, 영국, 소련의 전투기를 모두 합친 것보다 더 많은 전투기를 생산했다. 이와 비슷한 변화가 조선소에서도 있었다. 전쟁 전에는 일반적으로 화물선 한 척을 완성하는 데 대략 200일이 소요되었다면, 이제는 한 달 안에 만들어낼 수 있었다. 디트로이트 외곽의 윌로런 공장도 정상 가동되면서 엄청난 속도로 B-24 폭격기를 무수히 생산했다. 윌로런은 북아메리카 전역에 있는 수많은 공장 중 하나일 뿐이었다.

괴벨스는 신뢰와 사랑을 강조하는 루스벨트의 연설에 대해 나약함을 드러내는 것이라며 끊임없이 조롱했다. 그러나 노동자들의 헌신과 엄청난 규모의 노동력이 필요했던 때 (홉킨스와 다른 사람들이 솜씨 좋게 연결하자) 루스벨트의 접근 방식은 효과적이었다.

1943년 봄 대서양에서는 200척의 독일 유보트가 수중에서 항행하며 상선을 공격해 매달 약 50만 톤에 달하는 화물을 침몰시켰다. 대부분 대서양 한복판에서 공격해 성공을 거두었는데, 해안 기지의 비행기가 도달할 수 없는 거리였기 때문이다. 이 문제를 해결하기 위해 (윌로런에서 약 3일이면 생산되는) B-24 폭격기 60대를 최장거리 비행이 가능하게 개조해서 투입했다. 이런 강력한 비행기들은 한 번에 18시간을 비행하고, 수백 개의 수중 폭탄과 십여 개의 중기관총을 탑재할 수 있었다.

수중 통기장치인 스노클이 개발되지 않았던 때여서 잠수함은 많은 시간을 수면 위에 있었다. 움직임도 느렸다. 잠수해서는 사람이 걷는 속도로 이동했고, 수면 위에서는 자전거 속력과 비슷했다. 일단 비행기의 거대한 탐조등과 레이더가 켜지면 수면 위에서 포착된 잠수함은 속수무책으로 당할 수밖에 없었다. 다른 방어 조치들의 약점을 성공적으로 보완한 폭격기가 투입되면서 독일 해군 잠수함대 사령관 카를 되니츠Karl Dönitz는 5월에 유보트 함대 전체를 북대서양에서 철수시켰다. 영국은 보급로를 안전하게 확보할 수 있었다.

‖ 제가 놓은 덫에 걸리다 ‖

괴벨스의 출세를 도왔던 원칙들이 하나씩 하나씩 그를 파괴하기 시작했다. 그리고 반대로 괴벨스가 오래전부터 경멸했던 결과를 만들어낸 방식들이 그를 옥죄어왔다.

다음은 불공정한 사람이 어떻게 실패하는지를 보여준다.

괴벨스는 유대인을 조롱하기 위해 악의적인 별명을 지으며 즐거워했고, 이들이 견디다 못해 독일을 떠났을 때 기뻐했다. 그러나 제1차 세계대전 이후로 노벨상을 받은 독일 과학자 중 절반 이상이 유대인이었다. 괴벨스가 유대인을 해외로 내쫓음으로써 수많은 자국 최고의 과학자와 기술자를 미래의 적들에게 안겨준 셈이었다.

예를 들어 27세의 애국적인 독일 생화학자였던 언스트 체인Ernst Chain은 유대인이라는 이유로 베를린에서 당한 잔혹한 행위를 참지 못해 영국으로 도주했다. 괴벨스가 독일에서 체인의 어머니와 여형제들을 살해했을 때 체인은 옥스퍼드대학에서 모든 열정을 쏟아가며 연구에 전념했고, 페니실린 개발에 핵심적인 역할을 하며 영국과 미국 군인들의 생명을 살리는 데 기여했다.

괴벨스의 독설은 유대인 과학자들만 쫓아낸 게 아니었다. 무신론자 이탈리아인 엔리코 페르미Enrico Fermi는 독일의 인종차별이 어떻게 확산하는지를 보았을 때, (유대인 아내 라우라를 지키기 위해) 미국으로 망명했다. 처음에는 뉴욕 컬럼비아대학에서 교수로 재직했으며 시카고를 거쳐 뉴멕시코 사막의 로스앨러모스로 이주하면서 온화한 성품이었던 페르미는 제자들과 함께 원자폭탄 개발에 크게 일조했다. 이들과 유사한 길을 걸은 다른 유럽 과학자들은 (잠수함 탐지를 위해 B-24 폭격기에서 사용된 것을 포함해) 레이더 기술과 금속학, 기체역학, 군사에 유용한 다른 분야에서 연합군을 위해 돌파구를 마련해주었다.

괴벨스는 연관 관계를 보지 못했다. 전쟁이 진행되는 동안 그는 독일 잠수함이 작전에 계속 실패하고 있음을 알았다. 영국과 미국 전투기 공격에 대한 대응책도 실패했다. 1943년 독일 물리학학회 의장은 "앵글로-색슨족 물리학이 우리를 완전히 능가했다"라고 설명했다. "이 보고는 매우 암울하다." 연구 결과를 받았을 때 괴벨스는 이렇게 적었다. 어떻게 그들이 능가할 수 있었을까? 교육부의 어느 용감한 직원이 "대중이, 그리고 특히 당이 과학을 지속해서 공격했기 때문일 수 있다."는 의견을 제시했지만, 괴벨스는 인정하지 않았다.

괴벨스는 기꺼이 분열을 조장했다. 그를 포함한 순혈 독일인만 안쪽에 있었고, 나머지 사람들은 모두 바깥쪽에 있었다. 바깥쪽에 있는 사람들은 나약하고 열등하며 경멸받아 마땅했다. 예를 들어 독일이 폴란드 침공을 준비할 때 괴벨스는 연설과 뉴스영화, 기사에서 욕설을 퍼부었다. 슬라브인들은 더럽고 야만적이며 힘과 지능에서 훨씬 열등하다고.

괴벨스와 히틀러는 한때 독일에서 명성이 높았던 괴팅겐대학 과학 분야 학과들을 괴멸시켰고, 이제는 세계에서 가장 훌륭한 다수의 수학기관이 있는 폴란드 차례였다. 바르샤바에서는 논리학자들이 훗날 현대 컴퓨터 개발에 도움을 주는 개념을 만들고 있었다. 리보프에서 대학교수로 재직 중이던 위대한 수학자 스테판 바나흐Stefan Banach가 원자폭탄을 만드는 데 필수적인 양자역학 연산에 사용하는 함수해석학을 창시했다. 포즈난대학의 더 젊은 수학자들은 에니그마 암호기의 비밀을 풀기 위한 연구를 진행했다.

한때 독일에 도움을 주었던(독일과 폴란드는 당시 여러 번 협력한 적이 있었다) 폴란드의 살아 있는 기술이 모두 이제 영국과 프랑스, 미국으로 넘어갔다. 영국 정보부가 유명한 에니그마 연구 자료를 손에 넣었고, 이는 브레츨리 파크에서 암호 해독에 박차를 가하는 데 도움을 주었다. 노련한 폴란드 비행사들이 새로운 영국 공군 동료들을 훈련한 결과 영국 공군은 브리튼 전투에서 200대가 넘는 독일 전투기를 격추했다.

괴벨스가 외지인을 조롱하며 즐거워하는 행태도 독일의 유럽 점령에 차질을 빚게 했다. 독일이 자신들이 점령한 국가들에 무엇을 제공할 수 있을까? 괴벨스의 관점에서 보면 세상은 다윈의 진화론에 따라 우성인자만 살아남았고, 국가들 사이의 관계는 제로섬이었다. 한 국가가 부상하려면 또 다른 국가가 끌려 내려와야 했다. 의심과 경계, 불신을 유지하며 언제나 다른 사람이 당신을 무자비하게 대할 거라고 예상하는 만큼 다른 사람들을 무자비하게 대할 준비가 중요했다. 그러나 이렇게 해서는 지속적인 지지를 얻을 수 없었다.

괴벨스는 자신의 방식에 불만을 품은 점령국과 중립국을 배은망덕하다고 여겼다. 다음은 전쟁이 한창이던 때 그가 몇 개월 동안 일기장에 적은 내용이다.

> 스웨덴인들이 우리의 마지막 통첩에 극도로 무례하게 응했다 (…) 이에 대해 스웨덴 신문에 실린 논평들은 뻔뻔함이 극에 달했다! (…) 코펜하겐에서 발생한 사건들은 놀라움을 넘어섰다. 나치군 병영과 통신 장비를 파괴하는 사보타주 행위가 하루가 다르게 증가하고 있다. (…) 총통은 (헝가리 왕국의 섭정인) 호르티와의 회담에서 더 엄중한 조치를 취할

필요성을 설득하는 데 실패했다. 호르티와는 유대인을 제거하려는 모든 노력에 계속해서 저항하고 있다! (…)

노르웨이 보고서에 따르면 이제 노르웨이 극우 정당인 (열정적으로 협력했던 크비슬링 정부인) 국민연합마저도 제멋대로 날뛰었다. (…) (점령당한 폴란드) 내부 상황이 어떤 점에서 상당히 혼란스럽다. (…) 암살과 사보타주, 강도의 습격이 증가하고 있다. (…) 슬로베니아인들은 이제 공공연하게 저항하고 있다. 거의 전부가 게릴라군대로 넘어갔다. (…)

네덜란드인은 서양 전체에서 가장 무례하고 난폭한 인간들이다! (…) 이들의 주교는 설교단에서 사람들에게 저항을 선동하는 교서를 낭독했다.

괴벨스의 시각에서는 상상할 수 없는 일도 벌어졌다.

래퍼가 우크라이나의 상황을 요약해 보내주었다. (…) 그곳에 있는 우리 장교들은 우크라이나인들의 협력을 이끌어내는 데 실패했다.

괴벨스는 독일의 주요 동맹국들에도 군사적 성과를 올릴 기회 말고는 제공할 것이 없었다. 이 가능성조차 줄어들자 동맹국들의 열정도 사라졌다. 괴벨스는 힐렐의 질문에 극도의 민족 이기주의로 답했고, 독일의 주요 동맹국들은 다른 길을 가기로 상당히 합당한 선택을 했다.

예를 들어 미국과의 전쟁을 선포하고 1년 뒤 소련 깊숙이까지 진격했던 독일 병력이 스탈린그라드를 점령하는 데 애를 먹고 있었다. 이 지역의 측면 경계선은 수백 마일에 걸쳐 뻗어 있었고, 지역 방어를 위해 루마니아와 헝가리, 이탈리아 군대에 의존했다. 그러나 이 동맹군들은 독일이 자신들을 경멸한다는 사실을 알았다. 또 이들은 고국에서 멀리 떨어져 있었고, 날씨는 많이 추웠으며, 이들을 미워하는 무장 게릴라들이 곳곳에 숨어 있었다. 이에 더해 괴벨스의 선전부에게 수 년 동안 세뇌 당한 독일인들이 여성들에게 무슨 짓을 했는지 목격했다. 엄청난 충격을 받은 어느 이탈리아인 포병대 중위는 "내 눈에 이들은 인류의 일원이 될 자격을 잃었다"라고 느꼈다. 부하들의 마음을 이해했던 어느 이탈리아인 장군은 부하 중 99퍼센트가 "전쟁에서 패할 것으로 생각하는 데에서 그치지 않고 빠른 시일 내에 그렇게 되기를 진심으로 바랐다"라고 썼다.

한 해 전에 모스크바에서 반격을 지휘했던 소련 장군은 스탈린그라드로부터 멀리 떨어진 곳에서 유사한 군사훈련을 반복했고, 이 외국 병력을 공격하기 위해 더 많은 러시아 군대를 급파했다.

루마니아 군대는 무너졌다. 기회가 있을 때마다 탈영했고, 집단으로 항복했다. 헝가리와 이탈리아 군대도 허물어졌다. "우리는 군대가 되기를 그만두었다." 이탈리아인 포병대 중위가 이렇게 기억했다. "나는 더 이상 군인이 아닌, 단 하나의 본능에 충실한 동물들과 함께 있었다. 바로 자기 보호였다." 스탈린그라드의 일부만 점령하고 있던 독일 군대는 고립되면서 병력 대부분이 조만간 죽거나 포로로 붙잡힐 것이었다. 러시아에서 살아 돌아간 독일 병사는 극소수였다.

괴벨스는 독일의 동맹군이었던 루마니아인과 헝가리인, 크로아티아인, 슬로바키아인, 무엇보다도 이탈리아인을 혐오하기 시작했다. "이 전쟁에서 유일하게 분명한 것은 이탈리아가 패한다는 것이다!"라고 적었다. "우리는 언제나 너무 협조적이었다. 그들은 애초에 진정한 전투 민족이 지닌 용맹함을 보여줄 능력이 없었다."

이것도 사실이 아니었다. 다수가 무솔리니에 대해 복잡한 감정을 품고 있는 이탈리아인들은 독일을 위해 싸우지 않을 것이었다. 전쟁이 발발했을 때에는 약했지만, 마지막에는 가공할 만한 무기가 된 미 육군 중 대략 10분의 1인 120만이 이탈리아계 미국인이었다. (미국 혁명의 딸들을 향해 '우리 모두, 특히 여러분들과 제가 이민자의 후손'이라고 명확히 말했던 대통령) 루스벨트가 이끄는 미국에서 이들의 용맹함은 명성이 자자했다. 이들은 프랑스에서 그리고 라인강 전역에서 한때 위풍당당했던 독일의 기갑부대를 궤멸시켰다.

‖ 반격의 시작 ‖

독일의 문제는 민족을 기반으로 세워진 제국에 내재한 것이었다. 본인의 의사에 따라 합의를 선택할 수 있는, 잠재적으로 더 광범위한 계약을 기반으로 만들어진 것과 반대였다. 괴벨스의 관점에서 독일의 동맹국들은 배은망덕했다. 그러나 이들도 독일에 감사하게 생각할 만한 것은 아무것도 받지 못했다. 어떻게 해도 '안쪽'으로 들어갈 수 없었다.

예를 들어 노르웨이는 표면상으로 독일의 가장 열광적인 협조자에 속했던 비드쿤 크비슬링Vidkun Quisling이 다스리고 있었다. 그러나 노르웨이에서 크비슬링을 포어레르foerer: 노르웨이어로 총통이라는 뜻라고 부르자고 제안했을 때 괴벨스는 이를 묵살했다. "오직 우리만 사용할 수 있는 특정 용어들이 존재한다!"라고 선언했다. 총통이라는 단어는 히틀러를 제외하고 누구도 사용할 수 없다는 것이었다. 같은 이유로 다른 어떤 국가도 제국reich이라고 칭할 수 없었다. 괴벨스는 "제국은 오직 독일제국만을 의미한다는 것을 앞으로 전 세계가 알아야 한다"라고 적었다.

반면 미국과 영국의 동맹은 달랐다. 두 국가는 예상대로 옥신각신했지만, 심오하고 보편적인 가치를 공유했다. 괴벨스처럼 남을 괴롭히면서 느끼는 기쁨을 위한 자리는 없었다.

미국이 공식적으로 참전하기 전 암울했던 초반에 해리 홉킨스가 루스벨트의 사절로 처칠을 만났을 때였다. 그는 만찬에서 「룻기」의 절을 이용해 건배사를 마쳤다. "당신이 가시는 곳에 저도 가고 당신이 머무시는 곳에서 저도 머물겠나이다. 당신의 백성이 나의 백성이 되고 당신의 하나님이 나의 하나님이 되시리니." 그리고 재빠르게 덧붙였다. "마지막 날까지." 히틀러와 괴벨스의 독일이 동맹을 맺기 위해 해외 지도자들에게 사절을 보낸다면 있을 수 없는 장면이다. 또 영국과 미국이 그랬듯이 동맹국과 무기 개발을 합작하는 모습도 상상할 수 없다.

성공하는 방법에는 여러 가지가 있다. 스탈린의 소련은 점령지 처리 문제와 자국 병사들에 대한 잔혹한 행위에 있어 국제 관계와 완전히 다른 길을 걸었다. 이처럼 다른 방식이 얼마든지 존재할 수는 있으나 결과적으로 독일의 방식은 성공하지 못했다는 것이 핵심이다.

괴벨스와 나치는 가혹한 원칙들을 고집하면서 루스벨트와 다른 사람이 얻은 것들을 놓쳤다. 경청하는 대신에 훗날 필요하게 될 정보의 원천을 폐쇄함으로써 스스로 자신의 눈을 멀게 만들었다. 또 자신의 핵심 지지층이 아닌 사람들에게 무언가를 제공하는 대신 소유물과 자유, 할 수 있다면 삶 자체를 빼앗으려고만 했다. 그리고 균형감 있게 방어하는 대신에 언제나 공격적으로 과도하게 비난을 쏟아냈다. 한마디로 분노를 부추기고 잠재적 동맹을 뿌리쳤다.

잘못을 바로잡아주고 올바르지 않은 목표를 적격한 방향으로 이끌어줄 수 있는 제도가 있었더라면 괴벨스는 다르게 행동했을지도 모른다. 하지만 때는 너무 늦었다. 괴벨스는 히틀러가 이런 제도들을 파괴하는 데 필요한 모든 도움을 주었고, 독립적인 법원, 의회, 대학이 이미 모두 사라졌다.

폭넓게 포함하는 방식에 대한 혐오가 이 모든 과정에 영향을 미쳤다. 괴벨스는 지속해서 폭력을 이용해 분열을 조장했다. 자신이 배제한 사람들을 짓밟고, 이들이 몸부림치는 모습을 지켜보았다. 권력을 얻기 위한 폭력 행사는 언제나 즐거웠고, 만족스러웠으며, 대개 소름 돋을 정도로 재밌다. 단, 이는 초기에 공격한 상대가 대개 약자들이었기 때문이다. 쇼핑을 나온 여성과 라이트 인근 보육원의 나이 많은 원장, 기껏해야 돌격대와 싸웠던 한 무리의 노동조합원 등이 표적이었다.

소련의 붉은 군대를 맹렬히 몰아세우는 것은 다른 문제였다. 독일군에는 특출한 작전 참모가 있었지만 앞으로 일어날 일을 막을 수는 없었다. 스탈린그라드에서의 패배는 재앙의 서막일 뿐이었다. 다음 해인 1943년, 소련과의 세계 역사상 가장 대대적인 전차전에서 독일군은 패배했다.

아직까지는 독소전쟁이 교착상태에 있었다. 그러나 1944년에 전력이 향상된 소련이 5000대의 탱크와 함께 140만의 강해진 병사들을 이끌고 바그라티온 작전을 실행에 옮겼다. 역대 가장 결정적인 전투에 속했다. 소련의 군대는 (베를린으로 향하는 가장 빠른 길을 지키던 독소전쟁의 핵심 병력이었던) 독일의 중앙 집단군과 격전을 치른 후 이들을 전멸시켰다. "현재 소련과의 상황이 매우 안 좋아 보인다." 괴벨스가 일기에 이렇게 썼다. "병력은 많은 장비를 잃었다 (…) 우리는 더 이상 침착하게 후퇴하지 못하고 있다." 독일의 승리는 희박해 보였다. "작년 이맘때 우리가 지배했던 영역과 지금 철수한 거리를 비교하면 소름이 돋는다."

괴벨스는 패배할 때마다 장군들을 질책했다. 초반에 모스크바 외곽에서 패배를 거듭했을 때 그는 일기에 이렇게 기록했다. "나는 마틴과 길게 대화를 나누었다." (마틴은 괴벨스와 육군 최고사령부와의 연락을 담당했던 인물이었다.) "마틴에게 패배주의에 물들게 만든 모든 장교에 대한 정보를 알아내 보고서를 작성하라고 지시했다!" 이런 행동은 군대를 강화하는 데 도움이 되지 않았다. 마틴의 보고서에 따라 당시 독일에서 가장 유능한 전차부대 지휘관인 하인츠 구데리안Heinz Guderian은 현장 지휘권을 박탈당했다. 이후에 괴벨스는 예루살렘의 이슬람교 최고 권위자가 독일 친위대의 무슬림 자원병을 조직했을 때 어느 정도 희망을 품었지만, 얼마 가지 않아 전투에 아무런 영향이 없다는 것을 인정해야 했다.

그러는 동안 '유대인과 흑인들에게 장악된' 미국이 영국과 캐나다, 그리고 결의에 찬 자유 프랑스군과 함께 지평선 너머에서 처음으로 모습을 드러내더니 서쪽에서부터 이동하며 점점 다가오기 시작했다. 소련과 독일의 전투는 치열했지만 잘하면 교착상태로 이어질 수 있었다. 하지만 서구의 물자가 (그리고 이런 엄청난 병력과 수년에 걸친 폭격은) 균형을 깨는 데 큰 역할을 했다.

이제 괴벨스의 악몽은 현실이 되었다. 인간 이하의 잡종들이 그의 제국을 파괴하고 있었다! 격추된 전투기 조종사 중 일부가 흑인이었다. 이들이 어떻게 이토록 복잡한 기계를 다룰 수 있단 말인가? 폴란드 이름과 이탈리아 이름을 가진 조종사들도 하늘에서 다수의 독일 전투기를 격추했다. 이런 열등한 인간들이 어떻게 능수능란하게 전투기를 조종할 수 있단 말인가? 여기에 더해 영국과 미국에서 개발한 기술로 인해 독일이 전투기를 격추하기 더 어려워지면서 점점 더 많은 폭격이 가해졌다. 하늘 높은 곳에서 엄청나게 많은 전투기가 날아다녔고, 괴벨스는 밖에서 적군을 노려보는 것조차 할 수 없었다.

괴벨스가 대피소로 몸을 피했을 때 "폭발 압력이 너무 강해서 지하 깊은 곳의 벙커까지 흔들리기 시작했다. (…) 공습이 운명처럼 뇌리에서 지워지지 않는다." 그는 현실이 녹록지 않다는 사실을 깨달았다. 외부 세계에서 무슨 일이 벌어지는지를 잠시 가릴 수는 있지만, 영원히 그렇게 할 수는 없다. 행동의 결과가 되돌아오려고 소용돌이치기 때문이다. 본회퍼가 묘사한 것과 같다.

> 숨을 쉬기 위해 허우적거린다, 마치 손이 내 목을 조르는 것처럼.

본회퍼는 자신을 압박하는 주체를 파악하고 있었고, 괴벨스보다 자신이 더 강하다는 사실을 알았다. 반면 괴벨스는 이해하지 못하는 공포로 압박감을 느꼈다. 이전까지는 자신의 말이 곧 진실이라는 주장이 언제나 통했다. 그러나 이제는 아니었다. 괴벨스가 벙커에서 나올 때마다 피해는 점점 더 커졌다. 괴벨스는 "많은 곳에서 화재가 또 발생했다. 베를린은 여전히 불길에 휩싸여 있다"라고 기록했다. 온 세상이 아수라장이었다. "지난밤에는 프랑크푸르트가 맹공격을 받았다." 라인 지방에서 멀리 떨어진 라이트의 방직 공장과 주변의 주택들이 오래전에 파괴되었다.

상황이 불리해진 괴벨스는 이전에 자신에게 성공을 가져다주었던 모든 접근 방법을 더욱 필사적으로 적용했다. 그에게 다른 방법이 뭐가 있었겠는가? 부하들을 더 심하게 공격했고, 모든 사람이 자신을 실망시켰다며 더 많이 불평했으며, 외부인들을 더 자주 공격했다. 타인을 비난하지 않고는 (자신이 잘못했을 수도 있다는 생각은) 견딜 수 없었다.

때때로 괴벨스는《데어 안그리프》시절의 기억을 떠올리고, 예상하지 못했던 첫 성공의 날들에 대한 추억에 잠겨 자료들을 뒤졌다. 많은 연설과 라디오 방송, (폭격이 잠시 멈추었을 때) 공개 행사가 이어졌다. 유대인의 말살을 외쳤고, 이들이 살해되었다는 소리를 들었을 때 기쁨을 느꼈다. 모두를 납득시켜야 했다. "세상에 왜 유대인이 존재하는지를 묻는 것은 (…) 왜 감자벌레가 존재하는지를 묻는 것과 같다." 당시 독일에서 유대인은 기생충의 이미지가 만연했다. 정치 방송을 통해 모든 창조된 종들은 언제나 적이라고 주장했다. 유대인에게 밀리는 순간 당신의 자리를 빼앗길 수 있었다. "(오직) 유대인의 속내를 제일 먼저 간파한 민족만이 세계를 제패하며 이들의 자리를 차지할 수 있다. 유대인을 몰살하는 것 외에 다른 방도가 없다."

이는 괴벨스가 품고 있는 적들에 대한 생각을 직접적으로 보여준다. 괴벨스에게 루스벨트는 정체를 숨긴 유대인이었고, 영국인은 짜증날 정도로 완고한 매우 이상한 사람들이었다. 그 이유는 명백했다. "영국인들은 유대인의 특징 대부분을 습득한 아리아인들이다."

사람들의 주의를 분산시키기 위해 괴벨스는 예전에 그랬던 것처럼 대중의 관심을 다른 곳으로 돌리려고 시도했다. 어느 날 베를린의 거대한 실내 스포츠 경기장에 모인 수천 명 앞에서 연설하면서 다음과 같은 질문을 던져 군중을 전율시켰다. "총력전을 원하십니까?" 긴장감을 고조하기 위해 잠시 말을 멈추었다. 양손을 허리 뒤에 놓고 뒷짐을 진 자세가 마치 생각에 잠긴 사람처럼 보였다. 몸을 앞으로 숙이며 다시 말을 이어갔다. 이번에는 더 빠르고 강한 어조로 "필요하다면 여러분의 상상을 뛰어넘는, 총력을 기울이는 완전한 전쟁을 원하십니까?!"

어떤 것도 효과가 없었다. 베를린의 마지막 남은 유대인 아이들을 모아 살해했을 때 괴벨스가 뿌듯해하기는 했으나 만족감이 완전히 채워진 것은 아니었다. 다른 사람들로부터 인도적인 습성들이 계속 드러났기 때문이다. "안타깝게도 더 나은 집단들이, 특히 지식인들이 이번에도 우리의 유대인 정책을 이해하지 못했다. 정책을 방해하는 일에 직접 가담하기까지 했다! 수많은 유대인이 우리의 손아귀를 빠져나갔다. 하지만 우리는 이들을 붙잡을 것이다."

폭격은 누그러들 기미가 보이지 않았다. 괴벨스는 일기장에 이렇게 썼다. "상공에서 벌어지는 전쟁은 점점 더 격렬해지고 있다. (…) 도시의 상태는 상당히 절망적이다." 괴벨스의 자택은 아직 무너지지는 않았지만, 거의 모든 창문과 문이 사라졌다. "나는 끔직한 시간에 잠에서 깬다. 머리가 지끈거린다. 난방도 안 되고 물도 나오지 않는다." 한때 완벽하게 손질된 자신의 모습을 자랑스럽게 여겼던 괴벨스는 이제 면도하고 씻고 옷을 갈아입을 장소를 찾기 위해 폐허가 된 선전부로 허둥지둥 달려가야 했다. "에센에 가해진 마지막 습격으로 크루프 공장의 생산이 전면 중단되었다. (…) 우리는 원시적인 생활 수준에 익숙해지는 법을 배우고 있다."

노르망디 상륙 이후에 괴벨스는 다시 승진했다. 모든 선전 활동의 관리와 더불어 이제는 총력전을 준비하는 제국 전권위원이 되어 경제 전체를 통제할 수 있었다. 언제나처럼 자랑을 늘어놓으며 자신이 관리하는 신문 중 하나에 "독일제국 장관 괴벨스 박사는 우리 방어 작전의 핵심 인물이다"라고 선포하게 했다. 그러나 아무런 변화도 가져오지 못했다.

독일의 군수물자 생산량은 전쟁을 시작했을 때보다 두 배 이상 늘었으나 영국은 세 배였다. 미국은 25배가 증가했다. 미국 공장의 (독일에서는 상상도 할 수 없는) 수많은 파업은 결과적으로 방해가 아닌 도움이 되었다.

루스벨트와 퍼킨스는 노동자와 관리자를 한자리에 앉히는 법안을 통과시켰고, 이 법안에 따라 양측은 모두 타협하지 않을 수 없게 되었다. 협상으로 임금이 인상됐고 그럼에도 회사 소유주는 여전히 큰 이익을 얻을 수 있었다. 또 열악한 근로환경 개선을 위해 파업하는 경우가 많았는데, 문제가 해결되면 노동자들에게 긍정적인 동기가 되었다. (엠파이어스테이트 빌딩의 스타렛 같은) 유능한 관리자들은 항상 노동자들에게 동기부여하는 일을 중시했다. 이로써 미국은 인간 본성 중 최선의 측면이 드러날 수 있는 국가 구조를 갖추었다.

뉴딜 정책 지지자들이 산업 성장을 위해 사용한 방식이 만들어낸 결과물이었다. 반면 독일은 수많은 외국인을 공장으로 밀어 넣었다. 때때로 강제 '자원봉사자'로, 대개는 노예처럼. 이들은 감독관들을 두려워하고, 지도자들을 미워하면서도 열심히 일했다. 독일에서 생산하는 물자는 윌로런과 비교하면 보잘것없었다. 윌로런 공장은 전쟁 후반에 B-24 폭격기 생산량을 더욱 끌어올렸다. 수백 개의 조선소가 운영 중이었고, 이 중 가장 큰 곳에서 쉬지 않고 거대한 원양 화물선을 제작했다.

이 시기에 르핸드가 사망했다. 심장이 좋지 않았던 그녀는 다수의 발작을 경험했다. (첫 번째 발작 이후에 루스벨트는 자신의 유언장을 다시 작성했고, 자신이 보유한 재산의 수익 절반을 르핸드에게 주었다. 그는 르핸드의 기력이 쇠하는 모습이 싫었다.) 1944년에 루스벨트의 건강 상태도 나빠졌고, 다음 해에 사망했다. 루스벨트가 없다고 문제가 되지 않았다. 미국이 쏟아낸 물자는 효과적으로 연합군에게 전달되었다. 서유럽을 지원하는 미국의 모든 병참 업무는 홉킨스를 존경하며 많은 것을 배웠던 존 C. H. 리가 관리했다. 미국은 영국 공군에 1만 3000대의 전투기를 공급했다. 또 소련 공군이 사용하는 항공 연료의 절반과 붉은 군대가 동쪽에서부터 맹렬한 기세로 몰려올 때 탔던 빠르고 견고한 트럭도 30만 대 이상 제공했다.

괴벨스가 상황을 제대로 파악한 때도 있었다. "대중들의 사기가 너무 낮아서 심각한 수준이다." 그런데 이유가 무엇인가? "나는 조금 혼란스럽다. (…) 권력을 손에 넣기 위해 투쟁하던 시기에 우리는 (선전 활동에서) 정말 위대했고 지략이 풍부했다! 지금은 왜 이 기술이 대가의 경지에 이를 수 없는 것인가? (…) 우리는 미국의 군사력 선전을 상쇄하기 위해 무언가를 해야 한다."

약 7년 전, 1938년 11월에 괴벨스가 독일의 유대인들을 향해 공격을 시작했을 때 그는 잠시 휴식을 취하면서 지평선을 바라보았고, 회당의 불길로 붉게 물든 '핏빛 하늘'에 만족스러워하며 그날 일을 일기장에 적었다. 이제 그는 다시 하늘을 올려다보며 일기장에 묘사했다. 틀림없는 전쟁이었다. 그의 상상을 능가하는, 총력을 더욱 기울인 완전한 전쟁이었다. "산업공장들이 연달아 불길에 휩싸였다. 베를린의 하늘은 진홍색의 핏빛이었다. (…) 이 모습을 바라보지 못하겠다. 이것이 우리가 이끄는 삶이라니!" 유럽에서 전쟁이 종식되기 바로 며칠 전, 괴벨스는 여섯 명의 자녀를 모두 죽이고 스스로 목숨을 끊었다.

무례한 세상에서 중심 잡기

미국과 영국은 승리자로서 평화를 요구하고 강요할 수 있었다. 원하는 것을 가져가고, 적들을 상실감에 허덕이게 할 수도 있었다. 역사를 통틀어 대부분의 강대국이 이런 방식을 택했다.

그러나 서방 연합군은 다른 세상을 만들었다.

루스벨트가 임기 동안 공을 들였던 공정성은 전후 체제의 본보기가 되었다. 관세 및 무역에 관한 일반협정GATT이 체결되면서(그리고 이후에 세계무역기구가 창설되었다) 약소국이 강대국을 법정에 세우고 승리할 수 있는 길이 열렸다. 전후 사회 재건을 위해 (너그러움의 정수로서 제로섬과 반대되는) 대외 원조 계획인 마셜 플랜이 세워졌다. 비폭력적 방어를 강력히 보장해주는 북대서양조약기구와 세계보건기구 등 수많은 국제기구가 생겨났다.

이들이 추구하는 목적이 언제나 실현되는 것은 아니었으나 전체적으로 수십 년간 지속된 번영과 안전, 신뢰라는 결과를 낳았다. 맹렬히 싸웠던 국가 사이에 협력이 이루어져 마침내 서로에 대한 원망이 사라지고 감사의 마음을 가지게 되었다.

물론 여기에도 끝은 있었다. 인생은 삐딱해지고, 세계는 올바른 길에서 멀리 벗어나 있다. 대부분이 불가피한 현상이었다. 대중의 기억은 보통 길어야 한 인간의 인생 정도밖에 지속되지 않는다. 그러므로 루스벨트가 마련한 안전 메커니즘이 사라지기 시작한 것이 놀랄 일은 아니다.

전 세계가 비양심적인 금융 조작으로부터 보호받지 못했다. 최근에는 전후에 세계 안전을 지켰던 민주주의 국가들 사이의 동맹마저 약해졌다.

개인에게 닥친 일도 이런 현상과 다르지 않았다. 일자리는 점점 더 불안정해졌고, 인간관계와 이웃 간의 유대감도 갈수록 약해졌다. 한마디로 신뢰가 사라지고 있다. 그리스 역사가 투키디데스가 묘사했던 세상이다. "강자는 자신이 할 수 있는 일을 하고, 약자는 당해야만 하는 고통을 당한다." 이런 환경에서는 앞서 보았던 최악의 측면이 거침없이 표출될 것이다. 그리고 이를 가능하게 해주는 기회에 이끌리는 사람들은(도스토옙스키의 '제대로 한 대 쳐서 이 모든 합리성을 먼지로 만들어 버리고' 싶어 하는 '조롱하는 얼굴의 신사'는) 절대로 사라지지 않는다.

그러나 이런 숨어 있는 위험만 있는 것은 아니다. 우리 사회가 얼마나 망가지든 간에 경제가 혼란스럽고 자연계가 위태로운 상황 속에서도 우리가 보았던 모든 강점은 여전히 남아 있다.

언제나처럼 세상에는 나쁜 사람들이 많지만 소수에 불과하다. 그러나 대개 이들이 이루는 성공처럼 보이는 것들에 많은 사람이 흔들린다. 이와 같은 최악의 부류들을 힘들게 만드는 제도가 만들어지면(그들은 자신의 부도덕하고 효과 없는 행동이 밝혀지는 것을 가장 싫어한다) 우리가 보았던 모든 긍정적인 점들이 쏟아져 나올 수 있다. 정보를 정확하게 전달하고, 감사의 마음이 풍부해지고, 창조성이 생겨나고, 열정적으로 협력하게 될지도 모른다.

이렇게 하기 위해서는 기술이 필요하다. 힐렐이 강조했던 중도를 찾아야 한다. 힘든 시기에는 쉽지 않고, 앞서 언급했듯이 세부 사항들은 언제나 새롭게 만들어가야 한다. 무엇을 바라는지에 대한 의견 충돌은 불가피할 것이다. 인간 사회가 가진 본성이기 때문이다. 이것이 윌리엄 블라이처럼 자신의 성향이 널뛰지 않도록 자제하여 중도를 찾는 것이 기술인 이유다.

보일의 완벽한 밤에서부터 루스벨트가 웜 스프링스에서 경험한 변화까지 살펴본 이야기들은 좋은 시작점이 될 수 있다.

읽을거리와 설명

이 책은 '공정성'이라는 개념이 던진 질문을, 즉 공정성이 무엇인지와 무엇이라고 여겨졌었는지, 어떻게 이루어졌는지를 깊이 고민했던 여러 사상가의 관점을 토대로 구성되었다. 이런 주제들을 심도 있게 탐구해보고 싶은 독자들을 위한 안내서라고 할 수 있다. 특정한 장들의 경우 여기에 여러 배경 자료를 더해 설명할 것이다. 또 이 모든 것들을 하나로 엮으면서 내가 내렸던 결정도 일부 살펴보겠다. (독자들이 특히 즐길 만한 자료는 볼드체로 표시했다.)

공정성에 관한 논의 대부분은 인간의 선악에 대한 생각을 바탕으로 한다. 성경은 개인의 영혼이 어떻게 갈가리 찢길 수 있는지를 보여주는 (「**사무엘상**」 16장에서 시작하는) 다윗 왕 등의 이야기를 통해 양면을 깊이 있게 탐구한다. 인간의 이중성은 훨씬 이후에 등장하는 수많은 문학과 전기의 중심 소재가 되었고, 노동수용소의 이야기를 다룬 솔제니친의 『수용소군도』에서도 잘 드러난다.

이렇게 간단하다면 얼마나 좋겠는가! 어딘가에서 음흉하게 나쁜 짓을 저지르는 사악한 사람들이 있고, 이들을 걸러내 제거하는 것만으로도 충분할 수 있다면, 그러나 선과 악을 가르는 선은 모든 인간의 심장을 관통하며 지나간다.

인간의 선악에 대한 모호성은 이 책의 서론에서, 그리고 이 책의 방향 전환의 기점이 된 블라이 선장의 이야기에서 다루었다.

고전문학 작가들은 우리가 더 나은 인간이 되도록 고무시키는 인생 이야기를 자주 집필했다. 플루타르코스 『영웅전』은 이 책의 또 다른 본보기였다. 그는 다양한 영웅들의 생애를 추상적으로 묘사하는 것이 아니라 상세하게 기술하는 독창적인 방식을 사용했다. 안타깝게도 지난 수천 년 동안 여러 작가들은 그 목적을 달성하지 못했다.

이런 실패에도 현대 사회의 더 낙관적인 사회과학자들은 우리와 사회 안에 품격이 얼마나 깊이 내재해 있는지를 계속해서 보여주었다. 그리고 애덤 그랜트Adam Grant의 『기브 앤 테이크』와 니컬러스 크리스타키스Nicholas Christakis의 『블루프린트: 선한 사회의 진화적 기원Blueprint: The Evolutionary Origins of a Good Society』에서 많은 영감을 얻을 수 있다. (나는 쉽게 구할 수 있는 최근의 서적에 초점을 맞췄다.)

플루타르코스와 같은 작가들이 고결하다고 간주했던 것과 머지않아 침략당한 이웃 국가들이 생각했던 것이 반드시 일치하지는 않는다는 점이 복잡한 문제다. 영토 확장으로 추앙받는 어느 로마 황제를 과연 침략당한 곳에서도 위인으로 생각할까? 보편적인 기준을 찾으려고 시도한 문헌들이 책장을 가득 채우고 있다. 누군가의 이득이 다른 이의 손실보다 더 중요하다고 누가 말할 수 있겠는가?

조너선 울프Jonathan Wolff의 『도덕철학 개론Introduction to Moral Philosophy』은 참신하고 명쾌한 방식으로 오랫동안 축적된 철학 문헌들을 살펴본다. 이 책은 윤리학을 깔끔하게 정돈해놓은 자명한 이치가 아닌 세상과 접촉하는 도구로 보는 그의 『윤리학과 공공 정책Ethics and Public Policy』과 좋은 짝을 이룬다. 아마르티아 센Amartya Sen의 『정의의 아이디어』는 완벽한 정의가 무엇인지 확신하지 못할 때조차 부당함에 대해 얼마나 예민하게 의식할 수 있는지를 차분하게 보여주는 실용적인 책이다. 나도 이 책에서 이와 같은 접근법을 적용했다.

이사야 벌린Isaiah Berlin은 자신이 가능하다고 생각한 것조차 경계하는 마음으로 돌아보는 뛰어난 지성인이었다. 그의 글은 매력적이고 읽기 쉽다. 『적절한 인류 연구The Proper Study of Mankind』는 사회 개혁을 어느 특정한 방향으로 너무 세게 몰고 가서는 안 된다고 강력하게 주장한다. 그러나 삶이 훨씬 더 험난했으나 기반이 잘 다져진 품위 있는 견해를 가진 남성과 비교했을 때, 세속으로부터 격리된 존재의 한계는 드러난다. 바로 조지 오웰George Orwell이다. 정확히 꼬집어 말하기는 힘들지만, 오웰의 에세이집은 벌린과 같은 유사한 사상가들의 에세이보다 훨씬 더 현실적이다. 오웰의 에세이는 (공정함을 추구 하는 데 필요한) 평범한 인간에 대한 믿음이 차갑고 논리적인 전제로 깔려 있지 않고 삶 자체를 드러낸다. 이 분위기는 시인 윌리엄 블레이크William Blake의 단순하면서도 뇌리에서 떠나지 않는 『순수와 경험의 노래』에서도 느낄 수 있다 (플루타르코스와 함께 『페어 플레이어』를 집필하는 데 도움을 준 작품이다). 블레이크와 그의 시대에 대한 작품들이 많이 있지만, 트레이시 슈발리에Tracy Chevalier의 2007년 소설 『버닝 브라이트Burning Bright』는 비범한 지성인을 가장 잘 보여준다.

타당한 목표가 있어도 실제로 일어난 것은 의도와 다를 수 있다. 심리 작용이 부분적으로 영향을 미친다. 우리는 차분하고 논리적으로 사고할 능력이 있는 한편, 훌륭한 지성이 제시하는 것을 완전히 무시하기도 한다. 앞으로 나아가기 위해서는 더 많은 정서적인 지원이 필요하다. 이런 현상은 닥터 수스Dr. Seuss에서부터 알렉산더 포프Alexander Pope의 『인간론Essay on Man』까지("우리가 가지각색으로 항해하는 광대한 인생의 바다에서 이성은 나침반이고, 정열은 강풍이다") 세계 문학 전반에 걸쳐 나타난다. 사회과학 분야에서도 이런 것들이 점점 더 중요해지고 있다. 대니얼 카너먼Daniel Kahnemann의 『생각에 관한 생각』은 재밌고 쉽게 읽을 수 있다는 점에서 좋은 입문서다. 막시밀리엔 반 아에르트릭크Maximilien Van Aertryck와 악셀 다니엘손Axel Danielson의 단편 다큐멘터리 영화 〈10미터 플랫폼〉도 볼 만하다. 아카데미상 최종 후보자 명단에 충분히 오를 만하다. 이 16분짜리 영화는 10미터 높이의 다이빙대에 오른 사람들을 살펴보며, 이들이 두려움을 극복하려고 노력하는 순간을 포착한다.

목표에서 자주 벗어나는 또 다른 이유는 어느 단계에서의 행동이 더 높은 단계로 올라갔을 때도 그 가치가 동일한 경우가 드물기 때문이다. 네덜란드에서 태어나 영국에서 활동한 18세기의 작가 버나드 맨더빌Bernard Mandeville이 『꿀벌의 우화』에서 이를 잘 보여준다. 치장에 여념이 없는 꿀벌들이 서로에게 열심히 자랑하면서 벌들의 활동이 활발해지고 벌집이 번영을 누리게 되는 세상을 묘사한다. 벌들이 더 예의 있고 절제를 하자 벌집은 약해지고 무너지기 시작한다. 이 책에는 개인 수준에서 (이익 추구 같은) 이기적으로 보이는 행동이 규모가 더 큰 사회로 확장하면, 모두에게 이익이 되는 적극성을 촉발해 좋은 결과를 가져올 수 있다는 생각이 담겨 있다. 나중에 보수 사상가들은 흔히 이를 정치 개혁의 모든 노력이 실패할 것이라는 의미로 받아들였다. 사회보장제도를 책임졌던 노동부 장관 프랜시스 퍼킨스 같은 프랭클린 루스벨트의 사람들은 이런 2차 효과를 고려하여 법을 제정할 때 신중해야 한다는 의미로 받아들였다.

근본적인 논리를 명확하게 제시하기 위해 나는 이 책의 처음 몇몇 장에서 경청하기와 제공하기의 내부 역학이 거의 순수한 형태로 드러날 수 있는 사례들로 채웠다. 막스 베버가 이상적인 유형이라고 불렀던 것들이다. 그러나 어설라 그레이엄 바우어의 사례에서는 도덕적으로 더 복잡한 전개가 만들어진다(인도가 얼마 안 가서 독립했다는 사실을 고려했을 때 그녀의 행동이 굳이 필요했는가에 대한 의문이 한 예다). 마이크로소프트의 사례를 다룬 장에서는 평가의 문제를 피할 수 없다. 대기업이 전반적으로 좋은 평판을 받으면 경영자도 똑같이 좋은 평판을 받을 수 있다. 반대로 (담배회사 사례처럼) 기업 평판이 나쁘면 경영자도 나쁜 평판을 듣는다. 보편적 기준과 관련한 질문에서처럼 결과적인 목표가 부분적 불공정함을 상쇄할 수 있을까?

마키아벨리는 이런 균형에 큰 관심을 가졌다. 그를 위해 내어줄 지면이 부족해서 안타깝다. 마키아벨리는 사실 그의 인용구들이 보여주는 그런 괴물이 아니다. 에리카 베너의Erica Benner의 『여우가 되어라』는 이 복잡한 인간에 대한 매우 상세한 설명을 담고 있다. 그는 도시국가 전체의 안전을 유지하는 유일한 방법이라면 이중성과 공포가 필요할 수도 있다고 생각했다. 알렉산더 리Alexander Lee의 『마키아벨리: 그의 삶과 시간Machiavelli: His Life and Times』은 여기서 한발 더 나아가 시대 전반에 대한 이해를 적절하게 포함한다. 그리고 필립 보빗Philip Bobbitt의 『법원과 왕실의 의복: 마키아벨리와 그가 만든 세상The Garments of Court and Palace: Machiavelli and the World That he Made』은 마키아벨리의 냉소적인 발언을 외면하기는 불가능하나 전체 삶의 맥락에서 보면 그가 양심에 따른 의무를 잊지 않았음을 강조한다. 우리가 의식하지 않아도 '자동으로' 따르고 완수하게 되는 미리 만들어진 행동 목록은 없다.

고대부터 많은 전통에 대한 글들이 존재했고, 나는 세월이 흘러도 변하지 않는 진실을 담은 「신명기」 30장의 말씀에 대해 자주 생각해보았다.

> (…) 너희로서 엄두도 내지 못할 일이거나 미치지 못할 일은 아니다. 그것은 하늘에 있는 것이 아니다. "누가 하늘에 올라가서 그 법을 내려다 주지 않으려나? 그러면 우리가 듣고 그대로 할 터인데" 하고 말하지 마라. 바다 건너 저쪽에 있는 것도 아니다. "누가 이 바다를 건너가서 그 법을 가져다주지 않으려나? 그러면 우리가 듣고 그대로 할 터인데" 하고 말 하지도 마라. 그것은 너희와 아주 가까운 곳에 있다. 너희 입에 있고 너희 마음에 있으므로, 하려고만 하면 언제든지 할 수 있는 것이다.

이는 별aster: 프랑스어로 점성술에서 인간에게 영향을 미치는 별이라는 뜻—옮긴이이라고 쓰이는 르네상스와 고대 그리스 시대의 운명이라는 개념에서 가져온 '재앙disaster'이라는 단어에 담긴 생각과 반대이다.

「신명기」 30장의 관점에는 인간을 깊이 존중하는 태도가 배어 있다. 사회 최하층에 속하는 사람들도 예외가 아니다. 인간 존중은 많은 전형적인 공리주의 글들에서 모호하게 다루어지는 주제이지만, 에리히 아우어바흐Erich Auerbach의 『미메시스』는 이 주제를 멋지게 다루었다.

지금부터는 이 책을 파트별로 살펴보자.

‖ 프롤로그 ‖

로넌 패로Ronan Farrow의 『캐치 앤 킬Catch and Kill』과 조디 캔터Jodi Kantor와 메건 트워히Megan Twohey의 『그녀가 말했다She Said』에 (그의 오만함 때문에 추락했으나 사회의 인식 변화를 촉구하는) 할리우드 최상층에서 수감자라는 불명예까지 얻은 하비 와인스타인의 삶의 궤적이 잘 기록되어 있다. 와인스타인과 같은 잔혹한 방식으로 출세했던 수많은 사람이 겪었듯, 추락하는 길에 누구도 그의 편에 서주지 않았다. 2020년에 뉴욕 법원의 문서에서 드러난 것처럼 (하비 와인스타인의 곁에서 수십 년 동안 함께했던) 그의 남동생은 불현듯 깨달았다. "형은 형이 저지른 야만적이고 부도덕하며 비인간적인 행위에 대한 공로상을 받아 마땅해. 아, 깜박했네. 상대방도 모두 동의했다고 형은 말하지. 그렇다면 형은 왜 재활원에 있는 거야? 성중독. 아니지. 서로 적극적으로 합의한 성관계로 82명의 여성으로부터 희롱과 폭행, 강간 혐의를 받지는 않았을 테지."

「마가복음」에는 '사람에게 무엇이 유익한가'라는 질문이 담겨 있다. 추상적인 원칙들에는 한계가 있다는 (그리고 그 너머에서는 각 사례의 세부 사안들이 더 중요해진다는) 주장이 아리스토텔레스 저서의 핵심이다. 분석적인 글을 좋아하는 독자들은 『**니코 마코스 윤리학**』을 읽어보기를 추천한다. 특히 아리스토텔레스가 2300년 전의 일련의 상황들에서 최고라고 생각한, 중용에 관한 초반의 책들을 읽어보자. 그의 다른 저서들을 이해하는 데 도움을 주는 안내서가 많지만, 그중 정리가 잘 되어 있는 한 권을 꼽자면 에디스 홀Edith Hall의 『열 번의 산책』이 시작하기에 좋다.

대니 보일이 (주요 원칙들을 고수하면서도 특정 상황의 요구에 따라 조정하며) 아리스토텔레스의 견해에 어떻게 부합했는지를 알고 싶다면 『대니 보일: 경이로움을 창조하다Danny Boyle: Creating Wonder』를 권한다. 『에이미 라파엘과의 대화In Conversation with Amy Raphael』는 타블로이드 신문의 잠입 기자들을 따돌린 방법에 대한 자세한 설명을 담은 긴 인터뷰다. 나는 최종 리허설에 참여했던 많은 출연자들과 대화를 나누었고, 이 중에서도 보일과 함께 작업했던 작가 프랭크 코트렐 보이스Frank Cottrell Boyce에게서 정보를 얻었다. 영국 여왕이 낙하산을 메고 뛰어내리는 장면은 BBC에서 담은 개막식 동영상 38분쯤에 나온다. 이 영상은 인터넷에서 찾을 수 있다.

‖ CHAPTER 01 경청하는 사람들 ‖

나는 에롤 모리스Errol Morris가 제작한 (〈끝내주는 이야기One Hell of a Tale〉 또는 〈지구를 떠나Leaving the Earth〉라는 제목의) 1시간 분량의 데니 피치 기장과의 인터뷰 영상을 보며 유나이티드 항공 232편에 탑승한 기분을 이해해보려고 노력했다. 그런 다음에 미국항공우주NASA의 메스연구 센터에서 가졌던 **앨 헤인즈의 사고 상황 설명회**Al Haynes's revealing talk, 1991년 5월 24일 영상을 보았다. 공학에 관심이 있는 사람은 미 연방교통 안전위원회의 상세 보고서NTSB/AAR-90/060를 읽어보자. 긴장감이 생생하게 느껴지는 탐정 소설 같다. 조종실에서 오간 대화를 받아쓴 문서를 인터넷에서 쉽게 찾아볼 수 있지만, 중간중간 잘려나간 곳이 많아 위의 자료들과 로렌스 곤잘레스Laurence Gonzales의 『232 항공편: 참사와 생존 이야기Flight 232: A Story of Disaster and Survival』와 비교하며 읽는 것이 좋다.

이 항공기 추락 사고는 대중매체와 학술 서적에서 수없이 다루어졌다. 스탠리 맥크리스털Stanley McChrystal 장군의 『팀 중의 팀Team of Teams』도 그중 하나다. 그의 표현에 따르면 '체스 선수'로서 명령을 실행하는 것에서 '정원사'로서 실행하는 것으로 역할이 바뀌었을 때 마주칠 수 있는 더 일반적인 어려움도 다루고 있다. 아툴 가완디Atul Gawande의 『체크! 체크리스트』는 치열한 집단의 지도자에게 필요한 겸손과 관련해 또 다른 분명한 관점을 보여준다. 전반적인 의회 구조를 알고 싶으면 네덜란드 건축가 반 데르 베그트van der Vegt와 드 라라de Lara의 이해하기 쉽게 구성한 저서 『의회Parliament』를 찾아보자.

나는 런던에서 가벼운 수술을 받고 마취 상태에서 깨어났을 때 목이 지독하게 따끔거렸다. 이때 마틴 브로마일리의 사례를 처음 알게 되었다. 목과는 아무 상관 없는 수술이었기 때문에 내 상태에 놀랄 수밖에 없었다. 간호사에게 말하고, 담당 주치의와 마취과 의사를 만났을 때 의료진들은 매우 우려하는 모습이었다. (그리고 마취과 의사는 이

상하게 미안해했다.) 곧 나는 많은 사실을 알게 되었다. 내 경우에도 호흡관을 삽입하는 데 어려움이 있었지만, 브로마일리가 몇 년 전에 설립한 임상 인간 요인 그룹에서 교육을 받은 터라 수술팀의 모든 상급 의료진들은 이런 상황에 어떻게 대처해야 하는지 알았다(그리고 내 목에 다양한 종류의 호흡기를 시도했다).

브로마일리는 로열 마취 전문대학 학보에 실린 2008년 기사에 자신의 아내를 사망에 이르게 한 사건을 설명했다. "실수해본 적 있나요?" 설득력 강한 14분짜리 동영상도 찍었다. "그냥 일상적인 수술이었어요." 여기에는 상황을 재현한 장면과 함께 항공업계와 비교한 이야기도 일부 담겨 있다. 이언 레슬리Ian Leslie는 "어떻게 실수가 생명을 구할 수 있는가How mistakes can save lives"(《뉴스테이츠먼》, 2014년 5월 30일)라는 제목의 기사에서 이 사례를 잘 설명했다. (그리고 존스 홉킨스대학의 '수술실에서의 팀워크' 연구가 언급되었다. J. 브라이언 섹스턴 외. 《마취학Anesthesiology》 2006: 877~84)

경청하는 사람들은 정보가 지나치게 많이 쏟아져 들어오거나 다른 속도로 진행되는 여러 영역에 걸쳐 있을 때 필연적으로 지연되는 상황을 줄일 줄 안다. 이런 지연은 경제학자들이 정보의 비대칭이라는 측면에서, 생태학자들이 베이츠 의태Batesian mimicry: 포식자를 속여 먹잇감이 되지 않으려고 맛없거나 위험한 동물의 형태·색 따위를 모방하는 현상-옮긴이라는 측면에서 탐구했던 주제다. 정치에서 지연은 권리를 가졌거나 부유하거나, 보호를 받는 지도자들을 빠져나가게 해주고, 금융 분야에서는 단기성과주의를 따르게 해 규제 기관들을 침통하게 만든다. 우리가 이런 것들을 깰 기회를 얻기 위해서는 냉철한 머리에 더해 더 넓은 관점을 가져오는 브로마일리의 방식이 필요하다. 아브히지트 V. 바네르지Abhijit V. Banerjee와 에스테르 뒤플로Esther Duflo의 『**힘든 시대를 위한 좋은 경제학**』은 최소한 공공 정책 분야에서 이를 해결하기 위한 기발한 해법을 제시한다.

남아프리카 사례에서 만델라는 경청하는 겸손함으로 경제 정책 전체를 바꾸었다. 관계자들은 자국 문제의 실질적인 해결책으로 모두가 교회에 가서 무릎을 꿇고 기도하며 영웅이 나타나기를 기다리자고 즐겨 말했다. 기적적인 해결책으로 남아프리카는 협력하는 방식을 찾았다.《리플렉션스Reflections》 제2권 3호에 실린 애덤 카하네Adam Kahane의 '세상을 바꾸는 방법How to Change theWorld'은 이런 기적이 일어나는 데 어떤 형태의 경청하기가 필요한가를 보여준다. 10년 뒤 타보 음베키가 귀담아듣지 않은 내용은 스텔렌보스에 있는 선프레스에서 출간한 닉 시걸Nick Segal의 저서 『틀 부수기Breaking the Mould』를 참조하자.

‖ CHAPTER 02 제공하는 사람들 ‖

캐럴 윌리스Carol Willis는 건축 역사에서 일생일대의 발견을 했다. 엠파이어스테이트 빌딩 건축팀이 사용했던 노트의 원본을 찾아낸 것이다. 이 노트 내용은 공학 기술과 경영 관련 설명과 함께 그녀가 편집해 펴낸 『엠파이어스테이트 건설하기Building the Empire State』에 쓰였다. 공사가 진행될 때 루이스 하인Lewis Hine이 찍은 멋진 사진들과 더 많은 이야기는 제럴딘 B. 와그너Geraldine B. Wagner의 『13개월Thirteen Months to Go』에서 찾아볼 수 있다. 여기서 나는 내 개인적 인연에 더 몰두했는데, 내 할아버지와 이름이 같은, 오하이오주 영스타운 시트 앤 튜브 제철공장의 노동자인 데이비드 파셀David Passell의 이야기를 주의 깊게 들었다. 당시 이 공장은 엠파이어스테이트 빌딩에 사용할 많은 철근을 제작했다. 나는 파셀이 뉴욕에 한 번도 방문한 적 없다고 생각하지만, 제철소의 다양한 공장 감독들을 상대한 파셀의 경험을 통해 무뚝뚝한 스타렛의 공정한 대우에 노동자들이 어떻게 반응했을지를 생생하게 그려볼 수 있었다. 폴 스타렛의 〈스카이라인 바꾸기Changing the Skyline〉에는 라스콥의 사무실에 처음 방문했던 장면이 나온다. 여기서 스타렛은 "빌어먹을 것이 한 개도 없어요"라고 말했지만, 나는 재량껏 "망할 것이 한 개도 없어요"라고 바꾸었다(그리고 나는 그가 또 다른 표현을 더 사용했다고 생각한다).

스타렛이 노동자들을 유혹했던 속임수들은 토머스 켈리Thomas Kelly의 소설 『엠파이어 라이징Empire Rising』에 잘 소개되었다. 다양한 규모로 여전히 사용되는 유사한 속임수들은 최고의 미 국방부 장관 중 한 명인 애슈턴 카터Ashton Carter의 전기 『**펜타곤에서 배운 리더십 교훈**Inside the FiveSided Box』의 모티브가 되었다. 특히 수천억 달러의 F-35 전투기 프로젝트에서 재정과 시간이 초과되는 상황을 막기 위해 분투했던 과정에 대한 상세한 설명을 살펴보자.

미소를 지으며 친근한 이미지를 보여주었던 (그리고 놀라울 정도로 비양심적이었던) 프랭크 로렌조는 《비즈니스 위크》가 발행한 서적과 아론 번스타인Aaron Bernstein의 『추락: 프랭크 로렌조와 이스턴 항공의 몰락Grounded: Frank Lorenzo and the Destruction of Eastern Airlines』에 잘 묘사되어 있다. 나는 유용한 정보를 얻기 위해 그리고 무슨 일이 일어났는지에 대한 호기심으로 다양한 관련자들을 인터뷰했다. 좀 더 깊이 파고들고 싶다면 에일린 애플바움Eileen Appelbaum과 로즈메리 배트Rosemary Batt의 『**사모펀드: 월스트리트가 중심가를 관리할 때**Private Equity at Work: When Wall Street Manages Main Street』를 추천한다. 로렌조가 교묘히 환심을 사며 비집고 들어갈 수 있었던 틈들이 여전히 남아 있어서 현대판 로렌조들이 어떻게 다른 사람들이 일구어놓은 것을 탈취하는지 아주 잘 보여준다.

이스턴 항공과 엠파이어스테이트 빌딩 이야기에서는 분노와 고마움이 핵심적인 역할을 한다. 끝없이 경쟁하며 살고 있는 오늘날 사람들을 속이기 위해 사기꾼들은 더 기발해지고, 우리는 그들에게 당하지 않기 위해 더 기발해진다. 가장 고결한 사람이 다른 환경에서는 기막히게 교묘한 솜씨로 사람을 조종하는 인간으로 바뀔 수 있기 때문에(부모나 배우자나 자녀가 있다면 한두 번쯤 경험해보았을 것이다) 우리는 이런 상황에 대처하며 자신을 지키는 데 많은 시간을 보낸다.

분량이 많지만 풍자를 잃지 않는 로버트 새폴스키Robert Sapolsky의 『**생물학으로 본 인간 행동**Behave: The Biology of Humans at Our Best and Worst』은 이 주제와 관련된 문제들을 다루는 생물학 문헌을 살펴본다. 새폴스키는 어떻게 아주 짧은 순간 모순되는 모습을 감지하고, 약속한 것과 결과를 비교하며, 정의가 실현되었다고 느낄 때 혈관에서 옥시토신이 급증하는 현상이 상당히 자주 나타나는지를 설명한다. 모든 시대에서 부도덕한 정치인들이 당위성이 없을 때조차 분노를 부추기려고 하는 이유를 명백히 보여준다. 이들은 이런 정당한 분노의 힘을 자신들 편으로 만들 수 있다는 것을 이해한다.

분노와 고마움이 도사린 세상에서 항해하기란 결코 쉬운 일이 아니다. 앞서 언급했던 아리스토텔레스의 통찰력이 하나의 지침이 될 수 있다. 본문에서 논의했던 (단순히 생존을 위해서뿐만 아니라 도덕적으로 '선한' 생존을 위해 중도를 강조하는) 힐렐의 질문이 또 다른 지침이 된다. 조셉 텔루스킨Joseph Telushkin의 『힐렐: 지금이 아니면 언제?Hillel: If Not Now, When?』는 편안하고 스스럼없는 문투로 심오한 사상을 탐구한다.

모든 문제는 우리가 한정된 자원을 놓고 경쟁하기 때문에 일어난다. 이것이 수단과 방법을 가리지 않고 경쟁자를 제거하고 싶은 유혹에 빠지는 이유다. S. E. 파이너S. E. Finer의 **『가장 이른 시대의 정부의 역사The History of Government from the Earliest Times』**에서 이런 현상의 극단들을 아주 잘 보여준다. 수세기 동안 이 불운한 국가를 통제했던('운영했다'라는 표현은 지나치게 후하다), 노예가 세운 왕조를 다룬 그의 '이집트 맘루크 왕조에 대한 글'을 참조하자.

심지어 오늘날의 대다수 정치 체계조차 일반 시민들을 위한 논리적 선택을 함으로써 적절하게 조치하는 데 실패하고 있다. 그 결과는 보츠와나의 성공과 인접한 국가인 짐바브웨의 실패처럼 이웃한 국가들을 비교하면 극명해진다. 대런 애쓰모글루Daron Acemoglu와 제임스 A. 로빈슨James A. Robinson의 『국가는 왜 실패하는가』는 더 일반적인 배경까지 다루는 매우 훌륭한 책이다.

미국의 건국자들은 의도가 좋아도 올바른 제도가 없다면 실행할 수 없다는 사실을 이해했다. **『연방주의자 논집The Federalist Papers』**은 이들이 이 문제를 어떻게 피할 수 있다고 생각했는지를 보여주는 걸작이다. 린-마누엘 미란다Lin-Manuel Miranda의 힙합 뮤지컬 〈해밀턴Hamilton〉은 서로 대립하는 인물들이 어떻게 서로를 방해하는지를 완벽하게 보여준다.

어설라 그레이엄 바우어를 이해하고 싶다면 그녀가 집필한 『나가족의 길Naga Path』을 읽어보자. 의연하고 삶에 만족하는 젊고 행복한 여성을 만나게 될 것이다. 40년 후에 당시를 회상하며 앨런 맥팔레인Alan Macfarlane과 찍었던 장시간의 동영상에서는(인터넷상에서 쉽게 찾을 수 있다) 그 당시의 상류층 말투를 쓰는 나이가 지긋하고 명망 높은 여성이 등장한다. 비키 토머스Vicky Thomas의 『나가 여왕The Naga Queen, 1939-45』은 다수의 가족 기록과 인터뷰를 담고 있다. 바우어는 어머니로 인해 마음고생을 했는데, 가족간의 불화가 위대한 업적을 달성하는 데 영감을 주었던 사례는 이전에도 있었고 이후에도 있을 것이다. 데버라 태너Deborah Tanner의 고전이라고 할 수 있는 『그걸 입겠다고?: 엄마와 딸의 대화 이해하기You're Wearing That?: Understanding Mothers and Daughters in Conversation』가 가족간의 불화가 업적에 미친 영향을 잘 보여준다. 나가족의 입장을 대변하는 목소리로는 테젠로 통Tezenlo Thong의 『진보 그리고 진보가 나가족에게 미친 영향Progress and Its Impact On the Nagas』이 있다. 통은 이 책을 통해 우월한 능력을 갖춘 외부인이 어둠 속에서 살던 사람들에게 빛을 가져다준다는 이미지와 싸웠다. 이는 바우어가 극복해야 했던 이미지이기도 하다.

윌리엄 슬림William Slim의 고전 『**패배를 승리로**Defeat Into Victory』는 바우어가 정찰 임무를 수행할 때의 전반적인 상황을 잘 보여주며, 이 책의 제목이 이를 정확하게 설명해주고 있다. 나는 로널드 르윈Ronald Lewin의 『윌리엄 슬림: 지도자Slim: The Standardbearer』와 루이스 앨런Louis Allen의 『버마: 가장 오랜 전쟁Burma: The Longest War』으로 내용을 보충했다. 슬림의 아들인 제2대 슬림 자작 존과 두 번에 걸쳐 깊은 대화를 나누며 많은 정보를 얻을 수 있었다. 존의 군대 경력은 윌리엄 슬림이 군사작전을 수행했던 인도에서 시작되었다.

바우어의 이야기를 구성하기 위해 나는 아르놀드 방주네프의 변화의 틀을 이용했으며, 방주네프의 저서 원본 『통과의례Rites of Passage』는 지금도 정보를 얻을 수 있는 최고의 자료다. 조지프 캠벨Joseph Campbell에 의해 널리 알려진 방주네프의 이론은 할리우드에서 큰 결실을 보았다. 〈스타 워즈〉를 필두로(루크 스카이워커는 멀리 떨어진 행성에서 머물면서 큰 눈을 가진 현명한 존재로부터 깨달음을 얻고 더 강해져서 귀환했다) 〈라이언킹〉(심바도 마찬가지로 멀리 떨어진 정글에서 머물면서 큰 눈을 가진 현명한 존재로부터 깨달음을 얻고 더 강해져서 귀환했다) 등 다수의 영화에 그의 생각이 스며들어 있다. 데이비드 브룩스David Brooks의 『두 번째 산』은 이런 주제들을 토대로 집필되었다.

‖ CHAPTER 03 방어하는 사람들 ‖

레오 듀로서가 호지스의 뉴욕 메츠와 위대한 시합을 치르고 있었을 때 나는 열두 살이었다. 야구 경기가 끝난 후 시카고의 리글리 필드에 친구와 늦게까지 남아서 관중석 청소를 도와주었다. 다음 날 경기 티켓을 무료로 얻을 수 있었기 때문이다. 때때로 청소를 멈추고 듀로서가 늦은 시간에 어색하게 서서 인터뷰하는 모습을 지켜보았다. 인터뷰를 시작할 때 항상 짜증난 상태는 아니었지만, 어떻게 된 영문인지 마지막에 가서는 어떤 식으로든 화가 폭발했다.

폴 딕슨Paul Dickson이 쓴 전기 『레오 듀로서: 야구계의 탕자Leo Durocher: Baseball's Prodigal Son』는 이런 방식으로 세상을 경험하는 느낌이 어떤 것인지를 보여준다. 자신의 편에 서주는 사람이 거의 없는 (있다고 해도 오랫동안 신뢰할 수 없는) 것은 차치하고 다른 사람들이 모두 자신을 이용할 기회만 엿보고 있다고 생각하기에, 계속 공격을 가하는 것을 단순한 방어 전략으로 선택한 것이다.

이와 반대되는 인생에 대한 힌트를 얻고 싶다면, 길 호지스가 경기 중간에 의욕이 떨어진 선수를 데리러 경기장으로 걸어 들어갔던 그날 밤 벌어진 일을 과장 없이 담백하게 설명하는 아내 조안의 온라인 동영상을 참고하자. 〈길 호지스가 클레온 존스를 끌어내다gil hodges pulls cleon jones〉를 찾아보면 된다. 농구 감독인 필 잭슨Phil Jackson은 숭고한 목표를 가지고 살았다(디트로이트에서 상대하기 힘든 최고의 라이벌 시카고 불스를 꺾고 승리로 이끈, 동요하지 않는 잭슨의 태도는 패배를 맛본 피스톤스 팬들에게는 여전히 민감한 문제로 남아 있다). 필 잭슨의 『필 잭슨의 일레븐 링즈』는 인도적인 태도의 힘을 잘 보여준다. 걸출한 영화감독인 시드니 루멧Sidney Lumet은 괴팍한 사람들이 많은 할리우드에서 보기 드물게 성숙한 인물이었다. 루멧의 저서 『영화 제작하기Making Movies』는 단단하고 공정한 접근법을 더 큰 규모로 적용하기 위해 무엇이 필요한지를 보여준다는 점에서 필 잭슨의 책과 견줄 만하다.

발머가 마이크로소프트를 이끌던 당시 저조한 성적의 문제점을 가장 잘 꿰뚫어볼 수 있는 참고서는 영장류학자 프랜스 드 발Frans de Waal의 『내 안의 유인원』일 것이다. 발머와 같은 지도자들은 '우두머리 수컷alphamale' 이론을 믿는 것처럼 행동한다. 우두머리 유인원은 자신의 무리를 거느리기 위해 거들먹거리며 걷고 으르렁거리며 다른 유인원들을 위협한다. 이 이론을 지지하는 사람들은 인간이 유인원과 똑같이 행동하지는 않더라도 이러한 태도가 현실에서 필요하다고 믿는다. 그러나 드 발이 깨달은 것은 로버트 새폴스키가 수렵·채집인들에 대해 묘사한 것과 부합했다. 즉, 이런 방식으로 무리를 지배하는 침팬지는 오래가지 못하고 추방되거나 살해되었다. '약자를 보호하고, 평화를 유지하며, 고통받는 개체를 안심시키는' 우두머리가 가장 성공적이었다. 싸움이 일어나면 이런 우두머리는 '소리를 지르는 무리 사이에 팔을 들어 올린 채 상황이 진정될 때까지' 가만히 서 있는다. 반면 발머는 자신만의 독특한 방식으로 지시를 내렸을 때 따르지 않는 부하들에게 분노를 표출했다. 합동참모본부 의장이었던 미 육군 장군 마틴 뎀프시Martin Dempsey도 간단명료하게 말했다. "강요된 해결책은 오래 가기 힘들다."

마이크로소프트의 직원 평가 제도인 '스택랭킹'은 영화제작자 커트 에이첸왈드Kurt Eichenwald의 《베니티 페어》 2012년 8월호에 실린 기사 "마이크로소프트의 추락: 거대 기술기업을 무너뜨린 경영진의 이메일과 야만적인 문화Microsoft's Downfall: Inside the Executive e-mails and Cannibalistic Culture that Felled a Tech Giant"에 잘 설명되어 있다. "내가 인터뷰했던 마이크로소프트의 모든 전·현직 직원들은 (하나같이) 스택랭킹이 마이크로소프트에서 가장 파괴적인 제도라고 말했다." 스티브 발머를 '최악의 경영자'라고 평가한 사람은 칼럼니스트 애덤 하팅Adam Hartung으로, 이 내용은 2012년 5월 《포브스》의 기사에 실렸다. 사무실 의자를 무기로 사용한 (그리고 루코브스키가 재빠르게 몸을 피한) 사건은 스티븐 레비Steven Levy의 『In

The Plex, 0과 1로 세상을 바꾸는 구글, 그 모든 이야기』에서 언급되었다.

합리적인 지도자가 어떻게 더 잘할 수 있는가는 사티아 나델라의 자서전 『히트 리프레시』의 주제다. 나델라는 그레그 쇼Greg Shaw와 질 트레이시 니콜스Jill Tracie Nichols와 함께 이 책을 출간했고 호평을 받았다. 나델라와 그의 아내 아누는 잡지 《굿 하우스키핑Good Housekeeping》과의 장시간에 걸친 인터뷰에서(2017년 11월) 더 개인적인 배경에 대해 들려주었다. 나는 더 많은 정보를 얻기 위해 벤처 투자가와 전 마이크로소프트 직원, 몇몇 외부 회사 사람들과 수차례 대화를 나누었다.

발머와 나델라는 근본적인 문제에 대해 생각이 달랐다. 냉혹한 환경에서 협력하려면 어떤 상황이 조성되어야 하는가? 이것이 외부의 위협에 개방된 관점을 가질 것인가, 폐쇄된 관점을 가질 것인가를 결정하는 핵심 질문이다. 만약 협력이 어렵다면 시작하는 것조차 공정하지 않다. 허버트 진티스Herbert Gintis 외 다수가 편집한 『도덕적 감정과 물질적 관심사Moral Sentiments and Material Interests』는 법과 게임 이론, 실험 경제학의 개념으로 호혜가 실제로 어떻게 작동하는지를 보여준다. 엘리너 오스트롬Elinor Ostrom의 유명한 저서 『공유의 비극을 넘어』는 다양한 사례(관개, 어업권, 삼림 이용)에서 어떻게 협력이 지속될 수 있는지를 잘 보여준다. 관계자들은 그저 자신들이 쉽게 저지를 수 있는 실수를 스스로 주의할 수 있게 해줄 필요가 있을 뿐이다. 예를 들면 S. E. 파이너가 묘사했던 이집트 맘루크 왕조에서 정확히 무엇이 짓밟혔는지와 스택랭킹의 엄격성이 마이크로소프트를 끌어내린 것 등이 있다.

‖ CHAPTER 04 균형 잡기의 어려움 ‖

블라이 사례의 (그리고 이 책의 기점으로 만든 것의) 핵심은 균형 유지가 처음에 생각했던 것보다 불가피하게 더 힘들 때 우리의 정체성을 어떻게 유지할 수 있는가이다. 순수했던 루이스 캐럴Lewis Carroll은 이상한 나라에서 예정에 없던 여행을 하면서 이런 문제들을 대담하게 비웃은 앨리스라는 멋진 주인공을 창조함으로써 이 모든 문제를 거부하려고 했다. 그러나 데이비드 흄은 자신의 저서 『인성론』에서 이를 중심에 놓았다. "내 경우 내가 가장 친밀하게 나 자신이라고 부르는 것 안으로 들어갈 때 언제나 어떤 특정 인식이나 다른 것을 우연히 발견한다 (…) 나는 절대로 나 자신을 알 수 없다." 이것이 우리가 원하는 품위를 유지하기 힘든 또 다른 이유다. 다수의 **흄의 에세이**는 모두 이 문제를 완벽하게 탐구하고 있다.

레베카 솔닛Rebecca Solnit의 회고록 『존재하지 않는 나에 대한 기억Recollections of My Nonexistence, 2020』과 이보다 앞선 『길 잃기 안내서』는 여전히 형성 중인 인격이 성차별과 다른 것들의 영향을 받아 망가질 수 있지만 (…) 또 이를 이해하는 지역사회가 반격하는 힘을 제공하는 방법도 보여준다. 노르웨이의 두 젊은 자매의 이야기를 차분하게 쓴 오스네 세이에르스타Åsne Seierstad의 『두 자매Two Sisters, 2016』에서 자매는 선하고 공정한 삶을 사는 이상적인 방법처럼 보이는 길을 찾는다. 사실은 잔혹한 무장단체 이슬람국가에 빠져드는 것이었지만, 자신들이 꼼짝없이 갇혔다는 사실을 깨닫고 공포를 느끼기 전까지 자신들의 행동에 만족스러워했다.

이렇게까지 극단적이지 않다고 해도 성공할수록 실패할 기회는 더 많이 열린다. 록밴드 U2의 보컬인 폴 휴슨Paul Hewson, 보노은 부유한 국가들의 세금을 지구상에서 가장 가난한 사람들을 돕는 데 사용하는 것이 얼마나 중요한지에 대해 솔직하게 말했었다. 전 세계의 기아와 질병 퇴치를 위해 자신들의 콘서트 투어에서 원 캠페인ONE Campaign을 홍보한 적도 있다. 그랬던 그가 세금 문제로 우리를 실망시켰다. 《블룸버그 마케츠Bloomberg Markets》가 지적한 바에 따르면 총 티켓 수령액의 수익 3억 8900억 달러 중 "대부분이 아일랜드에 등록되어 세금을 최소화할 수 있는 회사로 흘러갔다."

휴슨은 사과했다. 하지만 인간은 유혹에 쉽게 흔들린다. 얼마 지나지 않아 자신이 벌어들인 다른 수익을 몰타에 있는 회사로 더 비밀스럽게 옮기기 시작했고, 그런 다음에 이 회사를 통해 리투아니아의 회사를 인수했고, 이 회사는 건지섬에 있는 회사로 소유권을 이전했다. (이런 사실은 파나마 페이퍼스Panama Papers, 역외 금융 서비스를 전문으로 하는 파나마의 최대 법률회사 모색 폰세카가 보유한 약 1150만 건의 비밀문서를 말한다-옮긴이의 유출로 몇 년이 흐른 후에야 밝혀졌다.) 휴슨은 끝까지 이 모든 자산을 지켜냈다.

어떻게 더 잘할 수 있을까? 휴슨과 같은 목표를 지향했던 전 UN 사무총장 다그 함마르셸드Dag Hammarskjöld는 목표를 끝까지 지키는 데 어려움이 있을 것을 알고 이에 대비했다. 세속적이지만 낙관적인 그의 철학은 그가 사망한 뒤에 출간된 『마킹스Markings, 1964』에서 볼 수 있다. "우리는 우리 운명의 틀을 선택하도록 허락받지 못했다. 그러나 여기에 무엇을 넣는가는 우리에게 달렸다." 디트리히 본회퍼도 이 생각을 공유했고, 찰스 마쉬Charles Marsh의 2014년 전기 『기이한 영광: 디트리히 본회퍼의 생애Strange Glory: A Life of Dietrich Bonhoeffer』에 잘 설명되어 있다. 『폰 하셀의 일기The Von Hassel Diaries, 1938-1944, 초판 1948』는 지독한 사회적 압력에 대항했던 또 다른 한 남자의 이야기를 그린다. 자신의 도덕관념을 지켰던 독일의 자랑스러운 보수파였던 울리히 폰 하셀Ulrich von Hassell이다. 그는 (게슈타포의 눈을 피해 쉽게 숨길 수 있게) 작은 종잇조각들에 수많은 사람이 도덕관념을 지키지 못한 이유를 적었다. 그리고 이 종이들을 차를 담은 캔 속에 숨기거나 집 밖에 묻었고, 전후에 이들을 파내서 출간했다.

나는 블라이의 부하들을 향한 꾸며진 정중함과 임무를 성공시키고자 하는 절박한 열망에 대해 더 깊이 있게 이해하기 위해 캐럴라인 알렉산더Caroline Alexander의 2003년 작 『바운티호 반란의 진짜 이야기The Bounty: The True Story of the Mutiny on the Bounty』를 시작점으로 삼았다. 그녀의 40쪽에 달하는 자료 평가는 나를 겸손하게 만든다. 존 투히John Toohey의 『블라이 선장의 악몽Captain Bligh's Portable Nightmare, 1999』에서 악몽은 바운티호에서 작은 배를 타고 대서양 한가운데에서 쫓겨난 것만이 아니다. 예상치 못한 위험들이 해소될 때마다 블라이가 느꼈을, 속에서 치솟는 걷잡을 수 없는 분노이기도 했다. 그레그 데닝Greg Dening의 1992년 작품 **『블라이 선장의 욕설Mr Bligh's Bad Language: Passion』**에서는 아주 탁월하고 신선한 관점을 볼 수 있다. 그는 바운티호 사건의 주요 인물들이 왜 그렇게 행동했을까라는 단순하지만 유의미한 질문을 던졌다.

‖ CHAPTER 05-07 선동의 천재, 괴벨스 · 통합의 리더, 루스벨트 · 전쟁의 승리자 ‖

여기서부터 모든 주제가 하나로 합쳐지기 시작한다. 그 연결고리는 이 책에서 다루었던 사건이 발생하고 얼마 안 되어서 출간된 조지 오웰의 저서 『1984』에서 묘사했던 것이다. 개인이 마음에 품은 것과 사회가 용인하는 것이 어떻게 연결되는가? 우리는 어릴 때 인과관계가 한 방향으로만, 즉 우리의 내적 열망에서 외부 세계로만 흐른다고 생각한다. 오웰의 천재성은 정치인들이 현실을 뒤로하고 어떻게 오랫동안 같은 짓을 계속 할 수 있었는지를 보여준다.

해리 프랭크퍼트Harry Frankfurt의 단편 에세이 『개소리에 대하여』를 읽어보기를 권한다. 그는 단순 거짓말뿐 아니라, 거짓을 말해도 사실이라고 여길 수밖에 없을 만큼 화자가 강력한 영향력을 행사하는 사람임을 모두가 아는 그런 종류의 거짓말도 설명한다. 화자에 비해 힘이 너무 약한 청자는 화자의 어떤 말에도 반대하지 못한다. 최악의 상황은 그러다 결국 청자 스스로도 화자에게 반대하는 것을 원하지 않게 된다는 것이다.

수많은 공인이 이런 세상에서 수년을 살아왔다. 정직한 정치인 데이미언 맥브라이드Damian McBride는 자신의 저서 『권력 과시Power Trip』에서 부정했던 삶을 (인정하건대, 강요를 받아) 공개적으로 뉘우친 후 마침내 사실대로 솔직하게 털어놓았다. "내가 항상 형편없는 개자식이었던 것은 아니다." 이렇게 운을 뗐었다. "그러나 조짐이 있었다고 말할 수 있다." 권력의 맛에 빠진 사람들은 쉽게 뉘우치지 않는다. 현대 사회에서 이런 사례를 많이 볼 수 있지만, 알렉스 기브니Alex Gibney 와 알렉시스 블룸Alexis Bloom의 로저 에일스Roger Ailes에 관한 다큐멘터리 〈분할과 정복Divide and Conquer〉을 볼 것을 추천한다. 블룸은 오랫동안 폭스 뉴스를 이끌었던 인물이다. 가브리엘 셔먼Gabriel Sherman의 2017년 작 『가장 큰 목소리The Loudest Voice in the Room』에서는 그의 경력 배경을 더 자세히 알아볼 수 있다. 맥브라이드와 에일스 모두 인쇄 매체와 TV를 다룬다. 봇bot: 인터넷에서 정보 검색을 위해 다른 사이트의 페이지도 자동으로 연달아 검색·수집하는 프로그램-옮긴이과 같은 IT기술을 악용한 현대 사회의 도덕성 부재에 대해서는 매케이 코핀스McKay Coppins의 《디 애틀랜틱The Atlantic》에 실린 기사(2020년 3월) "대통령을 재당선시키기 위한 10억 달러 허위 정보 캠페인The Billion-Dollar Disinformation Campaign to Reelect the President"에서 잘 다룬다.

도덕의 붕괴가 갑자기 일어나는 경우는 드물고, 오히려 (유사한 이유로 산업 재해처럼) 오랜 기간에 걸친 잘못된 결정과 실수 끝에 일어난다. 짐 프레더릭Jim Frederick의 『검은 심장: 이라크 죽음의 삼각지대에서 광기에 사로잡힌 소대 이야기Black Hearts: One Platoon's Descent into Madness in Iraq's Triangle of Death』는 도덕적 붕괴가 필연적으로 서서히 일어난다는 사실을 잘 파악하며 이의 심각성을 잘 보여준다. 웨스트포인트(미 육군사관학교)를 비롯해 여러 사관학교에서는 이 사실을 가르치고 있다. 또 프레더릭은 인접한 두 소대가 도덕적 붕괴를 어떻게 피했는지도 함께 보여준다. 같은 잔혹한 환경에서 좋은 리더십이 차이를 만들었다.

괴벨스와 루스벨트 사례에 대한 일반 문헌은 그 양이 엄청 많다. 그래서 나는 직접적 관련이 있는 가장 최근의 작품에 초점을 맞추었다. 괴벨스를 다룬 피터 롱에리히Peter Longerich의 『괴벨스 전기Goebbels: A

Biography』는 훌륭하다고밖에 할 말이 없다. 롱에리히는 특히 괴벨스가 (발표할 때도, 개인 일기를 쓸 때도 자신을 돋보이게 하려고 필사적이면서) 평생 얼마나 불안정했는지를 보여준다. 또 괴벨스가 얼마나 많은 선전부의 자원을 선전에 사용하지 않고 자신이 선전의 천재라는 인상을 퍼트리는 데 사용했는지도 보여준다. 롱에리히의 저서에 견줄 만한 토비 태커Toby Thacker의 『요제프 괴벨스: 삶과 죽음Joseph Goebbels: Life and Death』은 괴벨스의 외적인 삶뿐만 아니라 정신 상태까지도 생생하게 보여준다. 괴벨스가 1923년 라이트의 집에서 생활했던 힘들었던 시기부터 1945년에 사망할 때까지 썼던 일기를 바탕으로 쓰였다. 거짓말의 대가인 괴벨스가 진실을 남기기 위해 열심히 일기를 쓰며 노력했다는 사실은 매우 아이러니한 지점이다. 다른 자료들과 비교하며 살펴본 결과 일기 내용이 놀라울 정도로 정확하다는 것이 증명되었다.

괴벨스의 비서 브룬힐데 폼젤Brunhilde Pomsel은 (102세가 된) 2013년에 다큐멘터리 〈어느 독일인의 삶〉을 제작하기 위한 수차례 인터뷰에 동의했다. 젊은 진행자는 괴벨스가 실제로 어땠는지 궁금해했다. 폼젤은 당시를 떠올렸고, 1943년 베를린의 경기장을 기억했다. 괴벨스는 군중에게 총력전을 원하는지를 물으며 열광시켰다. 마그다 괴벨스는 친위대와 나란히 이들 뒷줄에 있었다.

괴벨스의 또다른 비서와 마그다는 서로를 바라보지 않으려고 조심했다. "그전에는 괴벨스의 그런 측면을 몰랐어요. (…) 알아볼 수 없을 정도로 변했죠. (…) 사무실에서 거의 매일 보다시피 한 사람인데, 우아하고 거의 고결할 정도로 품격 있는 모습으로 나타났다가 맹렬히 분노를 터뜨리는 난쟁이가 되었죠." 인터뷰를 편집한 원고는 브룬힐

데 폼젤의 『어느 독일인의 삶』에서 볼 수 있다. 도스토옙스키의 조롱하는 얼굴의 신사에 대한 언급은 『지하 생활자의 수기』에 조금 두서없이 나온다.

프랭클린 델러노 루스벨트의 전기가 가진 문제점은 대부분 칭찬 일색이라는 것이다. 업적이 너무나 인상적이어서 그의 모순되고 비겁한 행동이 얼마나 위험한지, 그가 얼마나 많이 실패했고, 심지어 시도조차 하지 않은 일들이 있다는 사실을 쉽게 간과한다. 그러나 이런 문제를 극복한 전기 작가들도 충분했고, 선택이 쉽지 않았다. 이 중 두 권을 먼저 읽어볼 것을 진심으로 추천한다. 장 에드워드 스미스Jean Edward Smith의 『FDR』과 루스벨트의 인생 중반에 초점을 맞춘 제프리 C. 워드Geoffrey C. Ward의 『1등급 기질: 프랭클린 루스벨트의 등장A First-Class Temperament: The Emergence of Franklin Roosevelt』이다. 워드 저서의 제목은 올리버 웬들 홈스Oliver Wendell Holmes가 새 대통령과 만난 후 한 말에서 따온 것이다. "2등급 지성에 1등급 기질."

많은 관계자 중 루스벨트의 가장 중요한 조언자인 해리 홉킨스는 운 좋게도 재치 있는 극작가 로버트 셔우드Robert Sherwood(루스벨트의 연설문 작성자이기도 했다)의 저서 『**루스벨트와 홉킨스**Roosevelt and Hopkins』에 잘 묘사되었다. "무기 대여 법안을 머릿속에 그려보기 위해서는 엄청난 상상력이 필요했고, 법안을 의회에서 통과시키기 위해서는 기민하고 교묘한 일 처리 솜씨가 필요했다."

이들은 모두 마거리트 르핸드Marguerite LeHand가 자신의 편에 있었던 것이 행운이었다고 생각했다. 캐스린 스미스Kathryn Smith의 『문지기: 르핸드와 루스벨트의 알려지지 않은 이야기The Gatekeeper: Missy LeHand, FDR and the

Untold Story of the Partnership that Defined a Presidency』는 르핸드의 이야기를 들려준다. 캐런 체이스Karen Chase의 『라루코의 FDRFDR On His Houseboat: The Larooco Log, 1924~1926』에서는 르핸드가 라루코를 배경으로 잠시 등장했다. 루스벨트가 직접 그린 그림은 감동적이다. 그는 이곳에서 가볍고 파티를 좋아하는 인간으로 남고 싶었지만 더는 그런 사람이 아님을 깨달았다.

노동부 장관 프랜시스 퍼킨스는 사회보장 법안 통과뿐만 아니라 이후로 거의 100년은 유지할 수 있는 초당적인 지지를 끌어내는 업적을 달성했다. 커스틴 다우니Kirstin Downey의 『뉴딜 정책의 공로자 프랜시스 퍼킨스The Woman Behind the New Deal』에 그 방법이 담겨 있다. 이 책은 퍼킨스가 참고했던 '남성의 마음에 관한 메모'에 들어 있는 미스터리한 내용 중 일부도 공개한다. 니컬러스 팀민스Nicholas Timmins의 『다섯 거인The Five Giants』은 비슷한 노력이 영국의 한 영역에서 어떻게 성공했는지를 보여준다. 여기서는 퍼킨스와 거의 유사한 역할을 했던 전 광부 어나이린 베번Aneurin Bevan(나이 베번Nye Bevan이라고도 부른다)에 초점을 맞춘다. 베번의 동료들은 그를 '권력을 사용하는 데 있어서 예술가'라고 설명했다.

엘리너 루스벨트가 초기의 힘든 시기를 극복하기 위해 엄청난 노력을 기울였지만 분량 때문에 크게 다루지 않았다. 그녀의 이야기는 가족사를 통해 가장 잘 이해할 수 있으므로 제프리 C. 워드의 『루스벨트가의 역사The Roosevelts: An Intimate History』가 이상적인 책이다. 켄 번스Ken Burns가 만든 같은 제목의 다큐멘터리를 기반으로 하며, 수재나 스테이셀Susanna Steisel이 조사한 사진은 엄청나다. 나는 지난 수년 동안 주로 이런 사진들을 살펴보며 시간을 보냈고, 지금도 계속 새로운 사진들을 발견하고 있다.

루스벨트가 실패했다면 당시의 많은 평론가가 가능하다고 믿었듯 선동가들이 쉽게 정권을 장악할 수 있었을 것이다. 윌리엄 맨체스터 William Manchester의 『아메리칸 시저: 맥아더 평전 1880~1964』은 한 명의 가능성 있는 후보자를 소개한다. 로버트 펜 워런 Robert Penn Warren의 소설 『왕의 사람들 All The King's Men』은 군중을 선동하는 휴이 롱의 삶을 바탕으로 쓴 것은 아니지만(그는 루스벨트가 맥아더 다음으로 가장 위험하다고 여긴 인물이었다), 카리스마를 지닌 지도자들이 우리가 보았던 모든 기술을 악용해 주변 사람들을 어떻게 타락시키는지를 아주 잘 보여준다.

이것이 이 책의 뒤쪽 절반이 블레이크가 이해했던 것에 부합하는 두 사람의 전기로 구성된 이유다. 루스벨트와 괴벨스(히틀러를 선택할 수도 있었지만, 커뮤니케이션을 왜곡하는 괴벨스의 역할이 현재와 특히 더 연관성이 있다)는 각자 인간 정신의 주요 활동을, 특히 어떻게 다른 방식으로 설정하는지를 보여준다. 부하들을 존중하거나 존중하지 않을 수 있고, 외부인들을 받아들이거나 받아들이지 않을 수 있다. 이런 차이를 통해 우리가 생각하는 방식의 근본적인 속성을 명확하게 알 수 있다. (예를 들어 언어학자들은 낮은 소리와 비교할 수 있을 때만 음이 높게 들리는 것처럼 보인다는 사실에 주목한다) 평범한 험담도 마찬가지다. 그레이엄 바우어의 어머니가 인터뷰에서, 딸의 옷에 대해 악담을 한 것은 자신이 생각하기에 딸이 입어야 하는 옷과 매우 달랐기 때문이다.

괴벨스가 나쁜 인간이라는 결론을 내리기 위해 루스벨트와 비교해야 한다는 말이 아니다. 이런 비교 없이는 무엇이 이들의 성패에 영향을 주는지에 대한 중요한 세부 정보를 얻기 힘들다는 말이다. 사람들을 부추기고, 자신에게 동의하지 않는 신문사를 폐지하며, 반대자들을 비난했던 괴벨스의 행위는 이제 그저 역사의 한 페이지를 장식할 뿐이다. 반면 그와 반대되는 루스벨트의 활동이 가진 힘은 분명하다. 만약 그에게 계획을 실행에 옮길 기술이 부족했다면 (루스벨트가 예상하지 못했던 문제들에 직면해) 역사가 어떻게 달라졌을지 우리는 그저 상상만 할 수 있다.

이 책은 캐슬린 그리핀의 기억에 바치는 글이다. 나는 알프스산맥의 고원에 있는 작은 마을에서 20대 대부분을 캐슬린과 함께했다. 그녀는 냉혹한 경험을 했지만, 어려움을 겪고 있는 다른 사람들을 돕기 위해 자신이 할 수 있는 일을 하겠다고 결심했다. 이것이 내가 이 책에서 긍정적인 선택을 매우 존중하는 이유다.

이 책이 단순하고 개성이 없다면 읽을 가치가 별로 없겠지만, 캐슬린을 무미건조한 사람으로 깎아내릴 수 있는 사람은 없다. 그녀는 다양한 언어로 유창하게 욕하는 놀라운 능력을 보유했고, 경쟁이 치열한 방송계에서 성공했다. 또 수년간 BBC에서 가장 친절한 교육관으로서 종종 당황해 어쩔 줄 몰라 하는 신입 기자들을 도와주기도 했다.

실질적인 행동이 필요할 때면 망설이지 않았다. 마을 근처 호수에서 친구 한 명이 깊은 물에 빠져 곤경에 처한 적이 있었는데, 모두가 우왕좌왕할 때 캐슬린은 곧장 호수에 뛰어들었다. 물에 빠진 친구가 건장한 체격으로 필사적으로 허우적거렸음에도 캐슬린은 다른 사람이 올 때까지 그를 진정시키고 안전하게 지켜주었다. 그리고 친구를 육지로 데리고 올라왔을 때 그의 옆에 조용히 앉아서 그가 체력을 회복하는 동안 창피해하지 않게 달래주었다.

내가 더 나은 사람이었다면 그녀의 진가를 더 높이 평가했을 것이다. 그러지 못한 것이 인생에서 가장 후회되는 일 중 하나다. (이 책의 핵심 주제일 수도 있는) 더 잘하고 싶은 열망을 나는 너무나 잘 이해한다.

이 주제를 담고 있는 역사를 생생하게 그려내기 위해 경험을 통해 알게 된 것들에 더해서 다른 분야들도 더 많이 배워야 했다. 다행히 주변에 나보다 훨씬 더 흥미로운 삶을 살아온 친구들이 있었다. 이들 중에는 전 영국 특수 부대장도 있었고, 거친 할리우드 영화계에서 살아남은 친구나 그랜드마스터 체스 선수도 있었다. (그리고 특별히 용감한 영혼을 위해, 열정이 넘쳐나는 수많은 젊은이도 있었다.) 몇몇 출처는 여기에서 상세히 밝힐 수 없지만, 이 밖의 사람들에게 큰 감사의 인사를 전한다.

- 동물 행동: 마틴 프랭클린, 벤 태플리.
- 항공계: 데이비드 피니모어, 닐 맥두걸, 닐 패스모어, 매슈 휫필드, 고인이 된 머리 앨퍼트.
- 사업계, 금융계, 그리고 권모술수에 대항하는 사람들: 제임스 베레스포드, 에드워드 본햄-카터, 데이비드 카, 마이클 코어스, 레슬리 다이턴, 카린 포세크, 페니 프리어, 아리 프라이싱어, 라클랜 프렌치, 스티븐 헉스터, 안드레이 크루글리킨, 스테이시 멀린, 재클린 노보그라

츠, 피터 슈미츠, 로한 실바, 아시빈 솔로거, 데이비드 스프랭, 마튼 반 베스마엘, 릭 휘틀리, 나딘과 리처드 윈저.

- 체스와 다른 전략 기술: 조지아 이네스 팰컨 멜포드, 존 로슨, 맬컴 파인, 조너선 라우슨.
- 건설과 다른 거대 프로젝트: 폴 애설리, 나일 바, 맷 카트라이트, 코넬리아 디부아, 리아 프라이싱어, 멍고 멜빈, 앨런 미들턴, 콜름 라일리, 샘 싱, 조지핀 탠.
- 교육과 경청하기, 커뮤니케이션: 세라 블랙우드, 루이스 캘러헌, 클라리사 파, 사이먼 골드힐, 사이먼 하퍼, 스튜어트 로슨, 미셸 롭슨, 텍스 로열, 앤서니 스미스, 롭 와랜, 맥신 윈저.
- 영화와 TV: 아니타 아난드, 존 베닛, 버니 콜필드, 대니 코언, 프랭크 코트렐-보이스, 조지 램, 로런스 레비, 카를 바너.
- 법률: 배리 베넷, 테스 존스, 앤서니 율리우스, 더발 월시.
- 의료계: 버지니아 브라운, 피어 램바이어스 교수, 데이비드 슬로먼경.
- 군사적 사항: 제임스 더튼, 매슈 존스, 그레임 램, 플로이드 우드로우 대영제국 훈작사 공로훈장.
- 철학, 정치, 역사: 제러미 벤담, 필립 보비트, 올리버 카, 데이비드 차터스, 롭 콜빌, 로버트 A. 헤프너 III, 프랭크 매클린, 마운저 나스르,

마틴 리스, 니어리 우즈, 조너선 울프.

- 사설탐정과 이들이 인간 행동에 대해 알아본 것: 짐 민츠.
- 사회과학, 특히 인류학, 경제학, 심리학: 제러미 카네, 헤이즐 게일, 율리아 홉스바움, 존 케이, 테오 켈리, 수재나 케네디, 앤드루 마요, 엘리자베스 미슈킨, 샬럿 뤌만, 마이클 무투그리슈나, 톰 심슨, 로리 서덜랜드, 마이크 우드포드.
- 스포츠와 경쟁: 대니 프라이싱어, 그레이엄 로이드, 레온 타일러, 마크 워커, 가이 윈저.
- 기술 세계: 데릭 장바티스트, 존 마코프, 데이비드 로언, 아짓 싱, 데이비드 스프렝, 수전 지메르만.

위의 인물 중 몇몇은 여러 분야에 걸쳐 있고, 리아 아바디, 앤서니 카포-비안코, 앤젤리카 카, 파니오 지아노포우로스, 재닛 루, 맨디 루오, 하워드 파셀로도 마찬가지다.

광범위한 편집은 앤드루 힐과 마이크 스카핀커, 줄리아 스튜어트, 아넬리아 바렐라, 베카 윈저, 앤드루 라이트, 내 에이전트 패트릭 월시의 도움을 받았다.

런던 브리지 스트리트 프레스의 팀 휘팅은 뛰어난 편집자로, 따뜻하고 인정 있고 배려하는 방식으로 잘 쓰고, 조사하고, (이 책과 그다지 상관이 없어) 제외해야 하는 내용을 확인해주었다. 비천한 작가는 휘팅이 이번에도 옳다는 사실을 인정하고 그의 의견에 동의한다. 홀리 할리는 내가 어리석게 낙관하며 최종 원고라고 생각했던 것을 더 광범위하게 손봐주었다(그녀는 다수의 재밌는 평을 달아서 내 아픔을 덜어주었다). 교열 담당자가 손봐주는 것을 당연시하는 경향이 있지만, 이 책에는 내가 아닌 교열 담당자 엘리자베스 돕슨의 유려한 표현이 수십 군데 들어가 있다. 탐신 베리만과 클라라 디아즈, 니코 타일러도 많은 도움을 주었다.

런던의 우아한 세인트 제임스 광장에 있는 런던 도서관의 직원도 도서관의 자료들을 살펴볼 수 있게 도와주었다. 그다지 매력적이지 않은 유스턴 로드에 있는 브리티시 도서관 직원도 마찬가지였다. 나는 다양한 회사에서 이 책의 생각들에 관해 대화해보았고, 특히 어도비와 앵글로 아메리칸, 제너럴 다이내믹스, 골드만 삭스, 구글, 마이크로소프트, 미슈콘 드 레야, 오길비, 화이자, 심프슨 대처 앤 바틀렛, 식스 투 스타트, 버라이즌의 ('활기찬'이라는 단어가 어울리는) 피드백에서 도움을 얻었다. 세계경제포럼에 참가했던 단체들로부터도 유사한 도움을 얻었다. 연락을 주고받는 다른 전문가들뿐만 아니라 이들 중 몇몇은 내가 자신들의 회사에서 며칠에서 몇 주까지 시간을 보낼 수 있게 해주었다. 아주 귀한 학습 기회였다. 베이루트에서 시간을 보내며 얻은 방대한 정보도 도움이 되었다. 옥스퍼드의 평화로운 홀과 내가 태어난 시카고와도 멀리 떨어져 있는 세계에서 일상 속 결정에 대해 배울 수 있었다.

다수의 친구에게서 내가 이 책의 주제에 대해 분명히 멈추지 않고 장황하게 이야기할 것이라는 말을 들었다. 그럼에도 친구들은 작가에게 없어서는 안 되는 지지를 보내주고, 책 내용을 분석해주었다. 레베카 에이브럼스와 샨다 베일스, 서니 베이츠, 줄리아 바인드먼, 소피 치점, 제임스 크리스웰, 리처드 코언, 베티 수 플라워스, 팀 하퍼드, 마크 허스트, 댄 뉴먼, 윌리엄 피트, 라마나 라오, 시나 탬보르기의 지속적인 도움에 찬사를 보낸다. 이들은 도시와 공원, 해변, 호텔 주변을 산책하며 전화 통화를 하고, 때로는 급하게 통화를 하고, 버로우 마켓의 길에서 커피를 마실 때, 모든 종류의 통신 수단을 사용해 조언해주었다.

때로는 내가 만든 볶음 요리(저렴하고 기분 좋아지는 맛)나 카르마 베이커리의 빵(저렴 하고 맛있다), 우리가 즐길 자격이 있다고 여겨질 때는 포포로 레스토랑 요리를 먹으며 조언이 이어졌다. 런던에 있는 이 레스토랑에 가볼 기회가 있다면 요리의 전범을 보게 될 것이다.

새로운 친구들인 로버트 매크럼과 나타샤 매켈혼, 로즈 모리스, 닉 쇼, 로터스 쿼는 자신들이 불시에 '보더니스는 절대로 질문을 멈추지 않을 거야, 그렇지?' 무리 속으로 끌려 들어간 것을 알게 되었고, 침착하게 자신들의 능력을 발휘해야 했다. 다음 세대부터는 나타샤와 닉의 자손도 몇몇 이 무리 속으로 끌려 들어오기에 충분한 나이가 될 것이다. 다른 사람들은 자신의 차례가 오기를 기다리고 있으리라 나는 믿는다. 이 모든 과정에서 마음이 가장 따뜻한 가브리엘 워커는 (얼그레이 차가 있는 한) 나의 해결되지 않은 궁금증을 얼마든지 들어줄 것이다. 그런 다음에 간단한 질문 하나를 던지고, 내가 여기에 함축된 의미를 찾아내면 필요했던 해결책을 얻게 된다.

또 나는 많은 사람이 인생에서 얻지 못하는 무언가를 얻는 축복을 받았다. 집에서 그리고 마음으로 얻은 두 번째 기회다. 클레어는 수년간 함께 저녁을 먹고, 따뜻하게 이해해주고, 언제나 영혼을 감동시키는 곡을 들려주며 결혼생활이 어떤 모습일 수 있는지를 보여주었다. 샘과 소피는 아빠의 (보통은 의도하지 않은) 창피한 행동에서 수년간 살아남았다. 이들은 내가 너무나도 자랑스러워하는 성인으로 성장해주었다. 율리우스는 빠르게 성장하는 창의적인 양아들이다. 그는 밥을 먹으면서, 식사를 마치고 애용하는 보라색 소파로 이동해서 모든 주제에 대해 광범위한 대화를 나눌 수 있는 (제1차 세계대전 군함에 특별히 열광하는) 열정적인 젊은이라고 말할 수 있다.

윤리학은 중요하다. 인생을 어떻게 사는지도 마찬가지다. 수천 년 전의 말이 오늘날에도 이야기된다. 작가들은 역사의 순간에서 지식을 퍼 올리고, 자신이 본 것을 다음 세대에 넘겨준다.

이렇게 되도록 도움을 주었던 사람들에게 대단히 감사한다. 미래에 지식의 확산을 배가시킨 사람들에게 이 자리를 빌려 감사한다.

그날을 기다리며.

옮긴이
김수민
가톨릭대학교 사회복지학과와 영어·영미문화학과를 졸업한 뒤 오스트레일리아의 매쿼리 대학에서 통번역 석사 학위를 취득했다. 현재 펍헙 번역그룹에서 전문 번역가로 활동 중이다. 『FBI 관찰의 기술』『더 라이브러리』『버니 샌더스, 우리의 혁명』『나는 아이 없이 살기로 했다』『얼굴은 인간을 어떻게 진화시켰는가』『세상의 엄마들이 가르쳐준 것들』『크로마뇽』 등을 우리말로 옮겼다.

페어 플레이어

초판 1쇄 발행 2021년 10월 6일

발행인 이재진 **단행본사업본부장** 신동해 **편집2그룹 편집장** 김경림
책임편집 김수진 **디자인** [★]규 **교정교열** 남은영
마케팅 이인국 **홍보** 최새롬 권영선 최지은
국제업무 김은정 **제작** 정석훈

브랜드 웅진지식하우스 **주소** 경기도 파주시 회동길 20
문의전화 031-956-7213(편집) 031-956-7089(마케팅)

홈페이지 www.wjbooks.co.kr
페이스북 www.facebook.com/wjbook
포스트 post.naver.com/wj_booking

발행처 (주)웅진씽크빅
출판신고 1980년 3월 29일 제406-2007-000046호

ISBN 978-89-01-25245-2 03190

웅진지식하우스는 ㈜웅진씽크빅 단행본사업본부의 브랜드입니다.

- 책값은 뒤표지에 있습니다.
- 잘못된 책은 구입하신 곳에서 바꾸어드립니다.